FRANKREICH
FUSSBALL WM 1998

W0385257

FIFA
FAIR
PLAY

FRANKREICH
FUSSBALL WM 1998

In Zusammenarbeit mit dem
kicker-*Sportmagazin*
und SVEN SIMON

Eine Produktion des COPRESS-Teams, München

Konzeption (verantwortlich)	Robert Fischer
Lektorat und Bildlegenden	Robert Fischer, Sonja Mildt, Pierre Sick
Redaktionelle Mitarbeit	Anja Schramm
Produktion und Layout	VerlagsService Dr. Helmut Neuberger & Karl Schaumann GmbH
Bildredaktion	Günter R. Müller, Robert Fischer
Umschlaggestaltung	Uwe Richter
Alle Fotos	von SVEN SIMON
Fotografen	Frank Hörmann Björn Kanka Jan Ovelgönne Franz Wälischmiller
Bilddokumentation	Maria Blaszczok Monika Kalb
Textredaktion	Wolfgang Rothenburger (kicker sportmagazin)

MARDI
20 F
ANCE 98

AUTOREN	Thomas Hennecke Harald Kaiser Hans-Günter Klemm Hubert Meyer Wolfgang Rothenburger Dirk Westerheide Karlheinz Wild Heinz Wiskow
KOMMENTAR	Rainer Holzschuh
STATISTIK	Ulrich Matheja Wolfgang Riedel Peter Schütz
TAKTIK-GRAFIKEN	Horst Goebel
INFO-GRAFIKEN	Sport-Informationsdienst (sid)
DIE DEUTSCHE BIBLIOTHEK – CIP-EINHEITSAUFNAHME	Football World Championship <16, 1998>: Frankreich – Fußball-WM 1998 : mit Computer-Analysen / Sven Simon. – München : Copress-Verl., 1998 (Kicker) ISBN 3-7679-0507-8
COPYRIGHT	© 1998 Copress Verlag GmbH, München Alle Rechte vorbehalten. Wiedergabe, auch auszugsweise, nur mit Genehmigung des Verlags.
GESAMTHERSTELLUNG	Bruckmann, München
PRINTED IN	Germany
ISBN	ISBN 3 7679-0507-8

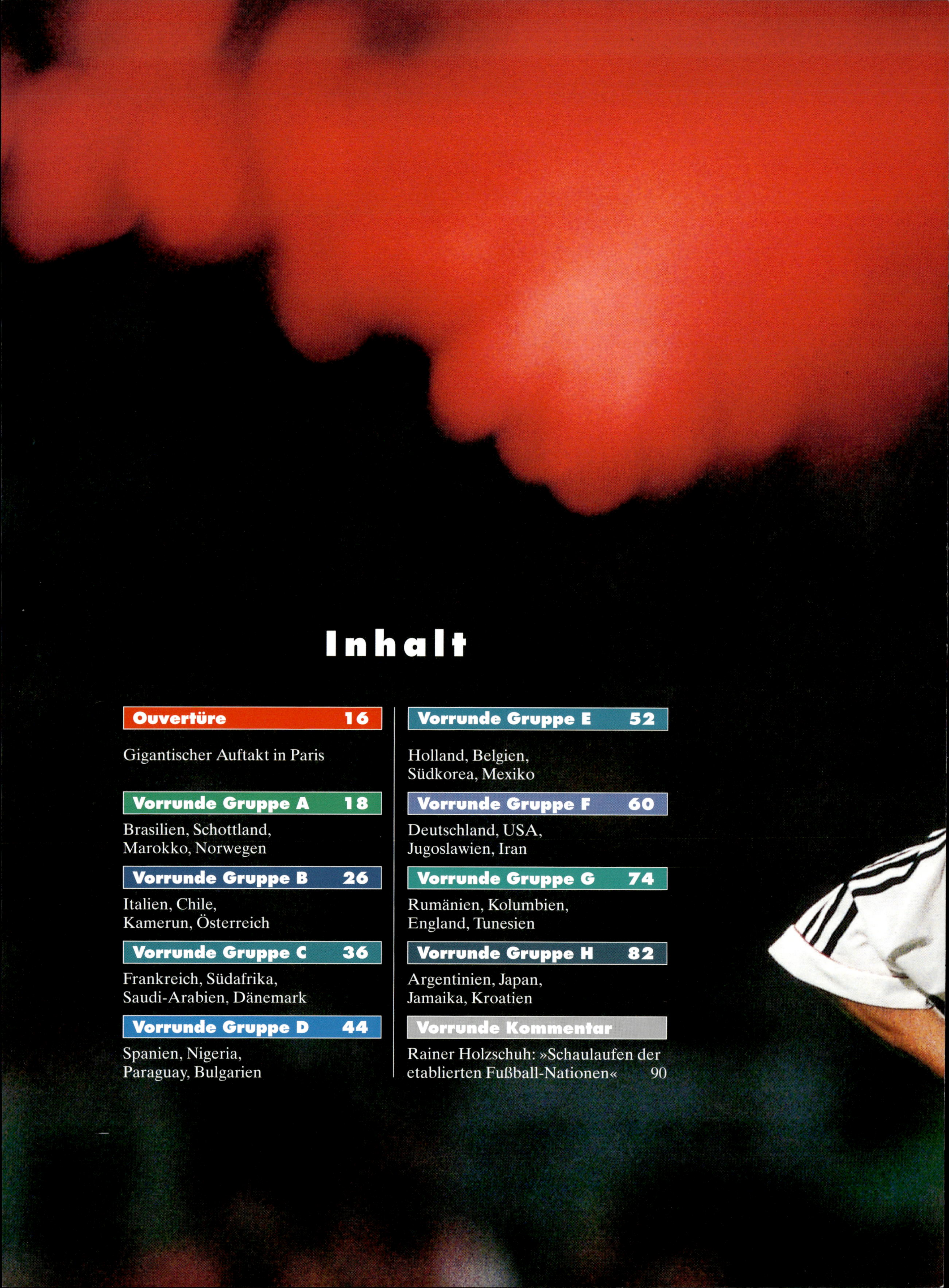

Inhalt

adidas
8
FIFA WORLD CUP
FRANCE 98

20
Canon

Im Fokus: Vor den Augen der Welt präsentierten sich in Frankreich die besten Fußballer der Welt.

Ladies first: Als gelungenes Vorspiel zum Grande Finale zeigten luxuriös gewandete Femmes französischen Chic von Yves Saint Laurent.

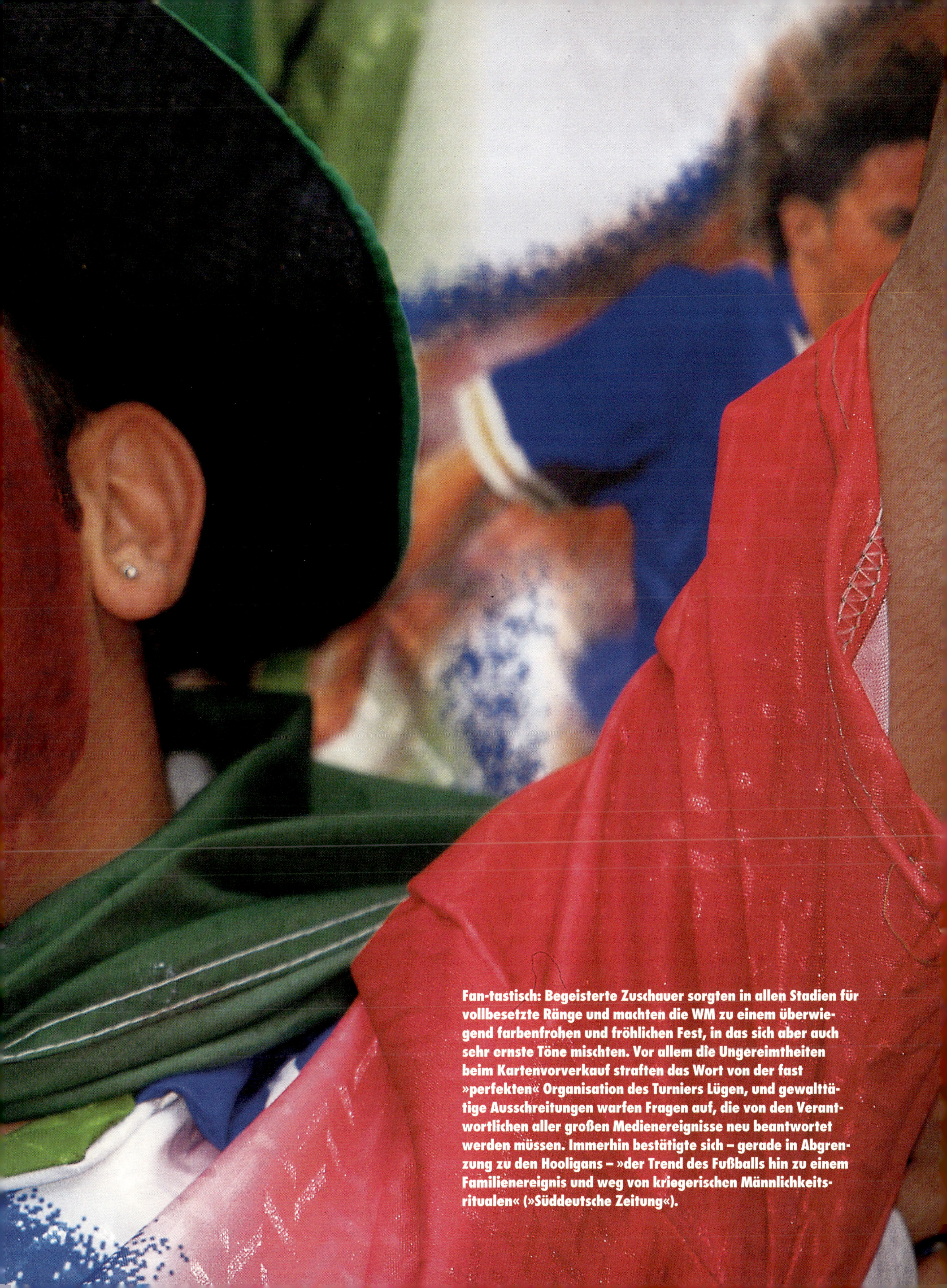

Fan-tastisch: Begeisterte Zuschauer sorgten in allen Stadien für vollbesetzte Ränge und machten die WM zu einem überwiegend farbenfrohen und fröhlichen Fest, in das sich aber auch sehr ernste Töne mischten. Vor allem die Ungereimtheiten beim Kartenvorverkauf straften das Wort von der fast »perfekten« Organisation des Turniers Lügen, und gewalttätige Ausschreitungen warfen Fragen auf, die von den Verantwortlichen aller großen Medienereignisse neu beantwortet werden müssen. Immerhin bestätigte sich – gerade in Abgrenzung zu den Hooligans – »der Trend des Fußballs hin zu einem Familienereignis und weg von kriegerischen Männlichkeitsritualen« (»Süddeutsche Zeitung«).

»Am Ende triumphierte der Jubel über den Schatten. Der Fußball lebt. Chapeau, Frankreich. Und: Merci beaucoup« (»Stern«). Zum kollektiven Trikolore-Orgasmus (»France-Soir«) kam es, als feststand, daß Frankreich das Turnier als einziges Team ohne Niederlage wahrlich weltmeisterlich beendet hatte.

MERCI
BLEUS

Paris, Stadt der Liebe und des Lasters, der einschmeichelnden Musik und modernen Mode, Metropole mit großer Geschichte und so manchen pikanten Geschichtchen. Paris, Hauptstadt Frankreichs, das für einen Monat lang wieder zum Fußball-Mittelpunkt der Welt wurde. Wie vor genau sechs Jahrzehnten schon einmal.

Damals aber war die Beteiligung gering, die Begeisterung mäßig und das Echo weltweit noch schwach. WM 1938 und WM 1998 – dazwischen liegen Welten und nicht immer nur freudvolle Zeiten. Paris '98 aber machte deutlich, wie weit der friedliche Vorstoß des Fußballs in andere Kontinente gediehen ist. Vor 60 Jahren hatten sich für die spätere Endrunde in unserem Nachbarland insgesamt nur 28 Nationen gemeldet, drei

Gigantischer Auftakt in Paris

davon sprangen noch ab. Die Endrunde im K-o.-System startete seinerzeit mit 16 Teams – Brasilien, Kuba und Niederländisch-Indien waren die einzigen nicht-europäischen Darsteller. Auf den Weg zur WM '98 machten sich anfangs über 120 Fußball-Nationen aus Afrika, Asien, Amerika, Europa und auch Ozeanien. Eine WM mit so vielen Teams (32) und mit einer solchen Zeitdauer gab es noch nie zuvor.

Die Ouvertüre schon offenbarte ein verändertes Szenenbild: Ein riesiges Spektakel mit faszinierendem Spektrum vor den Augen der Welt: Vier erwachende Giganten schritten auf der Pariser Prachtavenue Champs-Elysées fast geisterhaft zum ebenso berühmten Place de la Concorde mit seinem eindrucksvollen Obelisken in der Mitte. Die ethno-futuristischen Riesenfiguren verkörperten die »vier Grundfarben« der Menschheit: Ho, der Asiate, Pablo, der Indo-Amerikaner, Moussa, der Afrikaner, und Romeo, der Europäer. Gewaltig, als seien Gullivers Nachkommen aufgetaucht. Die über 3000 Jahre alte ägyptische Steinsäule des Obelisken umhüllte ein mächtiges Stahlgerüst in Form des Weltcups: von Scheinwerfern in gleißendes Licht getaucht ein weit sichtbares Symbol der Tage des großen Spiels.

Teil zwei der Eröffnungsfeier fand einen Tag später vor dem Auftaktspiel Brasilien gegen Schottland im Stade de France in St. Denis statt. 3000 bunte Luftballons hoben sich in den Pariser Nachthimmel empor, begeisterte Kinder hüpften und sprangen als Fabelwesen auf dem Rasen umher, dem Fußball ganz nah. Und wenige Augenblicke nach der kurzen Begrüßung durch Staatspräsident Jacques Chirac rollte endlich der Ball bei dieser größten WM seit ihrem Entstehen.

WM-Traumpaare: Während sich Cafu und Ronaldo nach Brasiliens 2:1-Auftaktsieg gegen Schottland jubelnd in den Armen lagen, »entführte« der Norweger Oivind Ekeland im Stadion von Marseille seine brasilianische Braut Rose Angela de Souza. Selbiges tat die norwegische Elf beim anschließenden 2:1-Sieg über die Südamerikaner mit den Punkten.

Gruppe A

Brasilien
Schottland
Marokko
Norwegen

Zweimal nacheinander zeigte Weltmeister Brasilien, wer Herr dieser Gruppe war. Dann schon stand für das Team um den hochgelobten Ronaldo die Teilnahme am Achtelfinale fest. Das 1:2 gegen Norwegen tat ihnen nicht weh, wohl aber den Marokkanern, denen ihr 3:0 gegen Schottland nichts mehr nutzte. Schottland blieb sich treu und mußte auch bei seiner achten WM-Teilnahme nach der ersten Runde alle Hoffnungen begraben.

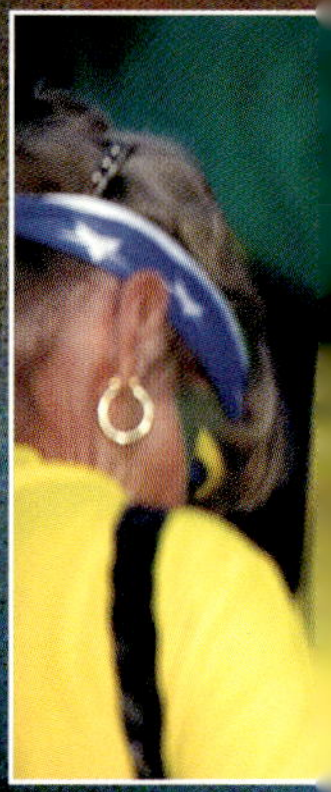

Da gerieten die Fans ins Staunen: Tore Andre Flo (links) und Kjetil Rekdal (unten beim entscheidenden Elfmeter) sorgten für den unerwarteten Sieg über den Titelverteidiger aus Brasilien und für Norwegens Einzug ins Achtelfinale. Die glücklosen Schotten (Darren Jackson gegen Rivaldo, links) mußten nach der Vorrunde erneut vorzeitig die Heimreise antreten.

Brasilien - Schottland 2:1

Anfang gut – alles gut?

Die große Angst der Zuschauer, bei den ersten 90 Minuten einer Weltmeisterschaft erneut in eine Torflaute zu geraten, war schon nach 228 Sekunden verflogen. Seit der WM 1974 in Deutschland steht dem Titelverteidiger das erste Spiel des folgenden Turniers zu. Was dabei herauskam, waren oft Nullnummern und Langeweile pur. Auch die WM vor vier Jahren brachte nur ein karges 1:0 der deutschen Mannschaft gegen Bolivien.

Da fiel die Premiere des Jahres 1998 in der supermodernen 800-Millionen-Mark-Arena Stade de France endlich aus dem morschen Rahmen: Die erste der 64 Begegnungen brachte erstmals einen Sieger, dem zwei Treffer gelangen und zugleich das schnellste Tor, das je ein WM-Turnier einleitete. Nach knapp vier Minuten schlugen die Titelverteidiger aus Brasilien vor 80000 Zuschauern die erste Bresche in Schottlands Abwehr. Eine Ecke Bebetos köpfte Cesar Sampaio überlegt und unhaltbar zum 1:0 ein. Sampaio im Freudenrausch: »Ich weiß nicht, ob das wirklich ein Kopfballtor war. Es handelte sich wohl eher um einen Schultersieg.« In Anlehnung an den berühmt-berüchtigten Maradona-Treffer bei der WM 1986 in Mexiko fügte er schelmisch hinzu: »Es war wohl Gottes Schulter.« Ob Kopf oder Schulter, der Referee hatte es nicht gesehen und viele andere wohl auch nicht.
Das schnelle Tor stellte die Weichen für einen faszinierenden Auftakt.

10. 6. 1998 in Paris-St.Denis
Brasilien - Schottland 2:1 (1:1)
BRASILIEN: Taffarel – Cafu, Junior Baiano, Aldair, Roberto Carlos – Cesar Sampaio, Giovanni (46. Leonardo), Dunga, Rivaldo – Ronaldo, Bebeto (70. Denilson)
SCHOTTLAND: Leighton – Calderwood, Hendry, Boyd, Dailly (85. Tosh McKinlay) – Lambert, Burley, Collins, Jackson (78. Billy McKinlay) – Gallacher, Durie
Tore: 1:0 Sampaio (4.), 1:1 Collins (38., Foulelfmeter), 2:1 Boyd (73., Eigentor)
Gelbe Karten: Sampaio, Aldair / Jackson
Schiedsrichter: J.-M. Garcia Aranda (Spanien)
Zuschauer: 80 000

Superstar Ronaldo ließ erst in der 20. Minute sein ungewöhnliches Können aufblitzen, als er sich wie ein Slalomspezialist an allen schottischen Gegenspielern vorbeischlängelte. Schottland setzte der Kunst seine Kraft entgegen, leidenschaftlich und beinahe erfolgreich.

»Wir haben uns vom Weltmeister nicht erniedrigen lassen«, lobte Trainer Craig Brown trostspendend sein eigenes Team. Nach einem Elfmetertor von John Collins kurz vor der Pause geriet der Favorit sogar ins Wanken, doch die Schotten versäumten, ihn umzustoßen. Ein höchst unglückliches Eigentor des Schotten Boyd half den Südamerikanern doch noch zum Sieg. Vergessen war für die nächsten Stunden auch die Enttäuschung über die kurzfristige Ausbootung von Romario. Mit Taffarel, Aldair, Dunga, Bebeto und Cafu standen aber dennoch fünf Brasilianer auf dem Rasen, die am 17. Juli 1994 in Los Angeles Weltmeister geworden waren.

Marokko - Norwegen 2:2

Blindflüge im Strafraum

Wie er sich fast hilfesuchend an den linken Pfosten seines Tores anlehnte, das 244 Zentimeter hohe Aluminiumgestänge fest mit beiden Händen umschloß und es mit seinem Kopf leicht berührte, wirkte Marokkos Torhüter Driss Benzekri vor dem Anpfiff auf den ersten Blick wie ein nach einem langem Match ausgepumpter, um Atem ringender Keeper. Es schien, als habe der 27jährige Schlußmann einen Pakt schließen wollen, um Unheil von sich fernzuhalten. Ob er bereits ahnte, was auf ihn zukommen sollte?
Keine zwei Stunden später hatte ihn die bittere Wirklichkeit eingeholt. Seine Blindflüge im eigenen Strafraum halfen den Norwegern zu zwei fast unnötigen, wenngleich nicht unverdienten Toren. Seine Nervosität und Flatterhaftigkeit übertrug sich bald auf seine gesamte Abwehr, in der kein Spieler größer als 1,74 Meter war. So kam es, wie es kommen mußte: Trotz zweimaliger Führung durch die ebenso flinken wie trickreichen Hadji und Hadda mußten die vom ehemaligen französischen Nationalcoach Henri Michel betreuten, taktisch wie technisch weiterentwickelten Marokkaner den möglichen Sieg noch aus den Händen geben.

10. 6. 1998 in Montpellier
Marokko - Norwegen 2:2 (1:1)
MAROKKO: Benzekri – Rossi, Naybet, El Hadrioui – Saber, Chiba, El Khalej (90. Azzouzi), Hadji, Chippo (78. Amzine) – Hadda (87. El Khattabi), Bassir
NORWEGEN: Grodas – Berg, Eggen, Johnsen, Björnebye – Havard Flo (72. Solbakken), Leonhardsen, Rekdal, Mykland, Solskjaer (46. Riseth) – Tore Andre Flo
Tore: 1:0 Hadji (38.), 1:1 Chippo (45., Eigentor), 2:1 Hadda (59.), 2:2 Eggen (61.)
Gelbe Karte: Chiba / –
Schiedsrichter: Pirom Un-Prasert (Thailand)
Zuschauer: 32 000

Abderrahim Ouakili, bei 1860 München tätiger Offensivspieler und bei Marokkos Premiere unfreiwilliger Bankdrücker, skizzierte die Misere so: »Daß in unserem Team so viele kleingewachsene Abwehrspieler stehen, haben die Norweger schonungslos, vor allem bei Standardsituationen, ausgenutzt.« Die langen Wikinger aus dem hohen Norden besaßen im Stade de la Mosson in den meisten Szenen allerdings nur die Lufthoheit. Am Boden wirkten die Nordafrikaner weitaus geschickter.

Die eindrucksvolle norwegische Serie, seit dem 15. November 1995 in Pflichtspielen unbesiegt zu sein, blieb jedoch noch einmal bestehen. Das vielgepriesene System mit fünf zurückgezogenen Spielern und nur einem Stoßkeil erwies sich hingegen noch nicht als Patentrezept. Der gefürchtete Goalgetter des Cupsieger-Gewinners Europas Chelsea, Tore Andre Flo, mühte sich oft mutterseelenallein in der gegnerischen Hälfte. Und der bei Hertha BSC Berlin spielende Kjetil Rekdal schlußfolgerte nüchtern: »Solche Phasen wie heute gibt es immer wieder einmal in einem Spiel.« Es waren fast schon zu viele.
Für den Fürther aus Marokko, Rachid Azzouzi, dauerte die WM-Premiere nur eine Minute – die letzte des Spiels.

Mario Zagallo (Brasilien)

Craig Brown (Schottland)

Henri Michel (Marokko)

Egil Olsen (Norwegen)

Schottland – Norwegen 1:1

Sand im Getriebe

Das Phänomen ist nicht mehr unbekannt: Spielen die »Bravehearts« aus Schottland, sieht man im Stadion mehr Röcke als Frauen. Bordeaux bildete keine Ausnahme. Auch das Match gegen Norwegen entwickelte sich zu einem bunten Spektakel der Kilt-Kultur. Mit ihren fröhlichen Gesängen zaubern die schottischen Fußball-Anhänger meist schnell eine ausgelassene Stimmung herbei. Paul Lambert, aus der Bundesligastadt Dortmund in die Heimat zu Celtic Glasgow zurückgekehrt, bekommt bei dieser begeisterten Unterstützung seiner Fans noch immer eine Gänsehaut.

16. 6. 1998 in Bordeaux

Schottland – Norwegen 1:1 (0:1)

SCHOTTLAND: Leighton – Burley, Calderwood (60. Weir), Hendry, Boyd, Dailly – Jackson (62. McNamara), Lambert, Collins – Gallacher, Durie
NORWEGEN: Grodas – Berg (82. Halle), Eggen, Johnsen, Björnebye – Havard Flo (61. Jakobsen), Strand, Rekdal, Solbakken, Riseth (72. Östenstad) – Tore Andre Flo
Tore: 0:1 Havard Flo (46.), 1:1 Burley (66.)
Gelbe Karten: Durie, Jackson / Rekdal, Berg
Schiedsrichter: Laszlo Vagner (Ungarn)
Zuschauer: 35 236

Eigentlich hätte es eine überschäumende Freudenfeier werden müssen, so lauffreudig und aggressiv spielte das Team des Coachs Craig Brown, dessen knallrotes Gesicht allerdings stets befürchten läßt, daß er gleich umfällt. Wären die Schotten nur nicht so geizig in ihrer Chancenverwertung!

Anders, weniger effektvoll, spulten die Norweger ihr Programm herunter, das von einem System beherrscht wird, in dem wenig Möglichkeiten für Esprit und Phantasie gegeben sind. Egil Olsen, einziger Trainer, der in Gummistiefeln seine Aufgabe erfüllen muß (er leidet an einer Gelenkkrankheit und fürchtet die Nässe des Rasens), fordert in dem von ihm erdachten 4-5-1-System absolute Mannschaftsdisziplin. In der Vorbereitung auf die WM griff meist das eine Rädchen ins andere; als es dann in Frankreich wirklich Ernst wurde, knirschte viel Sand im Getriebe.
Allzu große Stilunterschiede gab es nicht. Daß Norwegen einige Anleihen vom britischen Fußball genommen hatte, offenbarte sich nicht nur darin, daß mit Flo, Östenstad, Godras, Berg, Halle, Johnsen und Björnebye allein sieben Mann dabei waren, die in England ihr Geld verdienen.

Rune Bratseth, einst Top-Libero in Werder Bremens großer Zeit, schüttelte auf der Tribüne verständnislos den Kopf: »Ich begreife unsere Spieler nicht.« Einer dieser Spieler aber verstand seinen Trainer nicht. Havard Flo, der wie Bratseth sein Glück in Bremen fand, hatte das 1:0 für Norwegen erzielt und wurde eine Viertelstunde danach aus dem Spiel genommen. »Verstehe das, wer will«, zog sich Havard in den Schmollwinkel zurück. Dort begegnete ihm Torhüter Froder Grodas, der wegen seines fatalen Schnitzers, den Burley zum 1:1 ausnutzte, am liebsten im Erdboden versunken wäre. Vom vielgerühmten Torjäger Tore Andre Flo, einem Cousin Havards, war im Spiel ebensowenig zu sehen wie von dem Wahl-Berliner Rekdal, der übrigens schon im Jahr 1990 ein allerdings erfolgloses Bundesliga-Gastspiel in Mönchengladbach gegeben hatte.

Brasilien – Marokko 3:0

Brasilien fing an zu zaubern

Die Marokkaner gaben sich betont gelassen. »Wir haben hier doch nichts zu verlieren.« Aus den Worten von Smahi Triki, Gastspieler bei Lausanne Sports, also auf dem alten Kontinent schon heimisch, sprach Respekt, aber keine Furcht. Er wußte allerdings offenkundig nicht, daß ein afrikanisches Team in zwölf Spielen zuvor noch nie ein Match gegen die Samba-Stars gewonnen hatte. Er ahnte ebensowenig, daß Brasilien endlich den Schlüssel zu seiner Zauberkiste finden würde. Torschußkünstler Hadji verstieg sich sogar zu der reichlich kühnen Behauptung: »Wenn einer den Weltmeister schlagen kann, dann wir.«

Grau bleibt alle Theorie. Als es im Stade La Beaujoire zu Nantes darum ging, den »Mount Everest des Fußballs« (so Marokkos Trainer Henri Michel, dem in Frankreich ja nichts fremd ist) zu besteigen, ging den Gipfelstürmern aus Afrika verdammt schnell die nötige Puste aus. Schon nach neun Minuten wußten die Marokkaner, was auf sie zukam. Ronaldo, der über alle anderen Stars hochgelobte »Fußballschuh Gottes« zeigte, daß es für ihn kaum eine Situation gibt, die er nicht beherrscht. Mit einem brachialen Schuß von der Strafraumgrenze donnerte er den Ball ins Netz. Sein erstes WM-Tor beflügelte die erneut – trotz aller hämischen Kritik in der Heimat – ihrer Offensive frönenden Brasilianer. Trainer Mario Zagallo, als Linksaußen im Wundersturm mit Pelé, Vava, Garrincha und Didi vor genau 40 Jahren zum ersten Mal als nicht-europäische Mannschaft in der alten Welt Weltmeister geworden, gab sich von vornherein selbstbewußt: »Ich allein entscheide, wer wo spielt.« So also auch wieder Bebeto, der zwar seit dem Titelgewinn 1994 mit dem ausgebooteten Romario als Nebenmann einiges an Dynamik und Schnelligkeit, nichts aber von seinem Torinstinkt eingebüßt hat. Wer so viel Auswahl hat wie Zagallo, muß die richtigen Pärchen zusammenführen. Kleiner Schreck schon nach 18 Minuten: Chiba verpaßte seinem Gegenspieler Ronaldo einen bösen Tritt an den rechten Oberschenkel, nach dem ersten Schmerz wich auch der Schock. Bliebe nur noch zu erwähnen, daß sich auch Rivaldo vom FC Barcelona unter den glücklichen Torschützen befand.

16. 6. 1998 in Nantes

Brasilien – Marokko 3:0 (2:0)

BRASILIEN: Taffarel – Cafu, Aldair, Junior Baiano, Roberto Carlos – Cesar Sampaio (68. Doriva), Dunga, Leonardo, Rivaldo (88. Denilson) – Bebeto (71. Edmundo), Ronaldo
MAROKKO: Benzekri – Saber (76. Abrami), Rossi, Naybet, El Hadrioui – Tahar, Chippo, Hadji, Chiba (76. Amzine) – Hadda (89. El Khattabi), Bassir
Tore: 1:0 Ronaldo (9.), 2:0 Rivaldo (45.), 3:0 Bebeto (50.)
Gelbe Karten: Cesar Sampaio, Junior Baiano / Chiba, Hadda
Schiedsrichter: Nikolai Lewnikow (Rußland)
Zuschauer: 38 500

Vergebliche Jagd: Trotz starker Auftritte gegen Norwegen und Schottland verpaßten die Marokkaner um den Wirbelwind Moustafa Hadji Ei ihren Einzug in die nächste Runde.

Schottland – Marokko 0:3

Ein Sieger als Verlierer

Eine Welle der Empörung, die nicht allein Marokko erfaßte. Ein Kontinent brodelte. »Warum immer nur wir Afrikaner?« fragte Trainer Henri Michel und sprach damit Millionen Fans des schwarzen Kontinents aus dem Herzen. Nach dem längst noch nicht vergessenen, skandalösen Nicht-Angriffspakt, der mit deutscher Beteiligung bei der WM 1982 Algerien aus dem Rennen geworfen hatte, richteten sich Wut und Empörung gegen die Brasilianer und gegen Schiedsrichter Baharmast, der den Norwegern das Elfmetergeschenk gewährt hatte. Ungewöhnlich, daß ein 3:0-Sieger ausscheiden mußte, doch es blieb – welch schwacher Trost – nicht der einzige Fall dieser Art. Am ehesten gewannen die Spieler selbst ihre Fassung zurück. Rachid Azzouzi, »fränkischer Marokkaner«, sah dann ein bißchen Mitschuld auch bei sich selbst und seinen Kollegen: »Selber schuld. Wir hätten doch nur die Norweger schlagen müssen.« Vernunft braucht oft ihre Zeit.

Was sollten da erst die Schotten sagen: zum achten Mal in ein Endturnier gelangt und zum achten Mal nach der ersten Runde ausgeschieden! Es paßte ins Bild, daß es Schottlands Oldie war, der bei den ersten beiden Treffern Marokkos nicht ganz unschuldig war. 39 Jahre hat Torwart Jim Leighton auf dem Buckel, wurde vor kurzem sogar von Königin Elisabeth in den Adelsstand erhoben. Doch Alter schützt vor Torheit nicht. Auch nicht den ältesten aller Spieler dieser WM. Craig Burley hatte mit seinem Platzverweis beim Stand von 0:2 seinen Landsleuten einen weiteren Nerv gezogen und Bassir das Kunststück fertiggebracht, auch einmal zwei Tore in einem Fußball-Spiel zu erzielen.

23. 6. 1998 in St. Etienne

Schottland – Marokko 0:3 (0:1)

SCHOTTLAND: Leighton – Hendry – Weir, Boyd – McNamara (55. Tosh McKinlay), Lambert, Burley, Collins, Dailly – Gallacher, Durie (84. Booth)
MAROKKO: Benzekri – Saber (73. Rossi), Naybet, Triki, Abrami – Amzine (76. Azzouzi), Tahar, Hadji, Chippo (87. Sellami) – Hadda, Bassir
Tore: 0:1 Bassir (22.), 0:2 Hadda (47.), 0:3 Bassir (85.)
Gelbe Karten: Gallacher / Chippo
Rote Karte: Burley (54.) / –
Schiedsrichter: Ali Mohamed Bujsaim (VAE)
Zuschauer: 36 000

Brasilien – Norwegen 1:2

Der Flo kann doch stechern

Verdammt lang her, daß Brasilien ein WM-Endrundenspiel verloren hatte: 1990, gegen den damaligen Titelverteidiger und südamerikanischen Erzrivalen Argentinien mit 0:1, was ein frühzeitiges Ausscheiden im Achtelfinale bedeutete. Torwart Taffarel und der scheinbar unverwüstliche Carlos Verri Bledorn, bekannter unter seinem »Künstlernamen« Dunga, waren schon damals im blau-gelben Team. Gegen eine europäische Mannschaft hatten die Samba-Virtuosen vier Jahre zuvor erst im Elfmeterschießen des Viertelfinales vor Frankreich kapitulieren müssen. In einem Spiel der ersten Runde waren die Ballkünstler letztmals 1966 an Ungarn und Portugal gescheitert.

Soweit die Vergangenheit. Die Gegenwart erlebten die Zuschauer in Marseille, in einem für Brasilien nicht mehr so wichtigen, für Norwegen hingegen bedeutungsvollen Spiel seiner Mini-Geschichte (erst dritte WM-Teilnahme: 1938 – auch in Frankreich und damals gleich im ersten Endrundenmatch ausgeschieden sowie 1994 in den USA, ebenfalls vorzeitig auf der Strecke geblieben). Ein Unentschieden hätte jetzt in der Hafenstadt Marseille für die Skandinavier, obwohl ungeschlagen, erneut das vorzeitige Ausscheiden bedeutet. Die kleine Geschichte zur Erfolgsstory.

Ohne Zweifel gehört dieses Duell in diese Historie hinein. Daß die mit angezogener Handbremse auftretenden Brasilianer die erste Niederlage seit 32 Jahren in einem nicht zur K.o.-Runde zählenden Turnierspiel kassierten, berührte wahrscheinlich nur die Statistiker und verärgerte Trainer Zagallo. Weitaus tiefer saß der Ärger über einen Elfmeter, dessen scheinbare Berechtigung allein der amerikanische Schiedsrichter erkannt haben wollte. Wahlberliner Kjetil Rekdal machte mit einem plazierten Schuß das kleine Wunder wahr, eher wundersam als wunderbar.

Die Ballzauberer aus Südamerika nahmen den kleinen Reinfall ebenso gelassen hin wie zuvor das gesamte Spiel, das mit dem allerdings späten 1:0 von Bebeto (78. Minute), in jenen 90 Minuten neben Cafu, Torhüter Taffarel und dem ehemaligen Stuttgarter Dunga der einzige Spieler aus der Weltmeisterelf von 1994, eigentlich schon gelaufen zu sein schien. Vom Laufen aber hielt man im allgemeinen an diesem Tag nicht viel. Selbst Stars wie Ronaldo, Roberto Carlos oder Denilson nicht. Da blieb Trainer Zagallo nur die lakonische Feststellung: »Ich weiß nur, daß Norwegen jetzt feiern darf.«
Bei den siegreichen, überglücklichen Norwegern kam der ansonsten meist auf sich allein gestellte Tore Andre Flo endlich zu seinem ersten WM-Treffer und nur vier Minuten später zu der Gelegenheit, den entscheidenden Strafstoß durch eine besondere Art von Fallkunst herauszuschinden. War es seine Schuld, daß Mister Baharmast auf diesen faulen Trick hereinfiel? Mitnichten.

23. 6. 1998 in Marseille

Brasilien – Norwegen 1:2 (0:0)

BRASILIEN: Taffarel – Cafu, Junior Baiano, Goncalves, Roberto Carlos – Dunga, Denilson, Rivaldo, Leonardo – Bebeto, Ronaldo
NORWEGEN: Grodas – Berg, Eggen, Johnsen, Björnebye – Strand (46. Mykland), Rekdal, Havard Flo (67. Solskjaer), Leonhardsen – Riseth (79. Jostein Flo) – Tore Andre Flo
Tore: 1:0 Bebeto (78.), 1:1 Tore Andre Flo (83.), 1:2 Rekdal (89., Elfmeter)
Gelbe Karten: – / Leonhardsen, Mykland
Schiedsrichter: Esfandair Baharmast (USA)
Zuschauer: 60 000

Italiens Torjäger Christian Vieri war bei seinem 1:0-Kopfballtreffer auch von der österreichischen Abwehr nicht zu stoppen. Nach der 2:1-Niederlage von Toni Polster & Co. gegen die Azzurri schnappten sich die Chilenen mit einem Punkt Vorsprung vor Herbert »Schneckerl« Prohaskas Team den begehrten zweiten Gruppenplatz.

Gruppe B

Italien
Chile
Kamerun
Österreich

Anfang mäßig, Ende gut für den klaren Favoriten Italien. Als es darauf ankam, brachten die Finalisten der vergangenen WM alles sicher unter Dach und Fach. Chile sorgte für ein besonderes, wenngleich nicht einmaliges Kunststück. Ungeschlagen, aber zugleich auch sieglos: Drei Unentschieden reichten zum Vorstoß in die nächste Runde. Österreich und Kamerun blieben auf der Strecke, obwohl beide nur ein einziger Punkt vom Tabellenzweiten trennte.

19

Last-minute-Team: Gegen Chile (links Anton Pfeffer gegen Ivan Zamorano) und Kamerun (Torschütze Pierre Njanka, oben) schafften die Österreicher jeweils im letzten Moment doch noch den Ausgleich. Am Ende verfehlte das enttäuschte Team um Rekordnationalspieler Toni Polster das Achtelfinale nur knapp.

Italien – Chile 2:2

Bravissimo Baggio!

Ein Spiel im Zeichen zweier Männer, wie sie unterschiedlicher nicht sein könnten. Der eine Marcelo Salas, ein Stürmer, in dessen Adern noch indianisches Blut fließt und der mit seinen 23 Jahren zweifellos erst am Anfang einer noch großen Karriere steht. Wer diesen jungen Wilden von River Plate Buenos Aires noch nicht kannte, der wußte spätestens nach seinen beiden effektvollen Toren, wer er und was er wert ist. Lazio Rom hatte das offenbar am ehesten entdeckt und Marcelo Salas unmittelbar vor der WM für über 30 Millionen Mark unter Vertrag genommen. Ein knallharter Linksschuß und ein wuchtiger Kopfball – die erste weltweit erkennbare Visitenkarte des Chilenen gegen das Team seiner künftigen Fußballheimat.

Für die Fans aus Südamerika ein Anlaß, auf den Tribünen ausgelassen zu tanzen und beinahe verrückt zu spielen. Salas, der frühe Superstar? Wer an Heiligabend geboren wurde wie Salas, dem sollte das Glück hold sein.
Fast hätten seine Tore zum Sieg gereicht, aber da war ja noch Roberto Baggio, der sich als Chiles »Spielverderber« entpuppte. Der Mann, dessen kleiner Haarzopf jahrelang als Markenzeichen galt, hat eigentlich schon die Herbstzeit seines Fußballerlebens erreicht. Der brillante Techniker war lediglich mit dem Status eines Ersatzspielers nach Frankreich und erst durch Del Pieros Verletzung überhaupt noch ins Team gekommen. Einmal dabei, nutzte er die unverhoffte Chance. Das 1:0 durch Vieri leitete er durch einen seiner immer noch blitzgescheiten Pässe ein. Das zweite, selbst erzielte Tor rettete Italien vor dem K.o. und verhalf ihm, bereits im ersten WM-Spiel 1998 jenes Selbstbewußtsein zurückzugewinnen, das ihm beim Finalauftritt 1994 verlorengegangen war.
Ausgerechnet Roberto Baggio traute sich zu, den entscheidenden Elfmeter zu verwandeln. Vor vier Jahren in Los Angeles gegen Brasilien hatte sein Elfmeter-Fehlschuß die WM gekostet. Gegen die Chilenen hielt er seine Nerven im Zaum, zielte, schoß und traf. Alle Teamkollegen stürmten auf Baggio zu. Allen war ein Stein vom Herzen gefallen. »Du hast nur zwei Chancen beim Elfer. Entweder du triffst oder du triffst nicht«, resümierte Baggio später lapidar – er hatte die erste Variante gewählt.

11. 6. 1998 in Bordeaux
Italien – Chile 2:2 (1:1)
ITALIEN: Pagliuca – Costacurta – Di Livio (61. Chiesa), Cannavaro, Nesta, Maldini – Albertini, Dino Baggio, Di Matteo (57. Di Biagio) – Vieri (71. Inzaghi), Roberto Baggio
CHILE: Tapia – Fuentes – Reyes, Margas (63. Ramirez) – Villarroel, Acuna (82. Cornejo), Parraguez, Rojas – Estay (81. Sierra) – Zamorano, Salas
Tore: 1:0 Vieri (10.), 1:1 Salas (45.), 1:2 Salas (50.), 2:2 Roberto Baggio (85., Handelfmeter)
Gelbe Karten: Di Livio, Cannavaro / Parraguez, Acuna, Rojas
Schiedsrichter: L. Ousmane Bouchardeau (Nigeria)
Zuschauer: 35 200

Kamerun – Österreich 1:1

Ein Liebesgruß an die Eltern

Mon dieu, ach, du großer Gott! Wie sehr müssen diese unverhüllten, kraftstrotzenden Oberkörper wohl bibbern in dieser südwestfranzösischen Schafskälte. Mögen sie mit noch so warmen Farben bepudert sein, aus denen auch die Nationalflagge ihres Heimatlandes gewebt ist: gelb-rot-grün. Tanzend aber biegen und wiegen sich Kameruns Fans in dieser widerlichen, nicht einmal auf zehn Grad Celsius erwärmten Kälte, die der heftige Wind von den Pyrenäen her ins sogenannte »kleine Wembley-Stadion« zu Toulouse hineinbläst. Auf vielen Köpfen afrikanischer Fans wippt landestypischer Federschmuck, unaufhörlich scheppernde Rasseln und wirbelnde Trommeln geben den Rhythmus an. Ein Folklore-Festival vor und nach dem Spiel sowie auch mittendrin.

François Omam-Biyik, Kameruns an diesem Abend kläglich versagender Stürmer, kurz vor Schluß noch gegen den bei Berlins Hertha spielenden Tchami ausgewechselt, will diese Gesänge und dieses Getöse nicht mehr anhören.
»So nahe am Sieg, malheureusement! Welch ein Pech, wie schade«, tönt es unter der purpurroten, goldbestickten Kopfbedeckung hervor. Die eingeplanten drei Punkte schienen unter Dach und Fach – und dann dieser Schock.

Nur 1:1 statt 1:0. Trainer-Globetrotter Claude Le Roy (50) erklärte in einem multikulturellen französisch-englisch-deutschen Sprach-

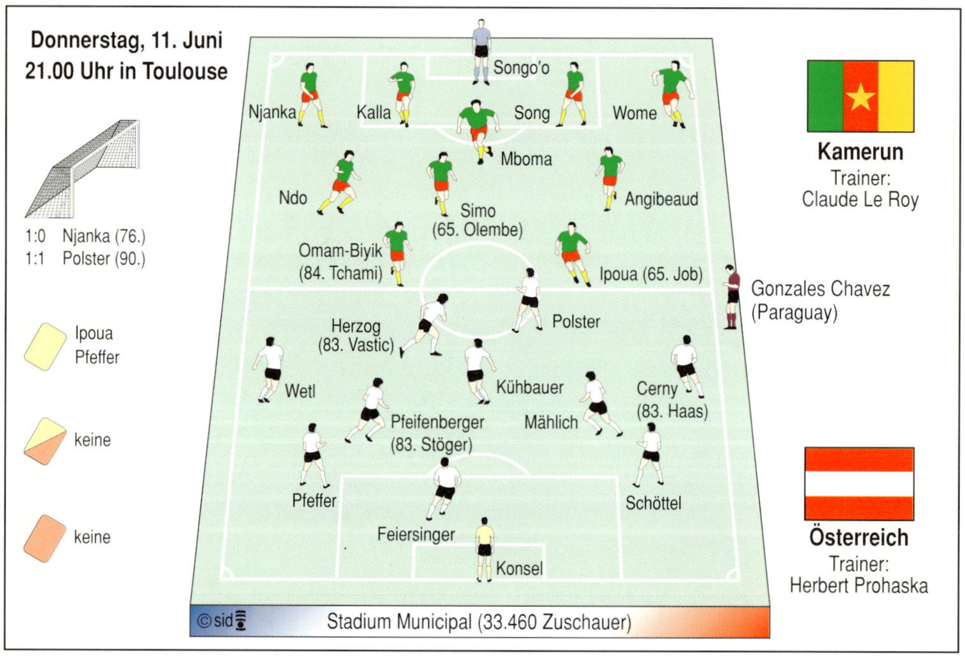

Herbert Prohaska (Österreich)

Cesare Maldini (Italien)

Nelson Acosta (Chile)

mix: »Erfahrung lernt man eben nicht, man erlebt sie.« Der französische Coach hatte das Team der Westafrikaner in einem Schnellverfahren erst einmal runderneuert. Wenigstens die zweite Halbzeit stellte ihn einigermaßen zufrieden. Gleichwohl war es ein niveauarmer, oft bis in die Nähe der Körperverletzung abgleitender, ruppiger Fußballvergleich.
Im zweiten Spielabschnitt hatte Le Roy besseres taktisches Verhalten seiner zuvor zaghaften Mannen und mehr Mut zum Risiko erkannt. So erschien ihm der Treffer seines Verteidigers Pierre Njanka nach einem famosen Slalomlauf und einem wuchtigen Schrägschuß in die lange Ecke nur logisch. Daß diesem aber auch ein kapitaler Fehler der von Dortmunds Libero Feiersinger dirigierten Abwehr Österreichs vorausging, vergaß er zu erwähnen.

Dann kam der Moment des Anton Polster, Österreichs Spieler mit der Nummer 19 und neben Feiersinger, Pfeifenberger, Herzog und Cerny fünfter »Legionär« aus der deutschen Bundesliga. Der 34jährige hatte ja zuvor so einiges über sich ergehen lassen müssen: Abstieg mit dem 1. FC Köln aus der Bundesliga, Ungewißheit über seinen Platz im Nationalteam, das er mit seinen sieben Toren überhaupt erst nach Frankreich geschossen hatte. Trainer Herbert Prohaska, selbst einst ein Ausnahmespieler, wußte aus eigenem Erleben, wie man sich in solch einer Situation fühlt. Er wußte aber auch, daß Goalgetter das Toreschießen nicht verlernen. Als alles schon verloren schien, stand Polster doch wieder da, wo Torgefahr entsteht. Nachspielzeit, Eckball, Kopfball-Querschläger, Zwischenschritt, Schuß, Lattenunterkante, Tor – typisch Toni Polster!

An Papa und Mama im heimischen Wien habe er sofort gedacht, an seine Jungens vom deutschen Kreisklassenklub SV Weiden, dem Polster als Präsident vorsteht und an die Fans, die nun doch an einen längeren Aufenthalt im WM-Land hoffen durften. »Mia san eben nur ein kleines Fußball-Land und nur Außenseiter«, schränkte der vielgereiste Weltenbummler sofort und wohl auch richtig wieder ein.

»Okay«, meinte Prohaska, den man einst das »Schneckerl« nannte, »spielerische Dinge werde ich meinem Team nie vorwerfen.« Es hätte wohl auch zu lange gedauert, und es bedarf eines Spielers, wie Prohaska einmal einer war.
Lange noch dröhnten aufreizende afrikanische Rhythmen durch die verregnete, kalte Nacht von Toulouse. Ein probates Mittel gegen Frust und Frost.

Chile – Österreich 1:1

Last-minute-Tor von Vastic

Man begegnet einander immer zweimal im Leben. So sagt es eine uralte Lebensweisheit. Auf die beiden erfolgreichsten Torschützen

Stimmen zum Spiel

Torschütze **Toni Polster**
»Wir sind und bleiben Außenseiter, denn wir vertreten ein nur kleines Fußball-Land. Wir wollen uns so gut wie möglich verkaufen, damit wir nachher ohne Scham in den Spiegel schauen können.«

Teamchef **Herbert Prohaska**
»Toni ist ein Typ, bei dem man immer und bis zur letzten Minute mit einem Tor rechnen muß, weil er das schon auf der ganzen Welt bewiesen hat. Ich hatte bis zur letzten Sekunde auf diesen Ausgleich gehofft. Läuferisch und kämpferisch bin ich zufrieden, im spielerischen Bereich fehlte es am letzten, genauen Paß«

Kameruns Coach **Claude Le Roy**
»Ich bin enttäuscht, daß wir im allerletzten Moment noch das 1:1 hinnehmen mußten. Dennoch bin ich stolz auf mein noch so junges Team.«

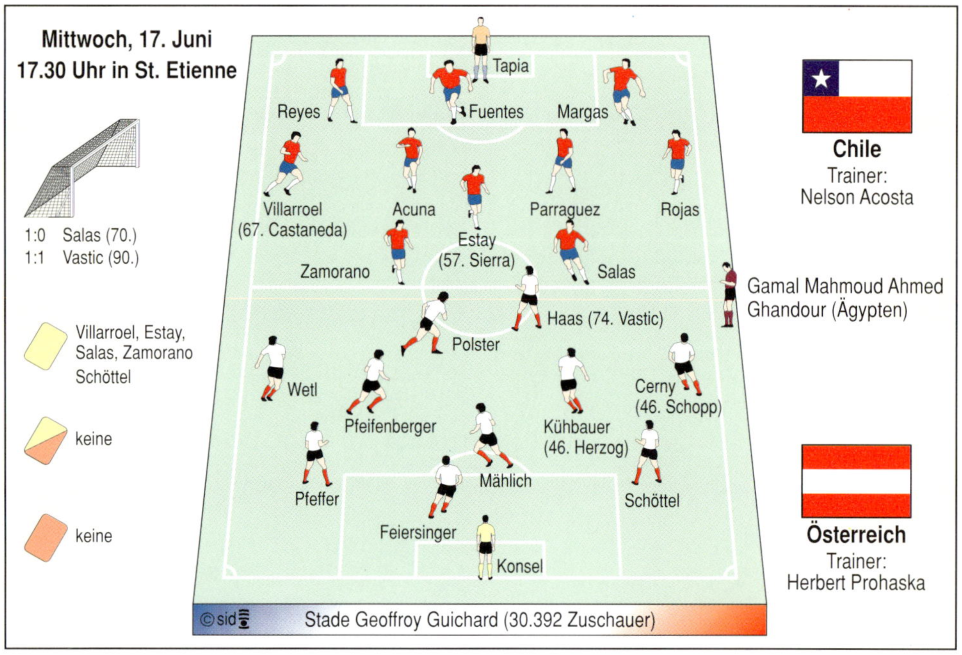

ihrer Teams beim Duell Chiles gegen Österreich traf diese Erfahrung zu. Ivan Zamorano, heute in Diensten von Inter Mailand, und Anton (Toni) Polster, der seinen abgestiegenen Bundesligaklub 1. FC Köln in Richtung Mönchengladbach verlassen wird, trafen sich Anfang der 90er Jahre als Teamkollegen in Sevilla. Seitdem waren sich die beiden nie wieder begegnet. St. Etienne, eine Stadt und ein Stadion mit ebenfalls ruhmreicher Vergangenheit, führte sie für knapp zwei Stunden wieder zusammen. Als unmittelbare Gegenspieler. Freunde waren die beiden in ihren Tagen in Spanien nicht geworden, lediglich Kollegen.

Für Polster dennoch ein besonderer Tag. Er bestritt sein 93. Länderspiel für Österreich und zog damit mit Gerhard Hanappi gleich – dem bereits 1980 im Alter von 51 Jahren verstorbenen Rekordnationalspieler, der sich nach seiner Karriere als Architekt mit dem Bau des nach ihm benannten Wiener Stadions selbst ein frühes Denkmal gesetzt hatte. Zamorano gilt als Playboy, wirkt als Initiator einer Anti-Drogen-Kampagne, Förderer und Finanzier körperlich und geistig behinderter Kinder in seinem Heimatland. In Italien wird Zamorano bald sein heutiger Nationalmannschafts-Kollege Marcelo Salas über den Weg laufen – der Neueinkauf von Lazio Rom will seine Torgefährlichkeit auch in Europa unter Beweis stellen.

Der 31jährige Zamorano und der erst 23jährige Salas – ein Traumpaar, wie es bei den Südamerikanern noch selten eines gab. Als ginge man in einen Wildwestfilm, so wirken die Beinamen der beiden: Ivan (Zamorano) der Schreckliche, Marcelo (Salas) der Gnadenlose. Ungewöhnliche Nebenspieler sind Zamorano nicht fremd, bei Inter Mailand ist Brasiliens Ronaldo sein Matchgefährte. Doch nicht immer liefert ein Superduo auch ein Superspiel. Schöttel und Pfeffer schütteten Salz in die Suppe.
Wer einem solchen Tandem gegenübersteht, muß eigentlich damit zufrieden sein, wenn er glimpflich davonkommt. Österreich gelang dies wie schon im Spiel gegen Kamerun. Ein Tor in allerletzter Minute rettete erneut das 1:1. Ivica Vastic von Meister Sturm Graz, der erst eine Viertelstunde zuvor für seinen wirkungslosen Klubkameraden Mario Haas ins Spiel gekommen war, zeigte, daß nicht nur Polster ein Mann für späte Treffer ist.

Den Münchner Cerny nahm Trainer Prohaska für den ehemaligen Hamburger Schopp aus dem Spiel, den Ex-Münchner und Wiener-Bremer Herzog für Kühbauer ins Team. An der Harmlosigkeit der Angriffsbemühungen änderte sich nichts. Vielleicht aber erhört irgendwer die Hoffnung des Harald Cerny: »Jetzt würde ich mir wünschen, einmal in der Schlußminute ein Tor zu erzielen, dann aber das 1:0.«

Italien – Kamerun 3:0

100 Tore und noch kein Ende

Claude Le Roy, 50jähriger Trainer Kameruns, besitzt offenbar ein Computergedächtnis. Ein Tastendruck im Kopf, und schon hat er das richtige Sprachprogramm parat. Der Weltenbummler mit dem Outfit eines Oberlehrers und Trainerstationen in Frankreich, Kamerun, Senegal, Vereinigte Arabische Emirate und Malaysia wechselt blitzschnell von einer zur anderen Variation der Verständi-

Stimmen zum Spiel

Stürmer **Toni Polster**
»Der liebe Gott hat es sicher gut mit uns gemeint. Wir müssen uns jetzt gegen Italien steigern, das ist auch keine Übermannschaft. ... Ich würde gegen die Italiener natürlich gerne mit zwei Stürmern spielen. Aber diese Diskussionen werden bei uns gerne geführt. Wir haben in Österreich acht Millionen Einwohner, davon sind sechs Millionen Teamchef. Wenn man die alle fragen würde, hätten wir 3,5 Millionen verschiedene Aufstellungen.«

Torschütze **Ivica Vastic**
»Da hab' ich noch einmal die Stellung gedreht, noch eine Täuschung rechts gemacht und geschaut, wo der Torwart steht. Und dann präzise geschossen, alles gegeben in diesen Schuß, so mache ich immer die Tore.«

Trainer **Herbert Prohaska**
»Wir hätten müssen die Chilenen mehr fordern. Wir schaden uns durch zu viele technische Fehler.«

17. 6. 1998 in Montpellier

Italien – Kamerun 3:0 (1:0)

ITALIEN: Pagliuca – Nesta, Costacurta, Cannavaro – Maldini – Dino Baggio, Di Biagio, Moriero (84. Di Livio), Albertini (62. Di Matteo) – Vieri, Roberto Baggio (65. Del Piero)
KAMERUN: Songo'o – Njanka, Kalla, Song – Mboma (66. Eto'o), Angibeaud, Olembe, Ndo, Wome – Ipoua (46. Job), Oman-Biyik (66. Tchami)
Tore: 1:0 Di Biagio (8.), 2:0 Vieri (75.), 3:0 Vieri (90.)
Gelbe Karten: Costacurta, Di Biagio / Wome, Njanka, Angibeaud, Song
Rote Karte: – / Kalla (43.)
Schiedsrichter: Edward Lennie (Australien)
Zuschauer: 35 000

gung. Monsieur Claude verzichtet daher bei seinen häufiger gewordenen Medienauftritten auf die Hilfe professioneller Übersetzer. Wollen sie ihn dennoch interpretieren, laufen sie Gefahr, von Le Roy korrigiert zu werden.

So geschehen nach dem Spiel gegen Italien, das die Dolmetscherin überschwenglich und kenntnislos als brillant interpretierte. Le Roy griff ein und ließ das Urteil seines italienischen Kollegen Cesare Maldini im Raume stehen. Ein gutes Team, mehr noch nicht.

Bemerkenswert allemal, daß Luigi di Biagio mit seinem schnellen Tor in der achten Minute den WM-Treffer Nummer 100 für Italien besorgte, es war zudem sein allererstes Goal für sein Land. Ungewöhnlich aber, daß erstmals in Italiens Fußball-Historie beim Anpfiff kein Spieler des amtierenden Meisters (derzeit Juventus Turin) in der Mannschaft stand. Entscheidend für den Spielverlauf, daß Kameruns Kalla in der 43. Minute vom Platz mußte, weil er dem Torschützen regelwidrig mit beiden Beinen in die Parade gefahren war. Roger Milla, einstiger eigenwilliger Kamerun-Ballzauberer, kritisierte: »Das traf uns hart. Es gab hier bei dieser WM schon weitaus schlimmere Fouls.«

Fast kurios, daß Kamerun mit nur zehn Mann bis eine Viertelstunde vor Schluß effektvoller spielte als Italien mit elf. Zu einem Treffer aber reichte es nicht. Als Kamerun die Kräfte schwanden, schlugen die Minuten des Christian Vieri, der bei Atletico Madrid lieber Peseten als in Italien Lire kassiert. Zwei Tore in 15 Minuten, etwas nicht gerade Selbstverständliches für Italiener. Ein ungewöhnliches Debüt für den Kameruner Samuel Eto'o: Mit 17 Jahren und drei Monaten ist er der jüngste Spieler dieser Weltmeisterschaft. »WM-Baby« bleibt nach wie vor der Nordire Norman Whiteside. Der damalige Stürmer von Manchester United war bei seinem ersten WM-Spiel gerade 17 Jahre und 42 Tage jung. Der berühmte Brasilianer Pelé zählte bei seinem sensationellen Auftritt 1958 in Schweden indes 17 Jahre und acht Monate.

Italien – Österreich 2:1

Sag beim Abschied leise Servus

Was nutzte Toni Polster alle Mühe und Plackerei – nach dem Abstieg aus der höchsten deutschen Klasse mit dem 1. FC Köln der sang- und klanglose Abschied aus Frankreich. Wahrscheinlich auch der Abschied aus Österreichs Nationalteam, das ihm als Trost nur den glanzlosen Ruhm überläßt, Rekordspieler seines Landes zu sein, ohne irgendeinen besonderen Glanzpunkt gesetzt zu haben. Noch wollte er sich eine kleine Bedenkzeit einräumen, ob sie ihm vom Verband oder Trainer gewährt wird, ist eine andere Sache. Mit 34 hat einer wie Toni, dessen Position als (meist alleinige) Sturmspitze die Kräfte zudem schneller aufzehrt, kaum mehr eine Zukunft.

Trainer Herbert Prohaska hatte schon während des Spiels gegen Italien jedermann zu verstehen gegeben, daß es für Polster kein Ruhepolster in seinem Team mehr geben dürfte. Er beorderte seinen Kapitän in der 62. Minute vom Feld. Man kann sich vorstellen, wie zornig und erregt der schnell in Rage geratende Toni Polster reagierte. Er muß das auch als ein alarmierendes Zeichen gewertet haben.
Prohaska, trotz der Niederlage, die viele auch ihm in die Schuhe schieben werden: »Ich glaube, der Zeitpunkt war gut und richtig, frische Leute ins Spiel zu bringen.« Mit der üblichen beschwichtigenden Art fügte er hinzu: »Ich war mit keinem Spieler unzufrieden. Man hat gesehen, daß wir zu Recht bei dieser WM mitgespielt haben. Enttäuscht bin ich nur, weil wir unser Nahziel, das Achtelfinale, nicht erreicht haben.«

So ganz konnte ihm das keiner abnehmen. Mit kargen drei Toren in drei Spielen stets in Rückstand geraten, kann man nicht mehr erwarten, als am Schluß herausgekommen ist. Vom fehlenden Glück zu reden, wie

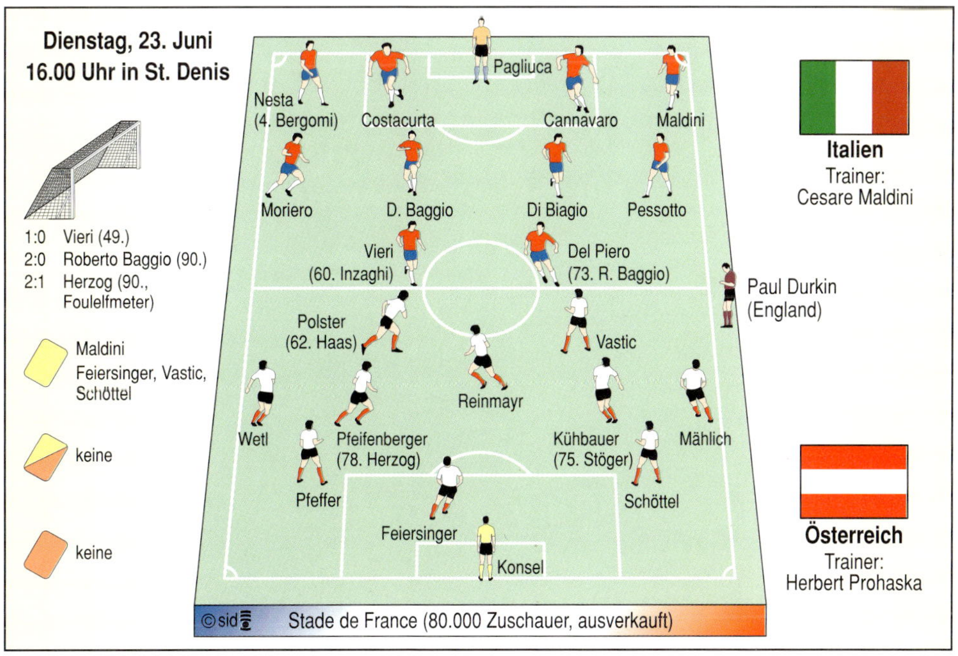

Stimmen zum Spiel

Toni Polster
»Heute hat man den Unterschied gesehen, der zwischen dem großen Italien und dem kleinen Österreich gemacht wird. Der Schiedsrichter hat drei glasklare Elfmeter für uns nicht gegeben. Er stand daneben und hat nichts gesehen – da frage ich, warum?«

Trainer **Herbert Prohaska**
»Wir haben an unsere Chance geglaubt. Uns hat nur das nötige Glück gefehlt.«

Trainer Prohaska auch, erschien doch etwas weit hergeholt.
Die Italiener hätten zudem sicher noch einen Zahn zulegen können, wenn sie denn wirklich gefordert worden wären. Der Sieg sicherte ihnen den ersten Platz und das vielleicht leichtere Achtelfinalspiel. Theoretisch zumindest.

Trainer Cesare Maldini aber wollte erst einmal nur den Sieg genießen. Ebenso sein Sohn Paolo als Kapitän und Libero der Italiener. Welch gegensätzliches Bild jedoch: Papa Maldini, meist mit glattem, fransigem Haar, Sohn Paolo, immer frisch frisiert, elegant im Auftreten und in der Bewegung. Auch ungewöhnlich: Vater und Sohn erlebten ihre besten Fußballjahre beim superreichen und siegverwöhnten AC Mailand. Der Apfel fällt eben nicht weit vom Stamm. Es bleibt Familiengeheimnis, ob Vater Maldini dem Filius, wenn nötig, energisch die Leviten liest. Bis zu diesem Spiel bestand dazu auch kaum Anlaß. Maldini senior servierte erstmals sein Sturm-Traumduo mit Vieri und einem Goalgetter, von dem sich nicht nur Italien viel verspricht: Alessando del Piero, erstmals vom Anpfiff an im Spiel. Da mußte Roberto Baggio schweren Herzens auf der Bank Platz nehmen.

Die Österreicher (Dietmar Kühbauer gegen Luigi di Biagio) hatten die entscheidende Partie gegen Italien keineswegs auf die leichte Schulter genommen, am Ende aber mußten sie sich wie so oft der Squadra Azzurra unterwerfen.

Für den jungen Alessandro Nesta dauerte der Auftritt nur 240 Sekunden, dann mußte er nach einem unglücklichen Zusammenstoß mit Österreichs Dortmund-Libero Feiersinger das Feld räumen und Platz machen für einen, der damit seine vierte Weltmeisterschaft bestritt: Giuseppe Bergomi, seit 16 Jahren zur Nationalmannschaft gehörend – mit knapp 19 Jahren war er schon hinzugestoßen. Man merkte ihm sein Alter kaum an, seine Erfahrung bleibt unschätzbar. Österreich spielte wie die Musik daheim… Eher langsamer Walzer als heißer Pop. Daran änderten auch die Bundesligisten Feiersinger, Pfeifenberger oder der spät ins Spiel gekommene Herzog mit seinem (zu späten) Elfmetertor nichts. Es will und will nichts werden mit den großen Erfolgen im großen Geschäft.

23. 6. 1998 in Nantes

Chile – Kamerun 1:1 (1:0)

CHILE: Tapia – Reyes, Fuentes, Margas – Villaroel (70. Cornejo), Sierra (70. Estay), Acuna, Parraguez, Rojas (78. Miguel Ramirez) – Zamorano, Salas
KAMERUN: Songo'o – Pensee, Song, Njanka – Ndo (82. Etame), Mahouve, Olembe (69. Angibeaud), Wome – Mboma, Job (72. Tchami), Omam-Biyik
Tore: 1:0 Sierra (21.), 1:1 Mboma (56.)
Gelbe Karten: Parraguez, Rojas, Villaroel, Ramirez / Song
Rote Karten: – / Song (52.), Etame (88.)
Schiedsrichter: Laszlo Vagner (Ungarn)
Zuschauer: 39 500

Chile – Kamerun 1:1

Sieglos ins Achtelfinale

So etwas dürfte es eigentlich gar nicht geben. Dreimal ohne Sieg und dennoch im Achtelfinale. So neu und ungewöhnlich war diese Sache jedoch auch wieder nicht: Holland war 1990 ebenfalls mit drei Unentschieden, allerdings in einer Dreiergruppe, in die gleiche Runde vorgestoßen. Doch auch dies ist kein Argument für die Richtigkeit des Reglements. Die Chilenen sahen dies eher von der positiven Seite. Erstmals seit 1962 gelang ihnen der Sprung in die zweite Runde, damals jedoch im eigenen Land.

Kamerun indes nagte am 0:3 gegen Italien und daran, sieglos geblieben zu sein. Es mußte zudem fast 40 Minuten lang mit nur zehn und die letzten zwei Minuten sogar mit neun Mann durchstehen. Dabei schrieb Verteidiger Rigobert Song ein Sonderkapitel für die Chronisten: Er wurde zum zweiten Mal bei aufeinanderfolgenden Weltmeisterschaften in einem Vorrundenspiel des Feldes verwiesen – vor vier Jahren war ihm in den USA gleiches Ungemach gegen Brasilien widerfahren.
Daß Lavriano Etame nach nur sechs Minuten Mitwirkung ebenfalls vorzeitig in die Kabine mußte, hatte zwei Minuten vor dem Ende keinen Einfluß mehr. Zwecklos auch, darüber nachzudenken, wie spielerisch gut sich die Kameruner präsentierten. Glück läßt sich nicht erzwingen.

Glück, wie es die Chilenen mit ihrem bilderbuchreifen Freistoß von Sierra zum 1:0 besaßen, Glück, daß Kamerun die offenkundigen Schwächen in der gegnerischen Abwehr nicht zu nutzen verstand. Glück, daß das schwache Spiel des hochgelobten Tandems Zamorano / Salas keine Folgen hatte. Für Zamorano erfüllte sich dennoch ein Wunsch: Brasilien und Ronaldo zu begegnen.

Kameruns französischer Coach Claude Le Roy äußerte sich enttäuscht und erbost: »Ich weiß nicht, warum der Schiedsrichter unser zweites Tor nicht gegeben hat. Mir ist kein Foulspiel aufgefallen.«

Bundesliga-Stars in anderen Farben

Bundesliga als Gütesiegel auch in den Teams anderer WM-Teilnehmer. 36 ausländische Stars aus den beiden höchsten deutschen Spielklassen gehörten zu den 22 Auserwählten ihres Landes. Österreich hatte allein sechs Legionäre benannt, von denen Pfeifenberger, Herzog (beide Werder Bremen), Feiersinger (Borussia Dortmund), Cerny (1860 München) und Polster (1. FC Köln) auch zum Einsatz kamen. Nur Torwart Wohlfarth (VfB Stuttgart) blieb Reservist.

Die weiteren WM-Gastspieler der Bundesliga:
Belgien: Wilmots (Schalke 04)
Brasilien: Emerson (Bayer Leverkusen)
Bulgarien: Balakow (VfB Stuttgart), Hristow (1. FC Kaiserslautern), Zafirow (Arminia Bielefeld), Borimirow (1860 München)
Dänemark: Schjönberg (1. FC Kaiserslautern), Heintze (Bayer Leverkusen), Töfting (MSV Duisburg)
Frankreich: Lizarazu (Bayern München)
Iran: Azizi (1. FC Köln), Daei, Bagheri (beide Arminia Bielefeld)
Jugoslawien: Komljenovic (MSV Duisburg), Stevic (1860 München)
Kamerun: Tchami (Hertha BSC)
Kroatien: Soldo (VfB Stuttgart), Mamic (VfL Bochum)
Marokko: Ouakili (1860 München), Azzouzi (Greuther Fürth)
Norwegen: Rekdal (Hertha BSC), Havard Flo (Werder Bremen)
Rumänien: Munteanu (1. FC Köln)
Schottland: Booth (Borussia Dortmund)
Südafrika: Buckley (VfL Bochum)
Tunesien: Beya, Ben Slimane (beide SC Freiburg)
USA: Deering, Reyna (beide VfL Wolfsburg), Regis (Karlsruher SC).

Leidvolle Legionäre: Toni Polster (links) und Andreas Herzog lassen die Köpfe hängen.

Der französische Keeper Fabien Barthez hat sich seine kühlende Dusche redlich verdient: Nur ein einziges Mal mußte er in den Gruppenspielen hinter sich greifen – vom Dänen Michael Laudrup per Elfmeter bezwungen.

Gruppe C

Frankreich
Südafrika
Saudi-Arabien
Dänemark

Die Gruppe der gastgebenden Franzosen, in der sie selbst den Ton angaben … Drei Spiele, drei Siege – da lachte das Herz der einheimischen Zuschauer. Dänemark kam mit nur drei Toren zu vier Punkten und damit auf den begehrten zweiten Platz. Völlig abgeschlagen Saudi-Arabien, das als erstes Team bei einer Weltmeisterschaft seinen Trainer vorzeitig aus dem Amt entließ. Karg war die Trefferausbeute aller drei Mannschaften hinter den Franzosen. Mit Südafrika blieb ein weiteres Team vom sogenannten schwarzen Kontinent vorzeitig auf der Strecke.

Gut gelaunte Dänen (in der Mitte Michael Schjönberg vom Deutschen Meister 1. FC Kaiserslautern): Beim knappen 1:0-Erfolg über Saudi-Arabien ließ Morten Wieghorst (oben links) Fuad Amin kaum Spielraum. Die Auswahl Dänemarks legte den Grundstein für das Erreichen des Achtelfinales…

… und gleiches gelang der gastgebenden »Equipe tricolore« mit einem 3:0-Sieg über die mit reichlich Vorschußlorbeeren bedachten Südafrikaner (oben rechts klärt Fabien Barthez vor Benedict McCarthy). Der Pechvogel des Spiels Pierre Issa (oben Mitte) lenkte den Ball zum zweiten Gegentor unglücklich ins eigene Netz ab.

Saudi-Arabien – Dänemark 0:1

Zu kalt für ein heißes Duell

Alles hatten die milliardenschweren Scheichs an der Spitze des Wüstenstaates versucht, um das Auftaktspiel gegen Dänemark nach ihren Vorstellungen zu gestalten. Am Abend vor der Premiere kreuzte Prinz Sultan Bin Fahad, ein Sohn König Fahads, höchstpersönlich beim Training im Stadion Félix Bollaert in Lens auf, um zu offenbaren, wie viel sein Land und seine Hoheit vom Abenteuer Frankreich erwarteten. Sein Bruder Prinz Faisal Bin Fahad Bin Abdulaziz schickte eine Extrabotschaft aus Paris schriftlich hinterher: »Der Moment der Wahrheit steht bevor. Ihr seid Helden und zugleich Botschafter. Ihr müßt unser Land so gut wie möglich repräsentieren.« Er mag dabei an die erste Teilnahme der Saudis an einer WM vor vier Jahren gedacht haben, bei der die »Wüstensöhne« sensationell das Achtelfinale erreicht hatten und erst vom späteren WM-Dritten Schweden mit 1:3 aus dem Turnier geworfen worden waren.

All die königliche Unterstützung nutzte jedoch nichts angesichts der Kapriolen einer noch höheren Macht. Der Wettergott entschloß sich, seine eigene Gewalt zu demonstrieren. Resignierend entfuhr es dem Saudi-Coach Carlos Alberto Parreira, der 1994 noch seine Brasilianer zum Titel geführt hatte: »1994 spielte die Mannschaft noch bei 35 °C, heute waren es gerade einmal 13.« Was ihn allerdings noch mehr wurmte: Gegen ein schwaches Dänen-Team verlor das noch schwächere Saudi-Ensemble mit 0:1.

Carlos Parreira (Saudi-Arabien)

Bo Johansson (Dänemark)

Das regnerisch-kalte Wetter schien den empfindsamen Saudis jeglichen Spaß am Spiel genommen zu haben. Eine einzige Torchance erkämpfte sich Parreiras neue Truppe, bei Marc Riepers Kopfball zum siegbringenden Tor schien die arabische Abwehr um den rustikalen Libero Mohammed Al-Khilaiwi wie gelähmt. Ein Abwehrfehler und aus war es!
Die Dänen scherte all dies wenig. »Wir mußten gewinnen, wir haben gewonnen«, bilanzierte Michael Laudrup nach seinem 100. Länderspiel. Fußball kann so einfach sein.

12. 6. 1998 in Lens

Saudi-Arabien – Dänemark 0:1 (0:0)

SAUDI-ARABIEN: Al-Deayea – Al-Jahani, Al-Khilaiwi, Zubromawi, Sulimani – Al-Shahrani, Amin (79. Saleh), Dossari, Al-Mowalad – Owairan (80. Al-Dosari) – Al-Jaber (84. Al-Thyniyan)
DÄNEMARK: Schmeichel – Colding, Högh, Rieper, Schjönberg – Jörgensen, (74. Frandsen), Helveg, Wieghorst (66. Nielsen), Michael Laudrup – Brian Laudrup (84. Heintze), Sand
Tor: 0:1 Rieper (68.)
Gelbe Karten: Al-Muwalid / Wieghorst, Rieper, Nielsen
Schiedsrichter: Javier Alberto Castrilli (Argentinien)
Zuschauer: 38 140

Frankreich – Südafrika 3:0

Das Glück kam mit Dugarry

Die Mannschaft des Gastgebers gehört bei einer WM traditionell zum Favoritenkreis – nehmen wir die letzte Titelentscheidung in den USA von dieser ungeschriebenen Regel einmal aus. Aus dieser Lust wird jedoch schnell auch eine Last. Die Franzosen spürten den Druck vor ihrem Auftaktspiel gegen Südafrika besonders heftig. Der letzte WM-Auftritt der »Equipe tricolore« lag immerhin schon ein Dutzend Jahre zurück und 1986 waren die Blauhemden nach einer 0:2-Niederlage gegen Deutschland im Halbfinale immerhin als Dritter aus Mexiko zurückgekehrt. In den Testspielen vor dieser WM hatten sie meist enttäuscht. Trainer Aimé Jacquet fühlte sich schon vor dem Championat ausgelaugt und kündigte seinen Rücktritt vorzeitig für das Ende des Weltturniers in seinem Heimatland an.

Nach dem 3:0 fiel ihm sicher der schwerste Stein vom Herzen. Im Überschwang seiner Glücksgefühle verstieg er sich sogar zu der Übertreibung, eine »exzellente Show« seines Teams gesehen zu haben.
Wie dem auch sei. Das erste, meist wichtigste und schwerste Spiel war gewonnen. Dabei zeigten sich die äußeren Umstände alles andere als ideal. Der berüchtigte Mittelmeerwind fegte mit Orkanstärke durch das renovierte Stade Vélodrome und erschwerte vor allem den französischen Super-Technikern die genaue Ballkontrolle. Zudem mußte Trainer Jacquet schon nach 26 Minuten seine einzige Sturmspitze Guivarc'h verletzt vom Platz holen.

Ausgerechnet dessen Vertreter Christoph Dugarry gehörte dann zu den drei Hauptdarstellern der Partie, die durchweg eine besondere Art

[illegible]	PVHI	70.000	HIG
	PVLO	320.000	HIG
I	PVHH	2.700	HIG
I	PVHI	2.600	HIG
I	PVLO	7.500	HIG
	PVLO	320.000	HIG
	PVLO		HIG
CI	OFFNORM		HIG
CI	OFFNORM		HIG
CI	OFFNORM		HIG
I	PVLO	7.500	HIG
I	PVLO		HIG
	PVLO	320.000	HIG
AF	OFFNORM		HIG
BF	OFFNORM		HIG
BF	OFFNORM		HIG
AF	OFFNORM		HIG
I	PVLO	7.500	HIG
I	PVLO	20.000	HIG
I	PVLO		HIG
	PVLO	320.000	HIG
I	PVLO	7.500	HIG
I	PVLO		HIG
	PVLO		HIG

Aimé Jacquet (Frankreich)

Philippe Troussier (Südafrika)

von Heimrecht genossen. Besagter Dugarry, im Fußball-Alltag Stürmer bei Olympique Marseille, löste mit seinem eindrucksvollen Kopfballtor zum 1:0 nach 35 Minuten die fast allen Favoriten anfangs eigene Verkrampfung. Zinedine Zidane, einst in dieser südfranzösischen Hafenstadt aufgewachsen und inzwischen bei Juventus Turin zum Weltstar aufgestiegen, schwang sich nach dem Führungstreffer eindrucksvoll zum Spielmacher der Franzosen auf.

Zum Matchwinner aber wurde ein Mann von der anderen Seite: Pierre Issa, Teamkollege von Dugarry im skandalumwitterten Marseiller Olympique-Klub.
Zunächst verpaßte der baumlange Verteidiger den Ausgleich der ansonsten schwachen und ideenlosen Südafrikaner. In der Schlußphase lenkte Issa zudem Schüsse von Djorkaeff und Henry unglücklich ins eigene Tor ab. Zwar nur ein Arbeitssieg Frankreichs, aber wer genauer hinsah, erkannte auch das noch verborgene Potential des Gastgeber-Teams.

12. 6. 1998 in Marseille
Frankreich – Südafrika 3:0 (1:0)
FRANKREICH: Barthez – Thuram, Blanc, Desailly, Lizarazu – Deschamps, Petit, (74. Boghossian) – Zidane, Djorkaeff (83. Trezeguet) – Guivarc'h (26. Dugarry), Henry
SÜDAFRIKA: Vonk – Jackson, Fish, Radebe, Nyathi – Issa, Augustine (57. Mkhalele), Fortune, Moshoeu – McCarthy (89. Bartlett), Masinga
Tore: 1:0 Dugarry (35.), 2:0 Issa (78., Eigentor), 3:0 Henry (90.)
Gelbe Karten: Petit, Deschamps, Zidane / Jackson
Schiedsrichter: Marcio Rezende de Freitas (Brasilien)
Zuschauer: 60000

Südafrika – Dänemark 1:1

Ein Mann am falschen Platz

Wann und wo ihm dieser geistvolle Satz in den Sinn kam, verriet Dänemarks Trainer Bo Johansson nicht. Der 55jährige ließ den eigentlichen Sinn seiner Worte unkommentiert, aber jeder wußte, was und wen er meinte: »Wenn jemand wirklich zu wissen glaubt, wie es im Fußball läuft, erinnern Sie sich an dieses Spiel.« Ein seltsames Spiel, wie nicht nur er bemerkte.
Ein Mann allein sorgte für diese merkwürdige Situation: John Jairo Toro Rendon. Der Industrietechniker aus der kolumbianischen Stadt Sabaneta ging in seiner Freizeit der Schiedsrichterei nach, brachte es dabei sogar zum WM-Leiter und zu einem der zahlreichen Schiedsrichter dieser Weltmeisterschaft, die mit der verschärften Auslegung der Regel ihre liebe Mühe hatten. Der zu übertriebenen Gesten neigende Südamerikaner mußte sich wohl öfter den Charles-Bronson-Klassiker »Ein Mann sieht rot« angeschaut haben. Niemand fand so recht eine Erklärung dafür, wieso ausgerechnet drei eingewechselte Spieler ganz schnell, mit der Roten Karte bestraft, den Platz wieder verlassen mußten: Molnar, kaum einmal zuvor in Ballbesitz, Phiri nach 23 Minuten, Wieghorst nach knapp drei Minuten. Daß dazu noch weitere sechs Gelbe Karten kamen, rundet das Bild des total verunsicherten 23. Mannes ab.
Südafrikas Verteidiger Mark Fish mutmaßte: »Dieser Mann wollte wohl einen besonderen WM-Rekord aufstellen.« Er wußte nicht, daß die Historie der Fußball-Weltspiele ein fast einmaliges Zeichen gesetzt hatte. 1954 hatte der Engländer Arthur Ellis beim 4:2 der Ungarn gegen Brasilien sogar fünf Spieler vorzeitig in die Kabine geschickt.

Zum Spiel: Dänemark lullte sich nach dem frühen Führungstor von Nielsen selbst ein, keine Spur vom einst explosiven »Danish Dynamite«. Da war es nur eine Frage der Zeit bis zum südafrikanischen Ausgleich. Benny McCarthy, als Straßenkicker in Kapstadt entdeckt, gerade erst 20 Jahre jung, und bei Ajax Amsterdam eines von vielen noch schmorenden Talenten, beendete eine für einen WM-Neuling blendend inszenierte Ballstafette mit einem raffinierten Beinschuß gegen Dänemarks Torwart-Oldie Peter Schmeichel, der mit seiner 102. Berufung seinen auch in Deutschland bekannten Landsmann Morten Olsen als dänischen Rekord-Nationalspieler einholte. Fast hätte der blonde Keeper kurz vor dem Abpfiff ein weiteres Mal hinter sich greifen müssen, als die Flugkurve eines fulminanten Spannstoßes von Fortune erst von der Querlatte unterbrochen wurde.

18. 6. 1998 in Toulouse
Südafrika – Dänemark 1:1 (0:1)
SÜDAFRIKA: Vonk – Fish, Issa, Radebe, Nyathi (89. Buckley) – Moshoeu, Mkhalele, Fortune, Augustine (46. Phiri) – Bartlett (78. Masinga), McCarthy
DÄNEMARK: Schmeichel – Rieper, Högh, Colding, Schjönberg (82. Wieghorst) – Jörgensen, Helveg, Nielsen – Brian Laudrup, Michael Laudrup (58. Heintze) – Sand (58. Molnar)
Tore: 0:1 Nielsen (13.), 1:1 McCarthy (52.)
Gelbe Karten: Nyathi, Issa, Radebe / Schjönberg, Högh, Schmeichel
Rote Karten: Phiri (69.) / Molnar (67.), Wieghorst (85.)
Schiedsrichter: John Jairo Toro Rendon (Kolumbien)
Zuschauer: 33 300

Frankreich – Saudi-Arabien 4:0

Die Rache eines Prinzen

Kaum war die Niederlage gegen Frankreich, dem normalerweise keine Mannschaft aus diesem Königreich gewachsen ist, perfekt, reagierten die Verantwortlichen mit einer bei WM-Turnieren einmaligen und ungewöhnlichen Maßnahme. Verbandspräsident Prinz Faisal verfügte nach einer Sondersitzung des Verbandsrats die sofortige Entlassung des WM-Triumphators von 1994 (mit Brasilien), Carlos Alberto Parreira. Eine königliche Gage – man spricht von fünf Millionen Mark – mag den bitteren Abgang versüßen.
Die Saudis hatten noch nie in einer Arena wie in dem 80000 Zuschauer fassenden Stade de France gespielt.
Auch den mexikanischen Schiedsrichter Brizio Carter schien diese faszinierende Atmosphäre zu überwältigen, dabei aber völlig den Blick zu trüben. Nach einem harmlosen Foul des Saudi-Abwehrchefs Mohammed Al-Khilaiwi an Bayern-Spieler Lizarazu schickte er den überragenden Mann der Saudis nach schon 19 Minuten in die Kabine.
Zehn sich tapfer wehrende Saudis sahen sich einem ungestümen, aber spielerisch durchdachten Sturmlauf der plötzlich wie aufgedreht wirkenden Franzosen gegenüber. Die Tore durch Thierry Henry (zweimal erfolgreich), David Trezeguet und Lizarazu waren nun nur noch eine logische Folge.

18. 6. 1998 in Paris-St. Denis
Frankreich – Saudi-Arabien 4:0 (1:0)
FRANKREICH: Barthez – Thuram, Blanc, Desailly, Lizarazu – Deschamps, Zidane, Boghossian – Henry (78. Pires), Diomede (58. Djorkaeff) – Dugarry (29. Trezeguet)
SAUDI-ARABIEN: Al-Deayea – Al-Jahani (76. Al-Dossary), Al-Khilaiwi, Zubromawi, Sulimani – Al-Shahrani, Amin, Dossari, Saleh – Owairan (32. Al-Harbi; 63. Al-Mowalad), Al-Jaber
Tore: 1:0 Henry (36.), 2:0 Trezeguet (68.), 3:0 Henry (77.), 4:0 Lizarazu (85.)
Gelbe Karten: Blanc, Lizarazu / Al-Jahani, Al-Jaber
Rote Karten: Zidane (70.) / Al-Khilaiwi (19.)
Schiedsrichter: Arturo Brizio Carter (Mexiko)
Zuschauer: 80 000

Frankreich – Dänemark 2:1

Verloren und doch gewonnen

An diesem Tag war für die Dänen alles anders: Spiel verloren, das Achtelfinale erreicht – Fußball kann so verrückt und so schön sein. Schön spielten allerdings nur die Franzosen, die erstmals seit 1958 Gruppensieger in der Vorrunde wurden.

Dabei war Trainer Jacquet ein kleines Risiko eingegangen, hatte sein Team auf acht Positionen umgekrempelt. Wer so gute Reservespieler besitzt, hat in diesem Turnier gut lachen. Ausgerechnet ein in England bei Arsenal London engagierter Franzose, Emmanuel Petit, bezwang Dänemarks ebenfalls auf der Insel beschäftigten, an diesem Nachmittag wie in seinen besten Zeiten haltenden Peter Schmeichel von Manchester United zum siegbedeutenden 2:1. Das kommt davon, wenn man einander so gut kennt.
Michael Laudrup, mit seinem Bruder Brian 75 Minuten lang wieder das Sturmduo bildend, hatte mit seinem Elfmetertreffer in der 42. Minute vorübergehend das 1:0 egalisiert, das

24. 6. 1998 in Lyon
Frankreich – Dänemark 2:1 (1:1)
FRANKREICH: Barthez – Karembeu, Leboeuf, Desailly, Candela – Pires (72. Henry), Vieira, Djorkaeff, Petit (65. Boghossian), Diomede – Trezeguet (86. Guivarc'h)
DÄNEMARK: Schmeichel – Laursen (46. Colding), Rieper, Högh, Heintze – Jörgensen (55. Sand), Helveg, Nielsen, Schjönberg – Brian Laudrup (75. Töfting), Michael Laudrup
Tore: 1:0 Djorkaeff (13., Elfmeter), 1:1 Michael Laudrup (42., Elfmeter), 2:1 Petit (56.)
Gelbe Karten: Diomede, Vieira / Colding, Töfting
Schiedsrichter: Pierluigi Collina (Italien)
Zuschauer: 44 000

ebenfalls aus einem Elfmeter von Djorkaeff resultierte. Frankreichs Staatspräsident Jacques Chirac mag auf der Ehrentribüne darüber gestaunt haben, daß ein Ereignis dieser Bedeutung zwei Gewinner gebar.

Südafrika – Saudi-Arabien 2:2

Eine Welt brach entzwei

Pierre Issa hatte offenbar seinen Talisman daheim gelassen. Gegen Frankreich unterlief ihm ein Eigentor, gegen Saudi-Arabien verursachte er zwei Elfmeter. Beide sah Issa als Gastgeschenke des Schiedsrichters an, und beide Strafstöße wandelten die Saudis in Tore um – zu ihrem ersten und einzigen Punktgewinn. Für Issa brach eine Welt zusammen, denn damit war die letzte Chance auf ein Weiterkommen dahin.

Philippe Troussier, mit der heimatlichen Presse in Dauerfehde lebend, ließ ein grollendes Donnerwetter folgen: »Ich hatte häufig das Gefühl, meine Spieler sind hierher gefahren, um Urlaub oder Shopping zu machen.« Daß er sich nicht auf der Nase herumtanzen ließ, hatte er schon vor dem Spiel gegen die Saudis bewiesen, als er zwei aus seinem Team (Augustine und Mokoena) schnurstracks in die entfernte Heimat zurückgeschickt hatte, weil beide den verordneten Zapfenstreich ignoriert hatten. Die eigenen Konsequenzen zog er unmittelbar nach dem Schlußpfiff des letzten Spiels. Er stellte seinen Posten freiwillig zur Verfügung. So mutig sind nicht viele Trainer.

24. 6. 1998 in Bordeaux
Südafrika – Saudi-Arabien 2:2 (1:1)
SÜDAFRIKA: Vonk – Jackson (46. Buckley), Fish, Issa, Nyathi – Mkhalele, Radebe, Moshoeu, Fortune (65. Khumalo) – Bartlett, McCarthy (46. Sikhosana)
SAUDI-ARABIEN: Al-Deayea – Al-Jahani, Amin, Zubromawi, Sulimani – Al-Temyat, Saleh, Dossari, Al-Thyniyan (79. Al-Harbi) – Al-Mehalel (63. Al-Shahrani), Al-Jaber
Tore: 1:0 Bartlett (19.), 1:1 Al-Jaber (45., Elfmeter), 1:2 Al-Thyniyan (72., Elfmeter), 2:2 Bartlett (90., Elfmeter)
Gelbe Karten: Fortune, Radebe / Dossari
Schiedsrichter: M. F. Sanchez Yanten (Chile)
Zuschauer: 25 000

Gruppe D

Spanien
Nigeria
Paraguay
Bulgarien

Eine Situation wie um Brasilien in Gruppe A. Nigeria, nach den ersten beiden Spielen bereits für die Runde der letzten 16 qualifiziert, ließ es gegen Paraguay lässiger angehen, verlor zwar das Spiel 1:3, aber nicht den ersten Platz. Weinende Dritte waren die Spanier, denen sogar ein 6:1-Rekordsieg gegen müde und lustlos auftretende Bulgaren nichts mehr einbrachte. Mit 8:4 Toren aus dem Rennen geflogen zu sein, war ein Novum in der Geschichte der Weltmeisterschaften.

JVC

Kartenspiel: Schiedsrichter Rahman Al Zeid aus Saudi-Arabien setzte die Forderungen der FIFA nach strengerer Regelauslegung im Spiel Paraguay gegen Bulgarien konsequent um.

Antreiber, Keeper und Kapitän: Paraguays schußgewaltiger Torwart José Luis Chilavert (oben) mußte nur ein Gegentor hinnehmen und erreichte mit seiner Mannschaft ungeschlagen das Achtelfinale.

Die Bulgaren mit dem für Stuttgart in der Bundesliga spielenden Krassimir Balakow (Mitte), 1994 in den USA noch bis ins Halbfinale vorgedrungen, enttäuschten auf ganzer Linie. Mittelfeld-Stratege Jay-Jay Okocha (unten links) wurde wie sechs weitere Stammspieler Nigerias im letzten Spiel gegen Paraguay geschont. Da die nachlässigen Nigerianer dort klar unterlagen, half den Spaniern (Morientes, Kiko und Raúl, unten rechts) auch ihr 6:1-Kantersieg gegen die Bulgaren nicht mehr weiter.

Paraguay – Bulgarien 0:0

Ein Torwart geht auf Torejagd

Ein kreischender Aufschrei, urplötzlich! Dabei ist überhaupt nichts passiert. Torwart José Luis Chilavert hat einen harmlosen Flugball lässig mit seinen Händen abgefangen. Nun aber geschieht etwas Besonderes: Der 32jährige Keeper wirft die Lederkugel weder ins Feld zurück, drischt sie auch nicht nach vorn, wie allgemein üblich, sondern läßt sie auf den Rasen plumpsen und marschiert, das Objekt der Begierde am linken Fuß, heraus aus seinem Strafraum fast bis zum Mittelkreis. Von dort aus wuchtet der torhungrige Keeper den Ball mit dem linken Vollspann in den Strafraum der Bulgaren. So geschehen in der 63. Minute des ansonsten eher langweiligen 0:0-Gekicke. Es kommt sogar noch spektakulärer. Zehn Minuten später fegt Bulgariens Trifon Iwanow den anstürmenden Jorge Campos um. Keine Frage: Freistoß aus etwa 23 Meter Entfernung. Da spurtet Teufelskerl Chilavert herbei, wuchtet den Ball mit ungeheurer Vehemenz über Bulgariens Abwehrmauer hinweg beinahe unter die Latte. Dort aber steht auch einer, der sein Handwerk beherrscht: Zdrawkow schnellt empor und lenkt das Geschoß über die Latte. Sein Kollege Chilavert sprintet zur gleichen Zeit zu seinem eigenen, verlassenen Gehäuse zurück. Die Enttäuschung kann er jedoch nicht verbergen. »Ich wollte als erster Torhüter bei einer WM ein Tor schießen, egal wie.«

12. 6. 1998 in Montpellier

Paraguay – Bulgarien 0:0

PARAGUAY: Chilavert – Gamarra, Ayala, Morales (43. Caniza), Sarabia – Enciso, Benitez, Paredes, Acuna – Cardozo (70. Ramirez), Campos (81. Yegros)
BULGARIEN: Zdrawkow – Kischischew, Jordanow, Trifon Iwanow, Iwailo Petkow – Nankow, Jankow – Iliew (78. Borimirow), Balakow, Stoitschkow – Penew (69. Kostadinow)
Tore: Fehlanzeige
Gelbe Karten: Benitez / Stoitschkow, Iwanow
Gelb-Rote Karte: – / Nankow (89.)
Schiedsrichter: Rahman Al Zeid (Saudi-Arabien)
Zuschauer: 30000

Damit hatte es sich auch. Er ist sich bewußt, der Megastar seines Teams zu sein. Also schüttet er Lob über seine Teamkollegen aus. »Ich bin stolz auf mein Team, von dem behauptet wurde (Bulgariens Exzentriker Stoitschkow), es sei nur ein krasser Außenseiter und leicht zu schlagen. Heute haben wir das Gegenteil bewiesen.«
An jenem Abend rechnet er ebenso mit dem Vorstoß sogar bis ins Viertelfinale wie Krassimir Balakow, Mittelfeldregisseur des VfB Stuttgart nach seinem 67. Länderspiel. »In der ersten Halbzeit haben wir gezeigt, daß wir eine gute Mannschaft sind.« Die Zuschauer erfreuten sich allerdings lediglich an einem Pfostenknaller Stoitschkows. Positives Denken ist jederzeit und jedermann erlaubt.

Spanien – Nigeria 2:3

Sonntags-Schuß durch Sunday

So leicht lassen sich Nigerias Adler nicht die Flügel stutzen! Mit vier Niederlagen in Serie im Vorfeld dieser WM offenbar aus der Balance gebracht, setzten die »Super-Eagles« aus Afrika im wichtigsten Moment zu einem neuen Flugversuch an. Knapp 34 000 im Stade La Beaujoire erlebten gleich zwei Überraschungen: Den Sturz des Favoriten Spanien und das Comeback des Olympiasiegers von 1996, von dessen Erfolgsteam noch Oparaku, West, Babayaro, Babangida, Lawal, Ikpeba sowie zwei frühere alte Bekannte aus der Bundesliga, Oliseh und Okocha, auch hier wieder ihre Kunstfertigkeiten an den Mann brachten. Taribo West, auffallend durch seine grün-weißen Rasta-Zöpfchen auf dem ansonsten kahlgeschorenen Haupt, erfahrener Abwehrrecke bei Inter Mailand, sprach die Vorwegresultate an und erklärte: »Was zählt, sind die WM-Spiele, und nur die zahlen sich aus.«

Fast symbolisch: Spaniens Torhüter Zubizarreta verhalf den Afrikanern durch einen anfängerhaften Patzer zu einem vermeidbaren, vorentscheidenden Treffer. Sunday Oliseh, einst für den 1. FC Köln stürmend, besorgte mit einem Gewaltschuß das siegbringende 3:2. Okocha, mit blondiertem Wuschelkopf auftretend, hat seine alte Dribbelkunst auch bei Fenerbahce Istanbul bewahrt. Vielleicht ist der ehemalige Frankfurter bald wieder in der Bundesliga zu bewundern.

13. 6. 1998 in Nantes

Spanien – Nigeria 2:3 (1:1)

SPANIEN: Zubizarreta – Ferrer (46. Amor), Nadal (77. Celades), Alkorta, Sergi – Hierro, Luis Enrique, Campo – Raúl – Kiko, Alfonso (58. Etxeberria)
NIGERIA: Rufai – West, Okechukwu, Oparaku (69. Yekini), Babayaro – Lawal (90. Godwin Okpara), Adepoju, Oliseh – Okocha – George, Ikpeba (83. Babangida)
Tore: 1:0 Hierro (21.), 1:1 Adepoju (24.), 2:1 Raul (47.), 2:2 Lawal (73.), 2:3 Oliseh (77.)
Gelbe Karten: Amor, Nadal, Campo / Okechukwu
Schiedsrichter: Esfandiar Baharmast (USA)
Zuschauer: 34000

Was die Spanier zeigten, kam nicht nur den eigenen Landsleuten häufig spanisch vor. Nur Raúl von Real Madrid gab in einigen Szenen zu erkennen, daß mehr in ihm und in seiner Mannschaft steckt. In den 90 Minuten von Nantes hatten die Iberer ihre Fähigkeiten allerdings zu sehr versteckt.

Nigeria – Bulgarien 1:0

Andere sehen vieles anders

Das konnte doch nur ein schlechter Witz sein. Da erklärte Hristo Bonew, Trainer Bulgariens, als Spieler insgesamt 96mal in die Nationalelf berufen, den Journalisten in der sogenannten »Mixed Zone« des Pariser

19. 6. 1998 in Paris

Nigeria – Bulgarien 1:0 (1:0)

NIGERIA: Rufai – West, Okechukwu, Adepoju, Babayaro – George (85. Babangida) – Oliseh, Lawal – Okocha – Ikpeba (75. Yekini), Amokachi (67. Kanu)
BULGARIEN: Zdrawkow – Trifon Iwanow – Kischischew, Gintschew, Iwailo Petkow – Iliew (68. Penew), Jankow (85. Batschew), Balakow, Hristow (46. Borimirow) – Kostadinow – Stoitschkow
Tor: 1:0 Ikpeba (27.)
Gelbe Karten: Okechukwu, Okocha, Adepoju, Ikpeba / Iliew, Kischischew
Schiedsrichter: M. F. Sanchez Yanten (Chile)
Zuschauer: 49 000

Prinzenpark, in der sich Presse, Spieler und sonstige Verantwortliche nach dem Abpfiff zum Smalltalk zusammenfanden: »Meine Mannschaft war die klar bessere, wir haben bis fünf Minuten vor Schluß unserem Gegner Nigeria keine Chance gelassen. Allein wir hätten den Sieg verdient gehabt.« Keine Zweifel, Bonew meinte es bitterernst. Allerdings muß er bei einem anderen Spiel in einem anderen Stadion gewesen sein. Die Gedanken sind eben frei.

Die 49000 Zuschauer erlebten ein völlig anderes Bild. Sie hatten eher den Abgesang des WM-Vierten von 1994 gesehen. In Frankreichs Metropole präsentierten sich die Mannen vom Balkan als eine mit großen Namen gespickte Altherrenmannschaft. Ob Stoitschkow, Iwanow oder der Ex-Münchner Kostadinow – alle trabten sie langsam, behäbig, fast lustlos über den Rasen. Kein Spielwitz, keine Sturmflut.

Genau das Gegenteil verkörperten die Nigerianer. Angetrieben von dem ehemaligen Frankfurter Okocha, vor Spielfreude sprühend, erspielten Afrikas Asse eine Torchance nach der anderen. Wüßten sie doch nur, ihre Möglichkeiten besser auszunutzen!
Die Devise ihres Trainers Bora Milutinovic, im Angriff die beste Verteidigung zu sehen, setzten sie mutig in die Tat um. Dies offenbarte sich schon in der Aufstellung des von seiner Verletzung wiederhergestellten Daniel Amokachi als Stürmer anstelle des Abwehrspezialisten Oparaku. Es hat sich ausgezahlt. Das Achtelfinale war schon nach 180 Minuten erreicht.

Javier Clemente (Spanien)

Hristo Bonew (Bulgarien)

Bora Milutinovic (Nigeria)

Paulo Cesar Carpeggiani (Paraguay)

Spanien – Paraguay 0:0

Pechvogel und Paradiesvogel

Zwei Torhüter als Kapitäne ihrer Teams, nicht alltäglich bei einem solchen Turnier. Der eine ein Paradiesvogel, José Luis Chilavert aus Paraguay, der so viel kann, so viel wagt und so viel sagt (»Wir haben eine der besten Abwehrreihen der Welt«). Der andere der Pechvogel des vorangegangenen Spieles gegen Nigeria, Andoni Zubizarreta. Sein schwerer Fehler zog jedoch keine Folgen nach sich. Spaniens Trainer Javier Clemente hielt an seinem Unglücksraben fest

Erst einmal nachmachen!

Ungewöhnlicher Rekord eines ungewöhnlichen Mannes: Bora Milutinovic erreichte zum vierten Mal nacheinander die zweite Runde eines WM-Turniers, jedesmal jedoch mit einem anderen Team: 1986 mit Mexiko in Mexiko, 1990 mit Costa Rica in Italien, 1994 mit den USA in den Vereinigten Staaten und 1998 mit Nigeria in Frankreich. Mit Mexiko erreichte er sogar das Viertelfinale, mit Nigeria schied er im Achtelfinale gegen Dänemark aus. Dabei schien sein Stuhl noch eine Woche vor Turnierbeginn zu kippen. Die Stars flogen eigenmächtig nach Hause, um über Prämien zu verhandeln, ein Nachfolger stand mit Jo Bonfrere bereits auf dem Sprung, er hatte Nigeria 1996 zum Olympiagold geführt.

19. 6. 1998 in St. Etienne

Spanien – Paraguay 0:0

SPANIEN: Zubizarreta – Aguilera, Alkorta, Abelardo (56. Celades), Sergi – Etxeberria, Hierro, Amor, Luis Enrique – Raúl (66. Kiko), Pizzi (53. Morientes)
PARAGUAY: Chilavert – Sarabia, Ayala, Gamarra, Caniza – Enciso – Benitez, Arce, Acuna (74. Yegros), Campos (46. Paredes) – Rojas (84. Ramirez)
Tore: Fehlanzeige
Gelbe Karten: Sergi, Kiko / Ayala, Arce
Schiedsrichter: Ian McLeod (Südafrika)
Zuschauer: 35 000

und bescherte ihm gleichzeitig das 125. Länderspiel. Zubizarreta dankte es ihm mit einer tadellosen Partie und einigen spektakulären Paraden. Daß Spaniens Stürmer ihren Namen nicht verdienten, war nicht sein Verschulden. Er mußte sogar erleben, daß Chilavert, der zuvor seinen spanischen Torwart-Kollegen öffentlich für seinen Aussetzer in Schutz genommen hatte, mit einem Freistoß versuchte, ihm ein faules Ei ins Netz zu legen.

Eine Episode, die sich am Rande abspielte: Miguel Gomez des Torres y Celades, peruanischer Reporter des in Asuncion erscheinenden Magazins »Vea y Lea«, bekam von Paraguays Stürmer Hugo Brizuela kurzerhand eine gelangt. Er hatte gewagt, Hugo nach seiner Meinung zum Spiel zu fragen. So etwas verstieß gegen den Ehrenkodex der Südamerikaner, die zuvor einen totalen Presseboykott verhängt hatten. Ein Glück, daß er nicht an Chilavert geraten ist, der mehr als Trainer Paulo Cesar Carpeggiani bestimmt, wohin der Weg führt. In seiner Biographie ist verzeichnet, daß er einmal, vom Inhaber eines Lebensmittelgeschäftes offenbar gereizt, den Laden kurz und klein schlug, dafür zu drei Jahren Haft verurteilt wurde. In seinem Auto führt er für alle Fälle immer einen Baseballschläger mit. »Man muß sich immer zu wehren wissen.« Da hat der erwähnte Reporter wirklich noch einmal Glück gehabt.

Spanien – Bulgarien 6:1

Mehr Frust als Lust

Fußball verkehrt. Da stand sogar vor Spaniens König Juan Carlos die Welt auf dem Kopf. Der Monarch erlebte die eindrucksvollste Vorstellung seiner Fußballer-Legion, sechs Tore wie aus dem Lehrbuch, endlich eine aggressive spanische Mannschaft die sich trotz des bis dahin klarsten Sieges aller 32 Teams verabschieden mußte. Denn Spanien hätte noch ein halbes Dutzend Treffer mehr erzielen können, es wäre zwecklos geblieben. Nigerias lässiger Spaziergang gegen Paraguay und die daraus resultierende Niederlage gegen die Südamerikaner machten den dortigen Sieger schließlich sogar zum Doppelgewinner.
Die Versäumnisse der ersten Spiele kosteten Spanien erstmals seit 1978 das Fortkommen über die Vorrunde hinaus. Ob die Misere vielleicht doch mit Zubizarretas Aussetzer im Nigeria-Spiel ihren Anfang nahm? Der Torhüter schien mit sich selbst nicht mehr klarzukommen, er erklärte noch vor der Abreise seinen endgültigen Abschied aus der Nationalmannschaft.

24. 6. 1998 in Lens

Spanien – Bulgarien 6:1 (2:0)

SPANIEN: Zubizarreta – Aguilera, Nadal, Alkorta, Sergi – Luis Enrique (70. Guerrero), Hierro, Amor – Etxeberria (51. Raúl) – Morientes, Alfonso (65. Kiko)
BULGARIEN: Zdrawkow – Trifon Iwanow – Kischischew, Gintschew, Jordanow – Nankow (29. Penew), Batschew, Balakow (60. Hristow), Borimirow – Kostadinow, Stoitschkow (46. Iliew)
Tore: 1:0 Hierro (6., Elfmeter), 2:0 Luis Enrique (18.), 3:0 Morientes (53.), 3:1 Kostadinow (56.), 4:1 Morientes (81.), 5:1 Kiko (88.), 6:1 Kiko (90.)
Gelbe Karten: Aguilera, Guerrero / Penew, Batschew
Schiedsrichter: Mario van der Ende (Holland)
Zuschauer: 41 000

Zweifellos trug auch Trainer Clemente seinen Teil Schuld daran, daß alles so gekommen war. Erst gegen Bulgarien ließ er sein Team das Heil in der Offensive suchen. Die ohnehin überforderte und auch überalterte Mannschaft geriet total ins Schwimmen. Was am Ende übrigblieb, war das 100. Turniertor durch den Spanier Hierro mit einem frühen Elfmeter zum 1:0, Doppeltreffer von Morientes und Kiko sowie Bulgariens Ehrentor durch Kostadinow, der ebenso wie sein Sturmkollege Stoitschkow nicht mehr an die Leistungen der WM 1994 anknüpfen konnte, als die Bulgaren erst im Halbfinale ausgeschieden waren. Am Ende stand dann auch hier der Verzicht des Trainers Bonew auf seinen Posten, der ihm ohnehin mehr Frust als Lust beschert hatte!

Adios España: Die Treffer von Fernando Morientes (oben zum 4:1) und Kiko (Mitte beim 5:1) nützten nichts mehr – Spanien (unten mit Sergi) schied trotz des 6:1-Erfolgs über Bulgarien aus.

Richtig gedacht – falsch verstanden

Tackling – ein Streitfall bei der WM '98. Hinter diesem Begriff verbirgt sich das Hineingrätschen von hinten oder von der Seite, um dem Stürmer in seinem Lauf den Ball wegzuspitzeln. So weit, so gut. Der Weltverband FIFA verschärfte den Passus vor dem Beginn des Turniers noch und forderte: »Ein Tackling von hinten, das die Sicherheit eines Gegners gefährdet, ist als grobes Foul zu ahnden.« Das heißt auf gut Deutsch: Rote Karte, sofort!
Michel Platini, Organisations-Chef der WM und einst als Spieler zu Weltruhm gelangt, dreimal Europas Fußballer des Jahres, Ritter der Ehrenlegion, drohte den verunsicherten Schiedsrichtern sogar: »Es gibt einige Referees, die diese neue Regel nicht anwenden. Sie werden so schnell wie möglich nach Hause geschickt.« Was dann dabei herauskam, dafür nur eins von vielen Beispielen: Schiedsrichter Toro Rendon aus Kolumbien zückte im nicht einmal »ruppigen« Spiel Südafrika gegen Dänemark dreimal die Rote Karte gegen die Dänen Molnar und Wieghorst sowie gegen den Afrikaner Phiri bei nicht unbedingt platzverweisreifen Vergehen und zeigte weitere siebenmal die Gelbe Karte. Was bewies, daß nicht alle WM-Referees auch WM-Reife besaßen.
Die verschärfte Regelauslegung droht, das Wesen des Fußballs und eines seiner zentralen Elemente, nämlich den Zweikampf um den Ball, erheblich zu beschneiden. Günter Netzer, zu seiner aktiven Zeit genialer Spielgestalter in Mönchengladbach, bei der WM als Fachkommentator der ARD, sieht diesbezüglich eine ungeahnte Gefahr heraufziehen.

Nigeria - Paraguay 1:3

Lässig, aber nicht nachlässig

Okocha, Ikpeba und Adepoju sollte die zu einer Sperre führende zweite Gelbe Karte erspart bleiben, Babayaro, George und Amokachi sollten geschont werden, und Okechukwu saß seine Gelbsperre ab: Auf sieben Positionen änderte Boris Milutinovic sein Team.
Diese Maßnahme nährte den Verdacht der Wettbewerbsverzerrung. Bulgariens Coach Bonew beließ es bei der Mutmaßung, die mit dem schnellen 1:0 Paraguays nach nur 53 Sekunden neuen Zündstoff zu bekommen schien. Der lange Nwankwo Kanu, Superstar beim Olympiasieg 1996, gab sein WM-Debüt als Kapitän, das Kommando übernahm er jedoch noch nicht.

Als nichts so recht laufen wollte, ließ Nigeria das Spiel laufen. Es kam aus dem Rhythmus, eine manchmal gefährliche Nonchalance, die länger dauern kann als nur ein Match. Paraguays Kampfeswillen erwies sich stärker als Nigerias gedrosselte Spielfreude. Die Kraft des einen zerstörte die Kunst des anderen.
José Luis Chilavert, einer der meistgenannten Namen dieser Weltmeisterschaft, Keeper des 94er Weltpokalsiegers Velez Sarsfield in Argentinien, stemmte auch hier die Eckpfeiler für den späteren Sieg in den Boden. So mancher frühe Schuß der Nigerianer hätte sonst sein Ziel gefunden. Klar war nun auch, daß beide Teams die nächste Runde erreicht hatten. Geteilte Freude, doppelte Freude.

24. 6. 1998 in Toulouse
Nigeria - Paraguay 1:3 (1:1)
NIGERIA: Rufai – Eguavoen, Okofar, West, Iroha – Oliseh (46. Godwin Okpara) – Oruma (69. George) – Babangida, Yekini, Kanu, Lawal
PARAGUAY: Chilavert – Arce, Gamarra, Ayala, Sarabia – Paredes, Caniza (55. Yegros), Encisco – Benitez (68. Acuna) – Cardozo, Brizuela (78. Aristides Rojas)
Tore: 0:1 Ayala (1.), 1:1 Oruma (11.), 1:2 Benitez (59.), 1:3 Cardozo (85.)
Gelbe Karten: Eguavoen, Iroha / –
Schiedsrichter: Pirom Un-Prasert (Thailand)
Zuschauer: 35 000

Gemeinsamkeiten: Mit Punkt- (jeweils fünf) und im direkten Aufeinandertreffen Torgleichheit (2:2) zogen Holland und Mexiko zusammen in die Runde der letzten 16 ein, und mit der gleichen Leidenschaft, mit der die »Oranjes« um Artur Numan und Dennis Bergkamp beim 5:0 über Südkorea attraktiven Offensivfußball boten, unterstützten die mexikanischen Fans ihr Team (rechts).

Gruppe E

Holland
Belgien
Südkorea
Mexiko

Mit nur fünf Punkten, gleichauf zudem mit Mexiko, das dem großen Favoriten im letzten Spiel sogar noch ein 2:2 abtrotzte, wies der zweimalige WM-Finalist Holland (1974 und 1978) das geringste Punktekonto aller Erstplazierten auf. Mexiko hingegen erreichte erstmals außerhalb amerikanischen Territoriums die Runde der letzten 16 und holte dabei gegen die beiden europäischen Mannschaften einen 0:2-Rückstand auf. Belgien verspielte seine noch vorhandene Chance durch ein 1:1 im letzten Spiel gegen das bereits abgeschlagene Südkorea.

Die koreanischen Fans (oben links) konnten sich beim 1:0-Führungstreffer gegen Mexiko nur kurze Zeit mit ihrer Mannschaft freuen: Eine Minute nach seinem vielumjubelten Treffer wurde Ha Seok-Ju (Mitte) vom österreichischen Schiedsrichter Günter Benkö des Feldes verwiesen, und Mexiko wandelte den Rückstand in einen 3:1-Erfolg um.

Edwin van der Sar (oben rechts) freute und Jorge Campos (unten rechts) grämte sich zu früh: Wie gegen Belgien holten die nie resignierenden Mexikaner auch gegen Holland einen 0:2-Rückstand noch auf. Die Torschützen: Sombrero-Mann Ricardo Pelaez und der blonde Stürmer-Star Luis Hernandez (unten links).

Südkorea – Mexiko 1:3

Zu viel Schuld für einen Star

So schön, so grausam kann ein Spiel oft für einen Mann verlaufen. Da war zunächst alles so gekommen, wie es Cha Bum-Kun, einst ein ungemein populärer Spieler von Eintracht Frankfurt und Bayer Leverkusen, geplant hatte. Der sympathische Trainer Südkoreas hatte genau ausgetüftelt, wie es zum ersten Sieg seiner Mannen bei der fünften WM-Endrundenteilnahme kommen könnte. Geheimnisvolles umgibt ja noch heute das Verhältnis der Asiaten zu den Europäern und umgekehrt. Die »Spione« beider Kontinente gehen nur selten auf Erkundungstour in den gegnerischen Bereich.

Der Mann, um den sich die große Geschichte dieses WM-Spieles als unfreiwilligen Hauptdarsteller drehte, hieß Ha Seok-Ju, hatte in der 28. Minute sein unbekümmert aufspielendes Team 1:0 in Führung gebracht, war in dieser Sekunde strahlender und nur eine knappe Minute später tragischer Held. Da verschwamm ihm offenbar im Überschwang glücklicher Gefühle der Blick für die Realität, Ha Seok-Ju ließ sich zu einem rüden Foul gegen Ramirez hinreißen und sah als erster Spieler dieser WM die Rote Karte.
Auch Cha Bum-Kun mag in seinem Inneren rot gesehen haben. Schließlich waren auch die Koreaner mit der neuen verschärften Regelauslegung vertraut, die Österreichs Referee Benkö ohne Zögern anwandte.

13. 6. 1998 in Lyon
Südkorea – Mexiko 1:3 (1:0)
SÜDKOREA: Kim Byung-Ji – Hong Myung-Bo – Kim Tae-Young, Lee Min-Sung – Yoo Sang-Chul (71. Seo Jung-Won), Noh Jung-Yoon (56. Jang Hyung-Seok), Ha Seok-Ju – Lee Sang-Yoon, Kim Do-Keun (61. Choi Sung-Yong), Ko Yong-Soo – Kim Do-Hoon
MEXIKO: Campos – Pardo, Suarez, Davino, Luna (46. Arellano) – Ordiales (46. Pelaez), Lara, Ramirez, Garcia Aspe, (72. Bernal) – Hernandez, Blanco
Tore: 1:0 Ha Seok-Ju (28.), 1:1 Pelaez (51.), 1:2 Hernandez (74.), 1:3 Hernandez (84.)
Gelbe Karten: Lee Min-Sung / Ordiales, Garcia Aspe
Rote Karte: Ha Seok-Ju (29.) / –
Schiedsrichter: Günter Benkö (Österreich)
Zuschauer: 37 588

Von nun an ging's bergab mit den flinken, wendigen Asiaten, die gegen die zunächst lustlos und ideenlos wirkenden Mexikaner zweifelsohne ihre Chance gehabt hätten. Zehn gegen elf, das konnte in einem so kraftraubenden Spiel auf die Dauer nicht gutgehen. So geschah es denn auch: Das erhöhte Tempo, die größere Aggressivität und die zwei Tore des Luis Hernandez aus Necaxa zerstörten Koreas Illusionen.
Vergessen, daß Korea 30 Minuten lang die tonangebende Mannschaft gewesen war, abgehakt, daß Mexikos kleine Zaubertricks erst gelangen, als die Asiaten total ausgepumpt waren. Chas Abschiedsworte: »Unser Torschütze mußte das Feld verlassen, dann hat uns das Glück im Stich gelassen.«

Holland – Belgien 0:0

Was nutzt die schönste Spielerei!

Sie kennen einander, wie sich so enge Nachbarn eben kennen. Zwischen Holland und Belgien gibt es auch im Fußball kaum Geheimnisse. Nur die Auffassungen erfolgreichen Fußballs weichen voneinander ab. Grundsätzlich erscheint das Spiel der Niederländer individueller und spontaner als das sachlich-disziplinierte der Belgier. Wenn sich beide auf dem Platz begegnen, sieht vieles anders aus. Wer so oft aufeinandertraf, kann den anderen kaum mehr überraschen. So auch im prunkvollen Stadion von St. Denis. Statt Fußball-Leckerbissen nur biedere Hausmannskost, statt einer Gala ein Duell ohne Glanz und Gloria. Ein Klassiker ohne Klasse.

Am Ende jubelten nur die Belgier. Sie hatten einen Punkt gewonnen, der Erzrivale hingegen zwei verloren. Am belgischen Abwehrwall bissen sich die »Oranjes« die Zähne aus. Spätestens nach dem frühen Wechsel des gegen den bis dahin überragenden Marc Overmars überforderten Crasson hielt die Bastion noch besser. Der Coach der »Roten Teufel«, Georges Leekens, fand in Eric Deflandre den richtigen Mann, die Lücke zu schließen.
Marc Wilmots, Belgiens Schalker, mit kurzgeschorener Frisur kaum wiederzuerkennen, wohl aber durch sein spielerisches Engagement, nannte das Kind beim Namen: »Bei einer WM kommt es nicht darauf an, schön, sondern solide und effektiv zu spielen.« Wie wahr, zumindest in diesem Spiel.

13. 6. 1998 in Paris-St. Denis
Holland – Belgien 0:0
HOLLAND: Van der Sar – Winter, Stam, Frank de Boer, Numan – Seedorf (65. Zenden), Ronald de Boer (79. Jonk), Cocu, Overmars – Kluivert, Hasselbaink (65. Bergkamp)
BELGIEN: De Wilde – Crasson (22. Deflandre), Staelens, Verstraeten, Borkelmans – Van der Elst, Clement, Wilmots, Boffin – Nilis, Oliveira (59. Lokonda Mpenza)
Tore: Fehlanzeige
Gelbe Karten: – / Staelens, Deflandre
Rote Karte: Kluivert (80.) / –
Schiedsrichter: Pierluigi Collina (Italien)
Zuschauer: 80 000

Die Holländer, in fast all ihren Testspielen zuvor brillierend, fanden kein Mittel gegen die sattelfeste Deckung. Johan Cruyff, in Frankreich als TV-Kommentator live dabei, erlebte eine geradezu hilflose Mannschaft, die lediglich in ihrer Abwehr-Viererkette Sicherheit ausstrahlte. Spielmacher Seedorf tauchte schnell unter, Stürmer-As Kluivert, ohnehin nicht immer beherrscht und besonnen, leistete sich eine ebenso unnötige wie dumme Tätlichkeit gegen Staelens, wurde mit der Roten Karte und später mit einer Sperre von zwei Spielen bestraft. Ein Schlag auch gegen sein eigenes Team.

Belgien – Mexiko 2:2

Der Puppenspieler von Mexiko

Der Mann heißt Blanco, doch nicht etwa Roberto, wie der eher dem Tennissport zugeneigte deutsche Schlagerstar. Sein Vorname liest und schreibt sich weitaus komplizierter: Cuauhtemoc, auch ebenso schwer

auszusprechen. Er gilt als einer der Stars des mexikanischen Nationaltrainers Manuel Lapuente. Sicher ist da auch noch der blonde Luis Hernandez, der mit seinem angeborenen Torinstinkt für Mexiko die wichtigen Treffer erzielen sollte. Diese wiederum wollte Jorge Campos verhindern, einer von vielen Torhütern, die sich hier als Paradiesvögel entfalten, in seiner grellbunten Pulli-Kollektion. Es scheint, als hätten alle in Frankreich ihr eigenes Paradies entdeckt.
Doch was sind die Genannten schon gegen diesen Cuauhtemoc Blanco, für den der Schlager-Oldie des Puppenspielers aus Mexiko wie auf den Leib geschrieben scheint. Fußball-Blanco läßt auf dem grünen Rasen die Puppen tanzen. Wenn andere in anderen Teams schwarze oder weiße, rote oder blaue Fußballschuhe tragen, so geht Blanco noch einen modischen Schritt weiter: Außenseite rot, Innenseite mintfarben, eine ganz neue Art von Halbschuh. Ein filigraner Techniker, obwohl er zeitweise wie ein hüftkranker Statist über den Platz schleicht.

Wehe aber, wenn Mexikos Team zur Attacke bläst! Dann suchen alle nur den einen, den Blanco. Ein Ballrastelli, der mit seinen Finten und urplötzlichen Richtungswechseln eine Abwehr fast zur Verzweiflung treiben kann.
Wird Blanco von mehreren Gegnern attackiert, springt er wie ein Känguruh, den Ball zwischen die Füße geklemmt, über ausgestreckte Abwehrbeine. Gegen Südkorea gelang ihm dieser ungewöhnliche Trick mehrmals, gegen die abwehrstarken Belgier glückte ihm dieser Coup so gut wie gar nicht.
Dann sah man den anderen Blanco, der einen Musterpaß zu Ramirez servierte, aus dem der Elfmeter resultierte, der Mexiko auf den Weg vom 0:2 zum 2:2 brachte. Dieses wichtige Ausgleichstor wenig später, in fast artistischer Art vollendet, ließ die Mittelamerikaner vorerst weiter im großen Spiel.

20. 6. 1998 in Bordeaux

Belgien - Mexiko 2:2 (1:0)

BELGIEN: De Wilde – Deflandre, Staelens, Vidovic, Borkelmans – Van der Elst (67. De Boeck) – Boffin (18. Verheyen), Wilmots, Scifo – Nilis (77. Lokonda Mpenza), Oliveira
MEXIKO: Campos – Pardo, Davino, Suarez, Joel Sanchez – Ordiales (58. Villa), Garcia Aspe (68. Lara), Ramirez – Hernandez, Palencia (46. Arellano), Blanco
Tore: 1:0 Wilmots (43.), 2:0 Wilmots (48.), 2:1 Garcia Aspe (56., Elfmeter), 2:2 Blanco (63.)
Gelbe Karten: Vidovic / Ramirez
Rote Karten: Verheyen (55.) / Pardo (29.)
Schiedsrichter: Hugh Dallas (Schottland)
Zuschauer: 36 500

Guus Hiddink (Holland)

Georges Leekens (Belgien)

Cha Bum-Kun (Südkorea)

Manuel Lapuente (Mexiko)

Den Belgiern sah man die Enttäuschung darüber an, einen 2:0-Vorsprung noch aus den Händen gegeben zu haben. Zwei Tore eines Mannes, der seinem Klub Schalke 04 schon ähnliche Präsente in wichtigen Europacup-Spielen beschert hatte.
Marc Wilmots, 29 Jahre alt, der neue Belgier aus der Bundesliga, ein Gewinn für sein Team. Wiedersehen auch mit einem, der einst so viel versprach, aber nur selten die Erwartungen erfüllte: Enzo Scifo, der in Mailand ebenso Gastspiele gab wie in Bordeaux, Auxerre, Turin oder Monaco, bestritt seine vierte WM und setzte damit eine Rekordmarke für sein Land. Bei der WM 1986 war sein Nebenmann der gleiche wie heute: Franky van der Elst, damals erst im Halbfinale am späteren Weltmeister Argentinien gescheitert. Manchmal scheint die Zeit stehenzubleiben.

Holland – Südkorea 5:0

Es machte Bumm um Trainer Cha

Ein Ende mit Schrecken: Kurze Zeit nach einer der schwärzesten Stunden des südkoreanischen Fußballs war die zweite Trainerentlassung dieser Weltmeisterschaft vollendete Tatsache. Cha Bum-Kun, der einzige Spieler seines Landes, der sich in der Bundesliga durchsetzte, wurde der Stuhl vor die Türe gesetzt. Vergessen war, daß ebendieser Cha im Mai noch zu Asiens Trainer des Jahres gekürt worden war. Wunder sollte Cha vollbringen mit einem Team, das in fünf Endrundenturnieren einer WM noch kein einziges Spiel gewonnen hatte. Wunder mit einer Mannschaft, die sonst die europäischen Teams bestenfalls aus dem Fernsehen kannte.

Eine Utopie ohnehin, anzunehmen, daß die Südkoreaner ausgerechnet gegen Holland ihre schwarze Serie beenden würden. Körperlich klar unterlegen, nutzte weder Tapferkeit noch Aufopferung etwas. Schon ein Erfolg, den Holländern 70 Minuten lang verbissenen Widerstand geleistet zu haben. Es dauerte bis zur 37. Minute, ehe Cocu erstmals und endlich das asiatische Bollwerk sprengte. Als hätte man sich abgesprochen: Für die restlichen vier Tore zeichneten vier verschiedene Spieler verantwortlich: Marc Overmars, der Spiele allein entscheiden kann, Dennis Bergkamp, der Sturmtank von Arsenal London, erstmals seit seiner zweimonatigen Verletzungspause wieder von Beginn an dabei. Als der Trainer Bergkamp auswechselte, um ihn noch etwas zu schonen, kam Pierre van Hooijdonk und fabrizierte umgehend Tor Nummer vier. Ronald de Boer, wie sein Bruder bei Ajax Amsterdam und in der Nationalelf tätig, setzte den Schlußpunkt. Trainer Guus Hiddink war schon bei der Aufstellung über seinen Schatten gesprungen und hatte Edgar Davids zurückgeholt. Der heutige Turiner mit seiner auffälligen, extremen Frisur mußte bei der Europameisterschaft 1996 vorzeitig die Koffer packen, er hatte Hiddink unterstellt, dieser stecke seinen Kopf meist in den Hintern der weißhäutigen Nationalspieler. Wer keine Probleme hat, der macht sich eben welche.

20. 6. 1998 in Marseille

Holland – Südkorea 5:0 (2:0)

HOLLAND: Van der Sar – Winter, Stam, Frank de Boer, Numan (80. Bogarde) – Ronald de Boer (84. Zenden), Jonk, Davids, Overmars – Cocu, Bergkamp (78. Van Hooijdonk)
SÜDKOREA: Kim Byung-Ji – Choi Young-Il, Hong Myung-Bo, Lee Min-Sung – Choi Sung-Yong (53. Kim Tae-Young), Seo Jung-Won (77. Lee Dong-Gook), Lee Sang-Yoon, Yoo Sang-Chul – Kim Do-Keun, Choi Yong-Soo – Kim Do-Hoon (68. Ko Jong-Soo)
Tore: 1:0 Cocu (37.), 2:0 Overmars (41.), 3:0 Bergkamp (71.), 4:0 Van Hooijdonk (79.), 5:0 Ronald de Boer (83.)
Gelbe Karten: – / Choi Yong-Soo, Ko Jong-Soo
Schiedsrichter: Ryszard Wojcik (Polen)
Zuschauer: 55 000

Belgien – Südkorea 1:1

Abschied ohne Wehmut

Südkorea machte das Debakel der Asiaten komplett und ließ auch hier die Frage aufkommen, wie diese es schaffen wollen, in vier Jahren als Ausrichter der WM nicht nur eine Statistenrolle zu übernehmen. Südkorea wartet nach 13 WM-Spielen weiter auf einen Endrundensieg. Chas Entlassung

brachte den Asiaten keine Entlastung. Dabei hatte eine schwache belgische Mannschaft, die ausgerechnet nach dem frühen 1:0 durch Luc Nilis in Lethargie zu verfallen schien, einen Korea-Coup in greifbare Nähe gerückt. Mehr als der Ausgleich durch Yoo Sang-Chul gelang den Asiaten nicht. Belgiens zu passive Spielweise führte schließlich zum peinlichsten Reinfall seit 1978, als nicht einmal die End-runde erreicht worden war. Der vom Reservisten zum Kapitän aufgestiegene Enzo Scifo verstand es nicht, dem Spiel eine offensive Richtung zu geben.

25. 6. 1998 in Paris

Belgien – Südkorea 1:1 (1:0)

BELGIEN: Vande Walle – Deflandre, Staelens, Vidovic, Borkelmans – Scifo (66. Van der Elst), Clement (75. Lokonda Mpenza), Wilmots, Van Kerckhoven – Nilis, Oliveira (46. Mbo Mpenza)
SÜDKOREA: Kim Byung-Ji – Lee Sang-Hun, Hong Myung-Bo , Kim Tae-Young – Yoo Sang-Chul – Lee Min-Sung, Kim Do-Keun (46. Ko Yong-Soo), Choi Sung-Yong (46. Lee Lim-Saeng), Ha Seok-Ju – Choi Yong-Soo – Seo Jung-Won
Tore: 1:0 Nilis (7.), 1:1 Yoo Sang-Chul (71.)
Gelbe Karten: Borkelmans / Kim Tae-Young, Kim Byung-Ji, Lee Min-Sung
Schiedsrichter: Marcio Rezende de Freitas (Brasilien)
Zuschauer: 47 000

Holland – Mexiko 2:2

Für Hiddink war es kein Hit

Guus Hiddink zeigte sich wie immer ganz als Gentleman. »Ich habe ein sehr schönes Tor von Cocu gesehen, war eine Viertelstunde nach dem Seitenwechsel sehr zufrieden, weil wir in dieser Phase den Ball gehalten haben und unser eigenes Spiel hundertprozentig durchsetzen konnten.«
Was danach geschah, darüber deckte Hiddink in der Öffentlichkeit den Mantel des Schweigens. Seine Teamspieler offenbarten nachher, daß Hiddink in der Kabine für Minuten alle guten Manieren abgelegt und alle Mann im wahrsten Sinne des Wortes zusammengefaltet hatte. Was ihm auf der Seele brannte, hatte auch das Publikum entdeckt. 70 Minuten Fußball nach holländischer Art: Den Gegner laufen lassen, Tempo diktiert, Rhythmus bestimmt, Chancen herausgespielt, zwei Tore erzielt.
»Nachher war es uns nicht mehr möglich, unser Spiel fortzusetzen. Warum, ist mir ein Rätsel.« Trainer-Geflunker. Auch Hiddink kannte die Ursachen. Die Stars, schon zuvor der Achtelfinal-Teilnahme gewiß, zeigten schlicht und einfach keine Lust und keinen Drang mehr. Er wird es ihnen innerhalb der Kabinenwände laut und deutlich gemacht haben.
Den Mexikanern war es egal, warum ihr Gegner plötzlich die Schwerarbeit einstellte. Egal auch, daß ein Unentschieden gar nicht mehr notwendig gewesen wäre. Mexiko hatte erstmals bei einer WM im alten Europa die Gruppenspiele überstanden. Trainer Lapuente durfte deshalb auch unwidersprochen von einem historischen Erfolg reden. Er hätte ruhig auch seinem Stürmer Luis Hernandez gratulieren dürfen. Ohne seine Tore wäre all dies nicht gelungen.
Mexikos Fans verwandelten später die Fußballstadt St. Etienne in ein überwältigendes Farbenmeer, überall sprangen einem die Farben Rot, Weiß und Grün entgegen. Oranje war an diesem Abend nicht gefragt.
Dies wiederum berührte die Holländer nur wenig. Eine Stunde lang hatten sie jenes druckvolle, stürmische Spiel gezeigt, für das sie berühmt und gefürchtet sind. Kraft sparen wollten sie schließlich auch noch.

25. 6. 1998 in St. Etienne

Holland – Mexiko 2:2 (2:0)

HOLLAND: Van der Sar – Reizinger, Stam, Frank de Boer, Numan (72. Bogarde) – Ronald de Boer, Davids, Jonk (71. Winter), Overmars – Cocu, Bergkamp (78. Hasselbaink)
MEXIKO: Campos – Carmona, Suarez, Davino, Joel Sanchez (55. Pelaez) – Garcia Aspe, Villa, Luna (46. Arellano), Ramirez – Hernandez, Blanco
Tore: 1:0 Cocu (5.), 2:0 Ronald de Boer (19.), 2:1 Pelaez (75.), 2:2 Hernandez (90.)
Gelbe Karten: Stam, Numan / Campos, Hernandez, Villa, Carmona
Rote Karte: – / Ramirez (89.)
Schiedsrichter: Rahman Al Zeid (Saudi-Arabien)
Zuschauer: 36 000

Zur richtigen Zeit am richtigen Ort: Beim Pfosten-Abpraller nach Oliver Bierhoffs Schuß stand Jürgen Klinsmann goldrichtig und verwandelte zum 2:0 gegen den Iran. Das deutsche Team schloß die Vorrunde ungeschlagen als Gruppensieger ab.

Gruppe F

Deutschland
USA
Jugoslawien
Iran

Das deutsche Team, punktgleich mit dem bereits fünfmaligen WM-Endrundengegner Jugoslawien, erreichte gegen den Dauerrivalen zwar nur ein 2:2 (nach 0:2-Rückstand), war aber gegen beide anderen Gruppengegner stets um ein Tor besser als die Südeuropäer. Jeweils 2:0 gegen USA und Iran, die Jugoslawen hatten hingegen nur zwei 1:0-Siege geschafft. Negativ-Rekord für die USA: Neben den Japanern blieben Amerikas Boys das einzige Team ohne Punkt. Der erste, zudem in vielerlei Hinsicht bedeutende WM-Erfolg gelang dem Iran – ausgerechnet gegen das Team aus den Staaten.

Geprüft und für gut befunden. Die jungen Wilden in Bertis Team: Jens Jeremies hatte im zentralen defensiven Mittelfeld ähnlich starke Auftritte wie Dieter Eilts beim EM-Sieg 1996. Dietmar Hamann und Christian Wörns (kleines Bild) hielten Superstar Pedrag Mijatovic während Deutschlands Aufholjagd beim 2:2 gegen Jugoslawien in Schach.

WERNIGERODE
ULTRAS
JVC
Canon

JVC
JVC
Canon

PHILIPS

Emden
JVC
Canon

Jugoslawien – Iran 1:0

Nur ein Tor, aber drei Punkte

14.6.1998 in St. Etienne

Jugoslawien – Iran 1:0 (0:0)

JUGOSLAWIEN: Kralj – Mirkovic, Petrovic, Mihajlovic, Djorovic – Jokanovic, Stojkovic (69. Kovacevic), Jugovic, Brnovic (51. Stankovic) – Mijatovic, Milosevic (59. Ognjenovic)
IRAN: Nakisa – Mohammadkhani – Khakpour, Pashazadeh – Zarincheh, Mahdavikia, Bagheri, Estili (69. Mansourian), Minavand – Azizi, Daei
Tor: 1:0 Mihajlovic (73.)
Gelbe Karten: Petrovic, Stojkovic / –
Schiedsrichter: Alberto Tejada Noriega (Portugal)
Zuschauer: 36000

Als Sinisa Mihajlovic, jugoslawischer Gastspieler in Genua, in der 73. Minute zum Freistoß anlief, mag ihn ein Gedanke durchzuckt haben: Nur nicht zu fest zutreten, sonst bricht die alte Verletzung wieder auf. Der Sampdoria-Abwehrspieler dosierte die normalerweise brachiale Kraft in seinem linken Bein haargenau richtig und zirkelte den Ball an dem verdutzten, in diesem Augenblick völlig indisponierten iranischen Keeper Nima Nakisa vorbei ins Netz. Es blieb der einzige Treffer des Spieles und Mihajlovic der Held des Tages.

Dabei hatte es lange in Frage gestanden, ob der 29jährige Abwehrchef Jugoslawiens überhaupt auflaufen können würde. Erhebliche Muskelprobleme hatten noch zwei Tage vor dem Auftaktmatch der Gruppe F ein Training ausgeschlossen. Ein kleines Wunder, was die Masseure in wenigen Stunden vollbrachten.
»Ich habe in jeder Szene der 90 Minuten Angst verspürt, daß meine Verletzung wieder aufbrechen könnte«, bekannte der Torschütze später. Mihajlovic zählte zudem zu einer der wenigen rühmlichen Ausnahmen im Team der zuvor hochfavorisierten Jugoslawen und zu einem der wenigen, die bereit waren, gegen die leidenschaftlich kämpfenden Iraner auf die Zähne zu beißen.

Ansonsten glänzten die hochgelobten Stars wie Stojkovic, Mijatovic, Milosevic oder Brnovic eher durch Lustlosigkeit als durch Spielfreude. Ihre Devise offenbar: Die iranischen Zwerge stecken wir auch ohne Einsatz und Engagement in die Tasche. Das Gegenteil war der Fall. Die flinken Iraner erteilten ihrem berühmten Gegner in mancher Phase eine deutliche Lektion. Daß daraus nicht noch eine bittere Lehre wurde, verdankte der glückliche Sieger allein seinem Sinisa Mihajlovic. Irans Trainer Talebi munterte seine Jungen mit makabrer Ironie auf: »Wenn wir schon untergehen müssen, dann aber stehend!«

Deutschland – USA 2:0

Hauptsache gewonnen

Keiner der bisherigen Weltmeister bei dieser WM mußte auf seinen Auftritt so lange warten wie Europameister Deutschland. Sechs lange Tage Ausharren, Warten, Zuschauen, wie es den anderen ergeht. Eines war inzwischen deutlich geworden: Ein jedes der hochgewetteten Teams hatte seine eigene Mühe, den erwarteten Spielrhythmus zu finden. Es ist eben immer, als springe jemand hocherhitzt ins eiskalte Wasser.

Bei den Deutschen sollte sich eine in vier Wochen aufgestaute Anspannung endlich entladen. Bis zuletzt herrschte zudem interne Gespanntheit im WM-Quartier hoch in den Bergen über Nizza, denn nur etwa ein Viertel der Kandidaten durfte sich eines Platzes im Team sicher wähnen. Kein Geheimnis, daß Köpke, Kohler, Wörns sowie das Sturm-

Computer-Analyse … Computer-Analyse … Computer-Analyse … Computer-Analyse …

Name		Zweikämpfe bestritten	Zweikämpfe gewonnen	Zweikämpfe verloren	Differenz	Kopfballduelle gewonnen	Kopfballduelle verloren	Fouls gefoult worden	Fouls foul gespielt	Pässe ü. mehr als 25 m zum Mitspieler	Pässe ü. mehr als 25 m zum Gegner	Kurzpässe Fehlpaß u. 25 m	Flanken	Torschüsse
Olaf Thon		12	8	4	+ 4	2	1	0	0	3	5	5	0	1
Christian Wörns		20	11	9	+ 2	3	2	2	0	0	1	1	1	0
Jürgen Kohler		18	14	4	+10	4	1	4	1	2	0	0	1	0
Stefan Reuter	bis 69. Min.	12	7	5	+ 2	2	2	0	0	4	1	1	3	0
Jörg Heinrich		23	12	11	+ 1	8	3	2	3	7	2	3	5	0
Jens Jeremies		35	21	14	+ 7	1	0	0	5	5	2	1	2	1
Thomas Häßler	bis 50. Min.	10	3	7	– 4	0	2	1	1	1	1	2	2	1
Andreas Möller	bis 90. Min.	8	4	4	0	2	0	1	0	4	2	3	0	2
Jürgen Klinsmann		14	6	8	– 2	1	6	3	1	1	0	1	0	3
Oliver Bierhoff		35	21	14	+ 7	14	4	2	6	0	0	4	1	3
Dietmar Hamann	ab 50. Min.	11	4	7	– 3	1	1	0	2	0	1	0	1	1
Christian Ziege	ab 69. Min.	4	2	2	0	1	0	0	1	3	0	1	0	0
Markus Babbel	ab 90. Min.	0	0	0	0	0	0	0	0	0	1	0	0	0
Gesamt		202	113	89	+24	39	22	15	20	30	16	22	16	12

Duo Klinsmann/Bierhoff als feste Größen galten.

Das Rätselraten um die anderen Positionen hielt bis wenige Stunden vor dem ersten Auftritt an. Wem vor allem würde Vogts den wichtigen Liberoposten anvertrauen? Dem reaktivierten Lothar Matthäus, der den schon verkrusteten Streit mit dem Bundestrainer längst aus dem Weg geräumt hatte. Oder doch dem rechtzeitig wieder fit gewordenen Olaf Thon in seinem zweiten »Fußball-Frühling«? Wem stand die rechte Außenbahn frei? Jörg Heinrich, der von ausländischen Klubs umworbene Dortmunder auf der rechten, der Neu-Mailänder Christian Ziege auf der linken? Oder eine völlig andere Variante?

Die Frage aller Fragen aber: Mit Möller, ohne Häßler. Mit Häßler, ohne Möller – oder doch mit beiden, mehr der Offensive zugetanen künftigen Dortmunder Teamgefährten? Vogts wählte die angriffsbetonte Formation, brachte Möller und auch Häßler. Offensichtlich war Vogts nicht entgangen, wie den US-Boys beizukommen ist.

Die zweite Überraschung kam im gleichen Atemzug: Der beidfüßig starke Heinrich rückte fur den noch etwas kränkelnden Ziege nach links, rechts aber tauchte wieder Reuter auf, einer, der schon 1990 im Weltmeisterteam stand.

Süffisant hatte Frankreichs bedeutende Sportzeitung »L'Equipe« die unbestritten nicht mehr junge deutsche Mannschaft als »Dinos« bezeichnet, das Prinzenpark-Stadion in »Jurassic-Park« umgetauft.

Wie sich auch Fachleute irren können! Nach nur neun Minuten führte ein gelungenes Kopfballduett zwischen dem sich über alle hinwegreckenden Klinsmann und dem geschickt in die Lücke stoßenden Andy Möller zum zunächst beruhigenden 1:0. Einen Sturm entfachte dieses unerwartet frühe Tor jedoch nicht. Umgesetzt wurde allerdings, was bei Vogts an vorderer Stelle steht: mannschaftliche Geschlossenheit. »Jeder für jeden, die Mannschaft ist der Star«, hieß das Erfolgs-

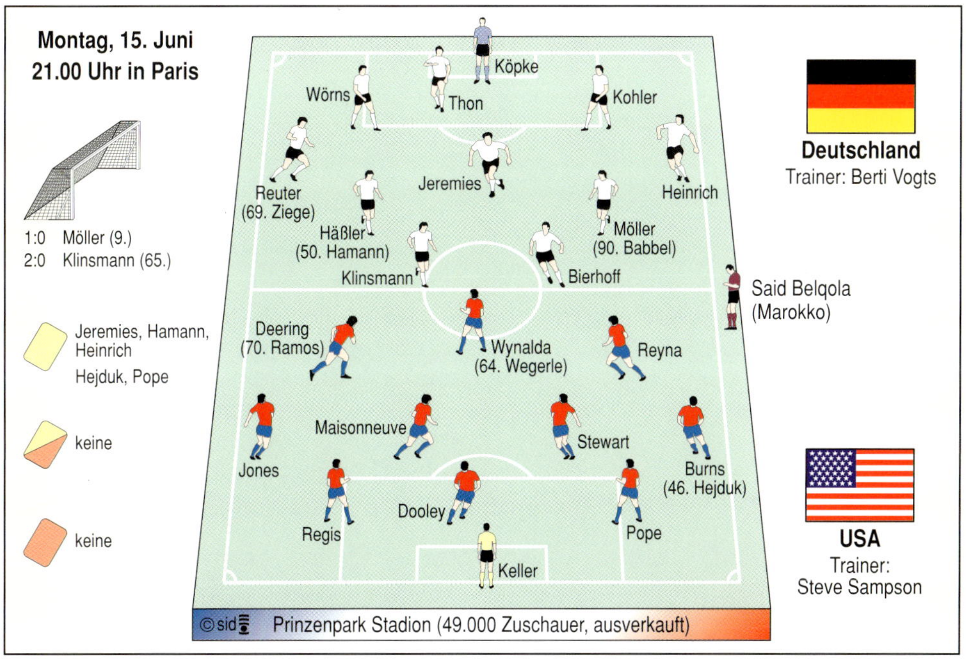

Berti Vogts (Deutschland)

Jalal Talebi (Iran)

Slobodan Santrac (Jugoslawien)

Steve Sampson (USA)

Stimmen zum Spiel

Olaf Thon
»Ein WM-Spiel ist für jeden etwas Ungewöhnliches. Das spürt man bei den sogenannten Kleinen. Die hören ihre Hymne und spielen plötzlich wie im Rausch. Für uns zählte heute nur der Sieg. Jeder kämpfte für jeden. So muß man hier auftreten.«

Jens Jeremies
»Ob dies heute mein bestes Spiel war, müssen andere beurteilen. Ich selbst glaube, in der Vorwärtsbewegung noch effektiver spielen zu können. Vor Monaten hätte ich nicht geglaubt, mein erstes WM-Spiel zu bestreiten.«

Andreas Köpke
»Irrtum, zu glauben, es wäre eine leichte Sache. Wenn man in der ersten Halbzeit nur zwei oder drei Bälle aufs Tor bekommt, muß man erst recht hellwach sein. Mein erstes WM-Spiel? Das habe ich gar nicht so registriert.«

Berti Vogts
»Wichtig für uns sind die drei Punkte. Wir haben gut angefangen, doch dann total die Ordnung verloren und den Gegner unnötig stark gemacht. Wir müssen noch einen besseren Rhythmus finden, das Tempo mehr variieren und die Räume enger machen. All dies ist uns nicht so gelungen, wie ich es mir vorgestellt habe. Zufrieden bin ich noch lange nicht.«

Torschütze **Jürgen Klinsmann**
»Sicherlich nicht unser bestes Spiel. Wichtig sind die drei Punkte. Wir wußten vorher doch nicht, wo wir wirklich stehen. In dieser Hinsicht sind wir einen Schritt weitergekommen.«

rezept bereits bei der Europameisterschaft 1996 in England. Da fehlt zwar manchmal der Glanz, was aber letztlich zählt, ist der Erfolg.

Geschicktes Pressing, emsige Laufarbeit, entschlossener Einsatz reichten eine Halbzeit lang, um den Amerikanern zu zeigen, wo es langging. Olaf Thon mit kluger Umsicht, Jürgen Kohler mit vielen ungewohnten Offensiv-Vorstößen, der ständig in Bewegung befindliche, zweikampfstarke Jeremies und Jörg Heinrich, dem kein Weg zu weit war, sorgten für die fußballerischen Highlights. Ein Sturmlauf von Jeremies, an den Amis vorbei, schaffte den Raum für eine weite Rechtsflanke von Bierhoff, bei der sich der ehemalige Bundesligaspieler Tom Dooley (Kaiserslautern, Schalke) wie ein Anfänger verschätzte. Klinsmann nahm das Geschenk an und schoß eines seiner schönsten Tore der jüngeren Vergangenheit. US-Torhüter Keller hatte nicht die Spur einer Abwehrchance. Drei wichtige Punkte gewonnen, Selbstbewußtsein getankt – ein Turnierstart nach Maß!

Deutschland – Jugoslawien 2:2

Gerade noch mal gut gegangen

Ein Omen oder kein Omen? Wenn die deutsche Mannschaft bei einem WM-Turnier die Jugoslawen schlug, winkte am Ende schon dreimal die Stunde des großen Triumphes: 1954 in Genf mit 2:0 im Viertelfinale (Weltmeister gegen Ungarn mit 3:2), 1974 in der zweiten Finalrunde wiederum mit 2:0 (Weltmeister gegen Holland mit 2:1), 1990 im Gruppenspiel mit 4:1 (Weltmeister gegen Argentinien mit 1:0). Ein Gegner, der sich uns noch zweimal in den Weg stellte: 1958 in Malmö sicherte ein 1:0-Sieg den Vorstoß bis ins Halbfinale. Nur 1962 in Chile bedeutete das 0:1 im Viertelfinale die vorzeitige Heimreise für das deutsche Ensemble.

Was es mit dem 2:2 in Lens auf sich hatte, darauf konnte sich noch niemand einen Reim machen. Denkwürdig wie jedes Duell gegen die Jugoslawen, dramatisch bis zum letzten Schritt. Vom hoffnungslosen 0:2-Rückstand nach 54 Minuten bis zum doch wieder ermutigenden 2:2 innerhalb von sechs Minuten – ein Wechselbad der Gefühle.
Im deutschen Quartier hatte Berti Vogts sicherlich die richtigen Lehren aus dem nicht berauschenden Auftakt gegen die USA gezogen, aber noch keine unmittelbaren Konsequenzen. Nur Reuter und Häßler fanden sich nicht mehr wieder in der Startformation, dafür rückten Ziege und Hamann ins Team.

Dann lief alles doch ganz anders als gedacht. Es klappte zunächst so gut wie gar nichts. Das Mittelfeld, als Impulsgeber vorgesehen, zog sich oft fast ängstlich zurück, das Sturmduo Klinsmann/Bierhoff hing kontaktlos in der Luft, bei Andreas Möller lief selten etwas, Hamann, sonst vor Eifer sprühend, schienen die Kräfte verlassen zu haben. Selbst der sonst meist Souveränität ausstrahlende Libero Olaf Thon geriet in Nöte, wenn Jugoslawien seine Angriffe inszenierte.
Lediglich der unerbittliche Christian Wörns, aus der gleichen »Waldhof-Schule« wie sein Manndecker-Kollege Jürgen Kohler, nahm seinem er-

Wo der Sinn zum Unsinn wird

Die Szene ging weltweit ins Bild. Andy Köpke, deutscher Nationaltorhüter, wollte mit seinem US-Kollegen Kasey Keller noch auf dem Rasen des Prinzenpark-Stadions sein Trikot tauschen. Flugs kam Schiedsrichter Belqola herbeigesprintet und gab eine der vielen neuen Anordnungen der FIFA weiter, die sich oft meilenweit von der Realität entfernen.
»Der Hemdenwechsel ist nur in den Kabinengängen zulässig«, interpretierte Belqola die neue Masche. »Nicht auf dem Rasen und nicht vor Kameras«, betonte er.
Der Weltverband bezog dazu offiziell Stellung und erweiterte ihre Auslegung sogar noch auf die Freude über erzielte Treffer. »Schwitzende, unbekleidete Männer-Oberkörper könnten bei Live-Übertragungen im Fernsehen in den islamischen Staaten Empörung auslösen. Der Torjubel störe den Zeitablauf und ist tunlichst zu unterlassen.« Wer unkontrolliert zu den Fanblöcken läuft, um seiner Freude Ausdruck zu verschaffen, sieht dafür die Gelbe Karte. Man kann das schönste Spiel auch überregulieren. Wenn das so weitergeht…

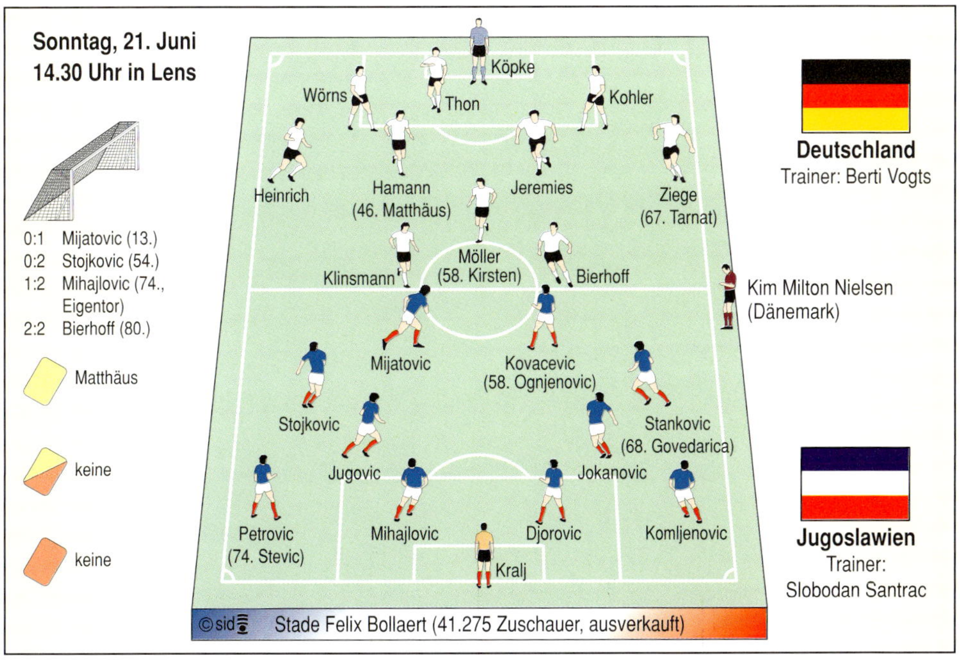

fahrenen Gegenspieler Mijatovic allen Wind aus den Segeln. Der Jugoslawe mag an die Duelle in der Champions League gedacht haben, in denen er bei Real Madrid schon kaum einen Stich gegen den Leverkusener, der sein Domizil nach Paris verlegt, bekommen hatte. Typisch Fußball: Eine einzige Sekunde veränderte alles. In der 13. Minute warf sich Andy Köpke einem offensichtlich als Vorlage gedachten Schuß von Mijatovic entgegen, bekam den Ball unglücklich an den Oberschenkel und mußte zusehen, wie der Ball erst an den Innenpfosten und dann trotz letzten Einsatzes von Jeremies, der zumindest eine Stunde lang seiner Form hinterher rannte, ins Tor glitt.

Eine kleine Unachtsamkeit des deutschen Keepers, der jedoch dann, als die Jugoslawen mehrfach gute Einschußmöglichkeiten hatten, Bälle hielt, die ein anderer hätte passieren lassen müssen. Verwunden, wenn auch nicht vergessen, daß ein Köpke-Aussetzer das 0:2 ermöglicht hatte: Ihm glitt nach einem Flankenball von Kovacevic das Objekt der Begierde unter dem Körper durch. Für Stojkovic ein Kinderspiel, zum 2:0 zu vollenden.

Berti Vogts hatte sich angesichts der bis dahin schwachen Vorstellung schon seine Gedanken gemacht und setzte in die Tat um, was zuvor schon viele gefordert hatten und worauf auch die deutschen Anhänger im Stade Félix Bollaert lautstark drängten: Er beorderte Lothar Matthäus anstelle von Hamann ins Team. Die Ankündigung hatte der deutsche Rekord-Nationalspieler und in diesem Moment auch WM-Weltrekordler schon vor der Pause auf der Bank erhalten. Mit ihm und seinem 20 Minuten später eingewechselten Klubkameraden Tarnat kam dann doch noch die Wende und das Aufbäumen gegen die drohende Niederlage.

Einen der auch in der Bundesliga gefürchteten, knallharten Freistöße lenkte Jugoslawiens Libero Mihajlovic unerreichbar für seinen Torwart Kralj ins eigene Gehäuse. Endlich das Signal für die deutsche Elf, ihr anderes, kämpferisches und entschlossenes Gesicht zu zeigen. Wer anders als Golden-Goal-Boy Oliver Bierhoff sollte dann für das 2:2 sorgen! Von Haus aus kein Dauerläufer,

Computer-Analyse... Computer-Analyse... Computer-Analyse... Computer-Analyse...

Name		Zweikämpfe insgesamt	Zweikämpfe gewonnen	Zweikämpfe verloren	Differenz	Kopfballduelle gewonnen	Kopfballduelle verloren	Fouls gefoult worden	Fouls foul gespielt	Pässe ü. mehr als 25 m zum Mitspieler	Pässe ü. mehr als 25 m zum Gegner	Kurzpässe Fehlpaß u. 25 m	Flanken	Torschüsse
Olaf Thon		18	10	8	+2	3	0	1	2	5	7	3	0	0
Christian Wörns		28	22	6	+16	6	0	1	3	0	0	2	0	0
Jürgen Kohler		18	12	6	+6	4	0	2	0	3	1	0	0	1
Jörg Heinrich		19	9	10	-1	3	1	2	2	4	4	2	9	1
Christian Ziege	bis 67. Min.	12	6	6	0	0	1	0	0	1	7	0	5	1
Dietmar Hamann	bis 46. Min.	15	7	8	-1	0	0	1	1	2	1	1	2	0
Jens Jeremies		24	9	15	-6	1	2	1	2	2	2	0	1	1
Andreas Möller	bis 58. Min.	13	8	5	+3	1	1	2	0	4	0	2	0	0
Jürgen Klinsmann		12	5	7	-2	3	2	0	0	6	0	3	0	1
Oliver Bierhoff		17	8	9	-1	3	5	2	2	0	0	1	1	5
Lothar Matthäus	ab 46. Min	9	5	4	+1	1	1	0	2	6	4	0	0	0
Ulf Kirsten	ab 58. Min	7	4	3	+1	2	1	1	0	0	0	1	0	2
Michael Tarnat	ab 67 Min.	5	2	3	-1	0	0	0	0	1	2	0	1	2
Gesamt		197	107	90	+17	27	14	13	14	34	28	15	19	14

Stimmen zum Spiel

Bundestrainer **Berti Vogts**
»Mit den ersten 70 Minuten können wir nicht zufrieden sein. Die letzte Phase indes stimmt mich positiv. Vor allem die Art und Weise, wie sich die Mannschaft gegen die drohende Niederlage gestemmt und das Spiel fast noch herumgerissen hat. Anfangs haben wir aus Angst vor Fehlern fast Standfußball praktiziert.«

Torschütze **Oliver Bierhoff**
»Es ging zu lange kein Ruck durch die Mannschaft. Erst nach dem abgefälschten Freistoß wußten wohl alle, was gespielt wird. Dank an Jürgen Kohler, der mich bei meinem Tor hervorragend freigeblockt hat.«

Jürgen Klinsmann, kurz vor Spielende von einem wuchtigen Mihajlovic-Freistoß an der Leber getroffen und kurzfristig ohne Bewußtsein
»Boxer wissen so etwas. Ein Leberhieb nimmt einem total die Luft. Eine ziemlich schmerzhafte Sache. Es dauerte einige Zeit, bis ich wieder bei Kräften war. Ich war dann sogar in der Lage, mich der Dopingprobe zu stellen.«

Lothar Matthäus nach seinem 126. Länderspiel: »Wir haben Moral bewiesen und gezeigt, daß wir untereinander keine Probleme haben. Ich bin froh, dabeigewesen zu sein, obgleich die Position eines Einwechselspielers für mich ungewohnt war.«

Jens Jeremies, unermüdlicher Dauerläufer
»In der Szene, als ich mit Mihajlovic so heftig aneinandergeriet, hat er mir ins Gesicht gespuckt. Da gingen mir die Pferde durch. Dank an Berti Vogts, er hat mich mit seinem energischen Dazwischenfahren wahrscheinlich vor einer Roten Karte bewahrt.«

Andreas Köpke
»Das zweite Tor war ganz klar mein Fehler. Ich hatte den Ball sogar schon, ehe er unter dem Körper hinwegrutschte.«

Jugoslawiens Trainer Santrac
»Wir wissen nicht erst seit heute, daß die Deutschen immer bis zum Schluß gefährlich bleiben. Pech, daß ein Eigentor sowie eine Standardsituation uns den nahen Sieg kosteten.«

aber mit dem untrüglichen Gespür für torreife Situationen, stand der in der Bundesliga einst verkannte Torjäger bei einem hervorragend getimten Thon-Eckball an der richtigen Stelle und köpfte die Kugel zum erlösenden 2:2 in die Maschen. Typisch deutsche Tugenden, fast zu spät entdeckt, verhinderten die erste Niederlage in einem WM-Endrundenspiel seit dem fast peinlichen New Yorker Ausrutscher gegen Bulgarien.

Die Jugoslawen, fast 75 Minuten lang siegessicher, verstanden die Welt nicht mehr. Da fragte sich nicht nur der frühere Frankfurter Trainer Stepanovic: »Muß man gegen die Deutschen sechs Tore schießen, um zu gewinnen?«
Dennoch: Wenn Berti Vogts nachher von brillanten Jugoslawen sprach, hatte er nicht übertrieben. So gesehen, war es am Ende doch wenigstens ein halber Sieg.

USA – Iran 1:2

Was der Fußball alles kann

Vielleicht wird der Fußball ein Beispiel für die Politik. So wie wir früher auch Ping-Pong-Diplomatie mit China hatten«, sah Alan Rothenberg, Präsident des USD-Verbandes, schon nach der brisanten Auslosung im Dezember 1997 voraus, die Iran und USA im Stadion von Lyon sechs Monate später zusammenführte. Michel Platini, Co-Präsident des WM-Organisationskomitees und als Galionsfigur bei jedem bedeutenden Match auf der Tribüne in diesem, seinem Heimatland, hatte klugerweise hinzugefügt: »Es geht allein um Fußball und nicht um ein Duell der CIA gegen Iraks Geheimdienst.«

Wie wahr und wie wirklichkeitsnah. Keine Spur von Ressentiments, sogar höfliche Herzlichkeit bei der Aufstellung beider Mannschaften im Stadion. Die Iraner überreichten ihren Spielpartnern (lassen wir hier bewußt den Begriff Gegner außen vor) rote Rosen. Beide Teams verzichteten demonstrativ auf getrennte Mannschaftsfotos und stellten sich, als seien sie die besten Freunde, zu einem Gruppenbild in gemischter Formation den Fotografen. Fußball von seiner besten Seite!

21. 6. 1998 in Lyon
USA – Iran 1:2 (0:1)
USA: Keller – Pope, Dooley (82. Maisonneuve), Regis – Hejduk, Ramos (57. Stewart), Reyna, Moore, Jones – Wegerle (57. Radosavljevic), McBride
IRAN: Abedzadeh – Mohammadkhani (76. Peyravani) – Khakpour, Pashazadeh – Mahdavikia, Zarincheh (77. Saadavi), Bagheri, Estili, Minavand – Daei, Azizi (74. Mansourian)
Tore: 0:1 Estili (40.), 0:2 Mahdavikia (84.), 1:2 McBride (87.)
Gelbe Karten: Regis / Minavand, Zarincheh
Schiedrichter: Urs Meier (Schweiz)
Zuschauer: 44 000

Ein Duell der Verlierer des ersten Spieles, aber kein klassearmes Match. Im Gegenteil: So viel Engagement, so viel Ehrgeiz, so viel Spielwitz – vor allem bei den Iranern – erlebte man nicht in jedem Match dieses Turniers.

Vorweggenommen: Unter dem Strich feierten die Iraner ihren ersten Sieg bei ihrer zweiten WM-Teilnahme nach 1978 – damals hatte sie schon ein 1:1 gegen Schottland in einen kleinen Freudentaumel versetzt.
Zwei abgestiegene Bundesligaspieler vor allem verliehen dem Iran entscheidende Impulse: Der Bielefelder Bagheri sowie der Kölner Azizi, kaum wiederzuerkennen gegenüber ihren letzten Auftritten bei ihren Klubs. Der zukünftige Bayern-Stürmer Ali Daei hingegen konnte kaum Glanzlichter setzen in einem unnötig hochstilisierten Duell, das fast schon einen Fairneß-Preis verdient hätte. Die Amerikaner, die mit einer angriffsbetonten Mannschaft ein vorzeitiges Ausscheiden verhindern wollten, positionierten hinter den beiden Spitzen Wegerle und McBride vier offensive Mittelfeldspieler. Der erwartete Druck blieb bis auf einige torversprechende Szenen aus. Bis zur 84. Minute hatten Estili sowie Mahdavikia zur verdienten 2:0-Führung vorgelegt, ehe dem ehemaligen Wolfsburger McBride noch der Anschlußtreffer gelang, der die Amerikaner noch einmal zu einer verzweifelten, allerdings erfolglosen Endoffensive antrieb. Es war unterschrieben, die US-Boys konnten die Rückflug-Tickets buchen.

Deutschland – Iran 2:0

Goldköpfchen Bierhoff

Eigentlich erschien den deutschen Fußballern die Welt(meisterschaft) ungerecht und undankbar, wie so oft schon. Gesiegt und ins Achtelfinale gekommen, aber fast wie eh und je mußten sie die Frage über sich ergehen lassen, ob das denn schon alles gewesen sei, was die von Berti Vogts auserwählte und wiederum auch umgestellte Mannschaft leisten könne. Ein 2:0 gegen den Iran, gut, aber längst nicht schön. Wann aber startete ein deutsches Team überhaupt spielerisch überlegen, taktisch überzeugend in ein solches Turnier? Der 4:1-Auftakt gegen die Jugoslawen 1990 in Mailand bildete eine Ausnahme – und war zugleich ein Omen für den späteren Titelgewinn.
Das Duell gegen den Nobody besaß zudem ungewollt schon den Charakter eines Endspiels, eine Niederlage hätte die früheste Heimreise seit 1938 bedeutet und dieses Unheil war ebenfalls in Frankreich passiert, in zwei Spielen gegen die Schweiz in der ersten Runde. Nicht einmal Bundestrainer Vogts war seinerzeit schon geboren, aber einer wie er kennt sich in der Vergangenheit seines Metiers aus. Er weiß nicht nur, was gerade gespielt wird, sondern auch, was einst gespielt wurde.
Es schlug ja noch ein zweiter Herztakt in Bertis Brust: Wenn möglich, den Holländern in der folgenden Runde aus dem Wege zu gehen. Auch das erhöhte den Siegzwang. Die Unruhe heizten zudem die Ausschreitungen deutscher Schlägertypen an, die nach dem Jugoslawien-Spiel in Lens krawallten, randalierten und einen französischen Polizisten lebensgefährlich verletzten. Erboste, aber auch übereifrige DFB-Funktionäre erwogen daraufhin sogar eine Abreise der deutschen Mannschaft und fielen Vogts ohne vorherige Rücksprache in den Rücken.

Lange vor dem Spiel hatten sich die Wogen geglättet. Vielleicht hatte die Unruhe auch die Seelen der Spieler erfaßt, die von einem energischen Durchgreifen des Bundestrainers überrascht schienen. Vogts ließ zunächst Möller, Ziege, Hamann und Jeremies draußen, nahm dafür Häßler, Tarnat, Helmer und vor allem Lothar Matthäus von Anbeginn ins Spiel. Er dachte wohl daran, daß der Älteste im Team schon nach seiner Einwechselung gegen Jugoslawien mit seinem motorischen Antrieb in gewisser Weise für den Umschwung gesorgt hatte.

Pressestimmen

»Konkret und erbarmungslos. Gott sei Dank für Vogts gibt es Bierhoff.« GAZZETTE DELLO SPORT (ITALIEN)

»Die Deutschen tanken Diesel. Sie vermieden Holland, wie sie wollten. Gegen Mexiko brauchen sie mehr als nur Atem.« LIBERATION (FRANKREICH)

»Manche der deutschen Spieler mögen bald das Liegestuhl-Alter erreichen, aber sie benehmen sich noch so, als seien sie am Steuer einer Dampfwalze.« THE TIMES (ENGLAND)

»Deutschland – der logische Gewinner.« SPORT (SPANIEN)

Stimmen zum Spiel

Bundestrainer **Berti Vogts**
»Ich bin zufrieden, wir sind Gruppenerster. Dieser Sieg war hochverdient. Er hätte auch ein, zwei Tore höher ausfallen können. Die Iraner hatten einen Achter-Block, und der ist schwer zu knacken, denn die Iraner sind ein guter Gegner. Wir sind auf dem richtigen Weg. Es läuft nicht alles rund, aber es wird immer besser.«

Torschütze **Oliver Bierhoff**
»Wir wollten zeigen, daß das gegen Jugoslawien nicht das wahre Gesicht unserer Mannschaft war. Nach dem ersten Tor war der Bann gebrochen, und wir haben befreit aufgespielt. Ich hatte zwar noch die ein oder andere Chance und ich habe mich geärgert, daß ich sie nicht genutzt habe. Aber insgesamt bin ich zufrieden.«

Torschütze **Jürgen Klinsmann**
»Icke hat sich wahnsinnig Mühe gegeben, uns Stürmer anzuspielen. Es kam nicht von ungefähr, daß er die Flanke zum 1:0 schlug. Mit seinem Spielwitz kann er so ein Nullnull knacken.«

Jalal Talebi, iranischer Trainer
»Das war eine außergewöhnliche Erfahrung für uns, gegen den ehemaligen Weltmeister und amtierenden Europameister spielen zu können. Wir haben unser Bestes gegeben. Doch Deutschland hatte die größere Erfahrung und war technisch sowie psychisch viel stärker.«

Die wirkliche Überraschung indes sparte sich Vogts für die zweite Halbzeit auf: Libero Thon mußte auf die Bank, Matthäus kehrte auf seinen Libero-Lieblingsposten zurück. Die früheren lobenden Töne für Thon waren verstummt.

Es kam, typisch für Matthäus, mehr Druck, aber nicht mehr Esprit ins Spiel, in dem das Abwehrduo der »harten Zwei«, Kohler und Wörns, den zwei Bundesliga-Iranern Daei und Azizi nur wenig Freiraum ließ und in dem zehn starke Minuten das gesamte Spiel entschieden. Die zehn Minuten des wiederum wegen geringer Mittelfeld-Initiative lange in der Luft hängenden Sturmduos Bierhoff – Klinsmann.

Oliver Bierhoff, auf dem Fußballtrip von Udine nach Mailand, köpfte in seiner ihm typischen Art eine glänzend gezirkelte Flanke von Thomas Häßler nach 50 Minuten zum befreienden 1:0 ein, knapp 500 Sekunden später donnerte wiederum Bierhoff von der Strafraumgrenze einen fulminanten Schuß an den Pfosten, in den Abpraller hechtete Sturmpartner Klinsmann im Kamikaze-Stil wildentschlossen hinein, 2:0. Das war es dann, das blieb es dann.

Vogts stellte sich, seinem Wesen entsprechend, schützend vor seine Spie-

Computer-Analyse . . . Computer-Analyse . . . Computer-Analyse . . . Computer-Analyse . . .

Name	Zweikämpfe insgesamt	Zweikämpfe gewonnen	Zweikämpfe verloren	Differenz	Kopfballduelle gewonnen	Kopfballduelle verloren	Fouls gefoult worden	Fouls foul gespielt	Pässe ü. mehr als 25 m zum Mitspieler	Pässe ü. mehr als 25 m zum Gegner	Kurzpässe Fehlpaß u. 25 m	Flanken	Torschüsse
Olaf Thon bis 46. Min.	4	2	2	0	0	0	1	1	2	2	3	0	1
Christian Wörns	19	13	6	+7	4	2	1	1	6	1	1	0	0
Jürgen Kohler	14	7	7	0	1	4	1	2	4	1	1	1	0
Jörg Heinrich	17	9	8	+1	0	2	3	0	4	5	5	2	1
Michael Tarnat bis 76. Min.	7	6	1	+5	1	0	1	1	4	11	0	1	1
Lothar Matthäus	13	9	4	+5	0	0	1	1	19	10	2	3	1
Thomas Helmer	20	12	8	+4	6	0	0	1	5	2	3	3	0
Thomas Häßler bis 70. Min.	18	7	11	–4	1	0	2	3	1	1	1	4	3
Jürgen Klinsmann	14	3	11	–8	2	8	0	1	1	0	5	1	1
Oliver Bierhoff	31	14	17	–3	8	7	4	0	3	0	4	0	8
Dietmar Hamann ab 46. Min.	17	7	10	–3	0	2	1	3	5	0	0	0	2
Ulf Kirsten ab 70. Min.	2	1	1	0	0	1	0	0	0	0	1	1	0
Christian Ziege ab 76. Min.	6	3	3	0	1	0	0	0	1	0	1	1	0
Gesamt	182	93	89	+4	24	26	15	14	55	33	27	17	18

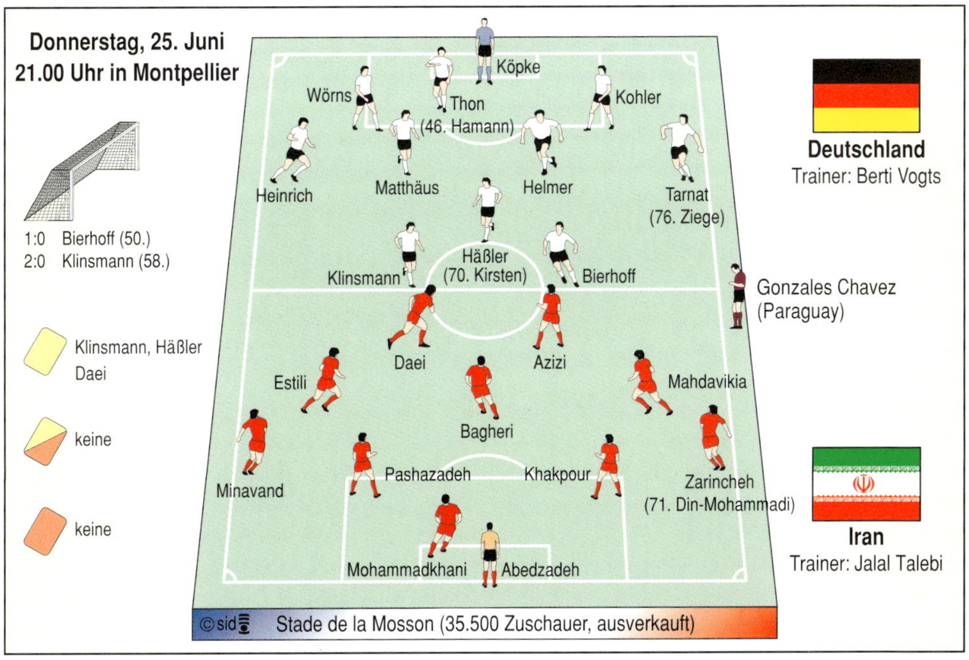

ler: »Unser Abwehrblock funktioniert hervorragend, die Außen werden von Spiel zu Spiel besser, der Angriff hat sein Soll erfüllt.« Nur hinter das Mittelfeld setzte er noch viele Fragezeichen. So wie Fans und andere Fachleute auch.

Die nicht überall verstandene Auswechslung Olaf Thons erklärte Vogts so: »Er sollte mehr im zentralen Bereich spielen. Olaf ins Mittelfeld zu stellen, damit tue ich ihm keinen Gefallen.« Um so mehr Gefallen hatte Vogts daran gefunden, daß Matthäus von immer mehr Münchner Kollegen umgeben war.
Wenig Vergnügen bereitete ihm jedoch die Kritik seines argentinischen Kollegen Cesar Luis Menotti, der als Fernsehreporter nach Süd- und Mittelamerika seinen Landsleuten jeglichen Respekt vor Bertis Team nahm: »Was die einst so starken Deutschen bisher gezeigt haben, war ein Werk des Horrors.« Übertreibung oder Realität?

25. 6. 1998 in Nantes

USA - Jugoslawien 0:1 (0:1)

USA: Friedel – Burns, Dooley (82. Balboa), Regis – Hejduk (64. Wynalda), Stewart, Maisonneuve, Reyna, Jones – Moore (58. Radosavljevic) – McBride
JUGOSLAWIEN: Kralj – Komljenovic, Djorovic, Mihajlovic, Petrovic – Jokanovic, Stankovic (54. Brnovic), Stojkovic (63. Savicevic), Jugovic – Mijatovic (31. Ognjenovic), Milosevic
Tor: 0:1 Komljenovic (3.)
Gelbe Karten: Reyna / Stankovic, Ognjenovic
Schiedsrichter: Gamal Ghandour (Ägypten)
Zuschauer: 36 000

USA - Jugoslawien 0:1

USA bleibt sieglos

Er gilt als ein Typ, der in keinen Raster zu passen scheint – Frankie Hejduk, dessen blonde Löwenmähne eigentlich in die Flower-Power-Zeit der Hippies gepaßt hätte, zählt erst 23 Lenze. Die Lockerheit und Coolness aber mag er wohl von seinen Eltern geerbt haben, die zu ihrer ja gar nicht so lange zurückliegenden Zeit als fröhliche, unbeschwerte Blumenkinder der legendären Woodstock-Generation Frohsinn und Fröhlichkeit verbreiteten.
Der semmelblonde Bursche, über den Universitätsfußball in die amerikanische Major Soccer League (MSL) aufgestiegen, spielt noch bei Tampa Bay Mutiny (Klubbegriffe wie in Europa sind den Amerikanern fremd, die im Eishockey oder Football am liebsten Tiger, Panther, Löwen und andere furchteinflößende Wildkatzen in ihren Emblemen und auf ihren Namensschildern verewigen). Vielleicht aber taucht dieser Hejduk, der in jeder freien Minute als Beach-Boy à la David Hasselhoff surfen geht, auch bald in einer Liga Europas auf.
Wie resolut er sich durchzusetzen versteht, dribbelstark und unbekümmert, versetzte sogar die Jugoslawen in Erstaunen.
Daß die Amerikaner zwar sieg-, aber nicht hoffnungslos blieben, liegt an ihrer Lebenseinstellung. Ob Tom Dooley, ehemaliger Bundesligaprofi in Kaiserslautern, Leverkusen und Schalke, nach 77 Länderspielen als Kapitän von Bord geht, soll ein längerer Überlegungsprozeß klären.
Unerklärlich, daß die enttäuschend aufspielenden Jugoslawen es beim 1:0 des Duisburgers Komljenovic (Jubiläumstor Nr. 1700 in der WM-Chronik seit 1930) bewenden ließen. Ihnen schien egal, wer ihr nächster Gegner sein würde. Eine gar nicht so schlechte Einstellung nach einer fußballerisch mäßigen Vorstellung, die sich vielleicht damit erklären ließ, Tempo zu drosseln, um Kräfte zu schonen.

FEDERACION COLOMBIANA DE
FRANCIA 98

Kolumbiens Mittelfeldstar Carlos Valderrama ließ sein Können nur gelegentlich aufblitzen – nicht oft um die Fans mit dem Erreichen des Achtelfinales zu beglücken.

Gruppe G

Rumänien
Kolumbien
England
Tunesien

Für Rumänien erwies sich der 2:1-Sieg über England als Faustpfand für den späteren Gruppensieg. Rumänien reichte im letzten Spiel das 1:1 gegen Tunesien, qualifiziert war die Mannschaft schon nach dem zweiten Spieltag. England dagegen fand erst durch das allerdings eindrucksvolle 2:0 im Duell mit dem bis dahin punktgleichen Kolumbien das Tor zum Achtelfinale, in dem mit Argentinien der Viertelfinalgegner von 1986 auf die Briten wartete.

UMBRO
ENGLAND
FIFA WORLD CUP
FRANCE 1998
7

Zeit für die Youngsters: Beim 2:0 gegen Tunesien wurde der 18jährige Michael Owen (oben) fünf Minuten vor Schluß für den Routinier Teddy Sheringham (32) eingewechselt, der gegen Sami Trabelsi (Mitte) einen schweren Stand hatte. Im Match gegen Rumänien vollzog Teamchef Glenn Hoddle diesen Wechsel bereits in der 73. Minute. Als es dann gegen Kolumbien um die Qualifikation ging, bot er den glänzend aufgelegten Owen auf Drängen der Fans von Anfang an auf, zusammen mit seinem 23jährigen Team-Kollegen David Beckham (großes Bild), der seinen Einsatz mit einem fulminanten 28-Meter-Freistoßtor zum 2:0 rechtfertigte.

England – Tunesien 2:0

Wer's kann, der kann's

Es war ein Tor, wie es den Engländern eigen ist. Ein Kopfball-Torpedo britischer Schule und Präzision. Es war der erfolgreichste Schütze der Europameisterschaft vor zwei Jahren, Alan Shearer, der schulmäßig offenbarte, wie man in einer solchen Situation zum Ball geht. Eine Eigenschaft, die längst nicht jeder Klassefußballer besitzt. Was das kleine Abc angeht, sind Briten noch immer gelehrige Schüler. Wenn man das nur auch von ihren sogenannten Fans behaupten könnte – überall als Hooligans gefürchtet. Es gibt zwar immer nur eine Randgruppe von Randalierern, aber ebendiese zerstören auch den Ruf und das Ansehen ihres Teams. Außerhalb des Stade Vélodrome tobten Straßenkämpfe, in der Arena zum Glück herrschte friedliche Stimmung.

Die sportliche Hochstimmung hielt sich in Grenzen. Die Engländer spielten so, wie sie es immer tun. Möglichst schlicht und ohne Schnörkel, möglichst schnell und direkt zum Tor, aber beim Erstversuch noch mit gedrosseltem Tempo. Gegen die unerwartet zweikampfstarken Tunesier fiel es den Engländern nicht leicht, eine zwingende Überlegenheit herauszuspielen. Vielleicht war es auch nicht der beste Einfall, erst am Vorabend des Spiels aus dem verregneten Trainingsquartier »La Baule« angereist zu sein. Vielleicht lag es auch am Druck, der viele der favorisierten Teams anfangs zu lähmen schien.
Ein Sonntagsschuß eines jungen Mannes machte erst in der Schlußminute alles klar: Paul Scholes, Nebenmann von Shearer auch im Klub Manchester United, spielte sich vor allem ins Herz seines Teammanagers Glenn Hoddle, der als Spieler von Tottenham selbst aktiv an zwei Weltmeisterschaften teilgenommen hatte. Hoddle hatte den einen Paul (Gascoigne) wegen dessen Eskapaden ausgebootet und einen neuen Paul (Scholes) ins Team berufen. Gar kein so schlechter Tausch, wie sich herausstellte. Hoddle sprach sogar von einer großartigen Vorstellung seines Teams und von einem exzellenten Start. Die zweifellos effektvollen Tore gegen eine mehr und mehr ins Wanken geratene tunesische Abwehr mögen seinen Blick etwas getrübt haben. Für den Freiburger Tunesier Beya, erst in der zweiten Halbzeit ins Spiel gekommen, blieb die bescheidene Genugtuung, den einzigen gefährlichen Schuß auf das von »Old Seaman« bewachte Tor abgefeuert zu haben.

15. 6. 1998 in Marseille

England – Tunesien 2:0 (1:0)

ENGLAND: Seaman – Adams – Southgate, Campbell – Anderton, Batty, Ince, Le Saux – Scholes – Sheringham (85. Owen), Shearer
TUNESIEN: El-Ouaer – Badra, Sami Trabelsi, Hatem Trabelsi (79. Thabet), Clayton – Chihi, Souayah (46. Beya), Boukadida, Ghodbane – Ben Slimane (65. Ben Younes), Sellimi
Tore: 1:0 Shearer (42.), 2:0 Scholes (90.)
Gelbe Karten: Campbell / Clayton, Ben Younes, Ghodbane
Schiedsrichter: Masayoshi Okada (Japan)
Zuschauer: 60 000

Rumänien – Kolumbien 1:0

Der Maradona vom Balkan

So ist das eben im Fußball, auch bei einer WM. Es sollte das Festival der Oldie-Superstars werden. Es wurde ein laues Meeting, in dem die beiden berühmten Spielmacher den Taktstock schwingen sollten: Auf der einen Seite der 33jährige »Balkan-Maradona« Gheorghe Hagi, auf der anderen der um drei Jahre ältere Carlos Valderrama, Kolumbiens bemähnter Exzentriker – Dirigenten zwar noch, aber keine Karajans mehr.

Zwar zauberte und zirkelte Hagi, überraschend als Rechtsaußen aufgeboten, immer noch den Ball auf jeden anvisierten Punkt, zwar ging fast noch jede der wenigen Chancen auf sein Spiel zurück, aber der momentan bei Galatasaray Istanbul gastierende Maestro braucht doch schon so manche Atempause. Seiner Initiative entsprang auch das entscheidende Tor von Adrian Ilie, doch eine Viertelstunde vor Schluß war

15. 6. 1998 in Lyon

Rumänien – Kolumbien 1:0 (1:0)

RUMÄNIEN: Stelea – Gheorge Popescu – Ciobotariu, Filipescu – Petrescu, Hagi (77. Marinescu), Galca, Gabriel Popescu (68. Stanga), Munteanu – Ilie, Moldovan (85. Niculescu)
KOLUMBIEN: Mondragon – Bermudez, Palacios, Santa, Cabrera – Aristizabal (46. Valencia), Lozano, Serna, Rincon – Valderrama, Aspilla (85. Preciado)
Tor: 1:0 Ilie (45.)
Gelbe Karten: Filipescu, Munteanu, Petrescu / Santa
Schiedsrichter: An-Yan Lim-Kee-Chong (Mauritius)
Zuschauer: 44 000

Hagi so geschafft, daß Trainer Iordanescu ihn zur Bank beorderte.
Trainer Iordanescu: »Ein intelligent herausgespielter Sieg, herausheben möchte ich Ilie und Popescu.« Sein südamerikanischer Kollege Gomez: »Wir haben gegeben, was wir geben konnten. Wer da sagt, daß wir die erste Halbzeit verschlafen haben, war bei einem anderen Spiel.«
Und Valderrama? Der Mann mit dem blonden Mop auf dem Kopf vertuschte sein konditionelles Defizit geschickter, war aber um viele Grade wirkungsloser. Eher ein Stehgeiger als ein Virtuose. Weite Wege über den Mittelkreis hinweg schienen ihm ein Greuel. Nie aber bestanden Zweifel an seiner Chefrolle. Als die Kolumbianer, fast verzweifelt, zur Schlußoffensive bliesen, hatte auch er noch ein paar eindrucksvolle Szenen.

Kolumbien – Tunesien 1:0

Freie Tage für zwei Freiburger

Arme Afrikaner! Die Tunesier konnten sich schon vor ihrem letzten Spiel auf die frühzeitige Abreise vorbereiten. Die Vergangenheit zählte nun nicht mehr: Fast mühelos und mit nur einem Gegentor belastet hatten sie sich in der Qualifikation

Einen solchen Jungen suchen deutsche Talentspäher bisher vergeblich: Michael Owen, der bereits mit knapp zehn Jahren 92 Tore in einer einzigen Saison schoß und ein Jahr darauf vom FC Liverpool unter Vertrag genommen wurde, verkörpert Englands Hoffnungen auf eine bessere Fußball-Zukunft.

22. 6. 1998 in Montpellier
Kolumbien – Tunesien 1:0 (0:0)
KOLUMBIEN: Mondragon – Santa, Bermudez, Palacios, Cabrera – Serna (62. Bolano), Lozano, Valderrama, Rincon (57. Aristizabal) – Valencia (57. Preciado), De Avila
TUNESIEN: El-Ouaer – Chouchane – Thabet (77. Ghodbane), Sami Trabelsi, Clayton – Bouazizi, Souayah, Beya (74. Ben Ahmed), Chihi – Ben Slimane, Sellimi (69. Ben Younes)
Tor: 1:0 Preciado (83.)
Gelbe Karten: Santa / Bouazizi, Clayton
Schiedsrichter: Bernd Heynemann (Magdeburg)
Zuschauer: 35 500

überlegen den Weg nach Frankreich zur Endrunde geebnet, der überhaupt erst zweiten seit 1978, als sie Deutschland sogar ein 0:0 abgetrotzt hatten.
Zwei Spiele ohne Tor und fast ohne Chancen machten ihnen klar, daß bei einem Turnier der Weltbesten ein rauherer Wind weht. Heimweg ohne Heimweh nach der ersten Runde – vor 20 Jahren war es ebenso.

Tunesiens polnischer Trainer Henryk Kasperczak sprach zwar von Gleichwertigkeit mit dem Gegner wie schon nach dem England-Spiel. Es glaubte ihm niemand mehr. Nur 24 Stunden danach war auch er seinen Job los. Ein tückischer Bazillus schien sich in diese Weltmeisterschaft eingenistet zu haben.
Die beiden Freiburger Ben Slimane als noch gefährlichster Stürmer sowie Zoubele Beya, der mit einem sehenswerten Volleyschuß das Tor verfehlte, als es noch 0:0 stand, kehren trotz allem erhobenen Hauptes in das wieder zur Bundesligastadt gewordene Freiburg zurück. Zwar mit wenig Glück, aber einer Menge mehr internationaler Erfahrung.
Kolumbien stand in diesem Duell bei fast unerträglicher Hitze mit dem Glück im Bunde. Bei diesen tropischen Temperaturen schwanden die Kräfte schneller. Vor allem bei dem früheren Münchner Bayern-Stürmer Adolfo Valencia. Der goldene Griff des Trainers Hernan Gómez war, für Valencia den 21jährigen Leider Preciado einzuwechseln. Ausgerechnet diesem Mann aus Bogotá gelang 26 Minuten später der »goldene Schuß«. Sieben Minuten später pfiff der Magdeburger Schiedsrichter Bernd Heynemann bei seiner eigenen WM-Premiere zum erlösenden Schluß.

Alles im Griff: Bis sieben Minuten vor Schluß hatten die Tunesier um Offensiv-Mann Adel Sellimi im Match gegen Kolumbien alles halbwegs unter Kontrolle. Dann schoß Leider Preciado das einzige Tor – die Nordafrikaner waren bereits nach dem zweiten Spiel ausgeschieden.

Rumänien – England 2:1

Eine Sekunde kann alles verändern

Glenn Hoddle blies seine Wangen auf. Mit einem »Plopp« zerplatzte der Kaugummiball vor seinem Mund. Für den lauteren Knall hatte soeben, zwei Minuten vor dem Abpfiff, der Rumäne Dan Petrescu gesorgt und einen Flugball seines in der Bundesliga zuletzt selten überzeugenden und bislang auch bei der WM wirkungslos gebliebenen Kollegen Munteanu ins britische Netz gestochert. 1:2, und Hoddle sprach vom wichtigsten Spiel seiner Trainerlaufbahn, das seit seinem Amtsantritt im Juli 1996 in die Binsen ging. Ein ziemlich undankbares Geschäft, dieser Trainerjob.

Da hatte sich Hoddle tagelang herumärgern müssen mit scheinbar klugen Vorschlägen, die dann so schlecht doch nicht waren. Es ging dabei vor allem darum, den neuen Popstar des Inselstaates, David Beckham, zu nominieren. Seine Liaison mit einem der Spice-Girls hatte seinen Namen öfter in die Spalten der Klatsch- und Tratsch-Journaillen gehievt als in die Schlagzeilen der Sportpresse.
Nach einer halben Stunde gab Hoddle nach, nahm Ince aus dem Spiel und Beckham endlich in die Mannschaft. Es blieb nicht seine einzige Konzession, und mit der zweiten hatte Hoddle mehr Glück. Der gerade erst 18 Jahre junge Michael Owen, als Englands neues Fußball-Wunderkind gepriesen, zirkelte zehn Minu-

22. 6. 1998 in Toulouse
Rumänien – England 2:1 (0:0)
RUMÄNIEN: Stelea – Gheorghe Popescu – Ciobotariu, Filipescu – Petrescu, Hagi (73. Stanga, 83. Marinescu), Galca, Gabriel Popescu, Munteanu – Ilie, Moldovan (87. Lacatus)
ENGLAND: Seaman – Adams – Campbell, Neville – Anderton, Batty, Ince (33. Backham), Le Saux – Scholes – Shearer, Sheringham (73. Owen)
Tore: 1:0 Moldovan (47.), 1:1 Owen (83.), 2:1 Petrescu (90.)
Gelbe Karten: Hagi, Gheorghe Popescu, Ciobotariu, Filipescu / –
Schiedsrichter: Marc Batta (Frankreich)
Zuschauer: 36 500

Überraschungscoup gegen England: Nach dem 2:1-Sieg bedanken sich die Rumänen.

ten nach seiner Einwechslung einen Querschläger gedankenschnell ins rumänische Netz. An Owen werden der FC Liverpool und England noch viel Freude haben.
Ausgerechnet zwei in England als Gastspieler tätige Rumänen besiegelten dann die unerwartete Niederlage. Erst war es Viorel Moldovan von Coventry City mit seinem 1:0 zwei Minuten nach der Pause, und dann traf der für Chelsea spielende Dan Petrescu fast mit dem Schlußpfiff, als niemand solches Unheil noch ahnte.

Rumänien – Tunesien 1:1

Wie ein Ei dem anderen

Von hoch droben auf der imponierenden Tribüne des schmucken Stade de France traute man seinen Augen nicht. Da spielte eine Elf, bei der sich die Spieler wie ein Ei dem anderen glichen: ein jeder mit goldgelben kurzen Haaren. Was die »geklonten« Rumänen mit diesem Farbeneinerlei bezweckten, wußten wohl nur sie allein. Trainer Anghel Iordanescu fiel aus dem Rahmen. Sein Haupt bedeckte eine dunkle Baseballkappe. »Jeder weiß doch, wie kahl es darunter aussieht«, erklärte der Glatzkopf.
Seine Mannschaft entfaltete auf dem Spielfeld kein besonderes Engagement. Sie spielte eben so, wie man spielt, wenn man sich bereits für das Achtelfinale qualifiziert hat. Ein einziger Punkt genügte schließlich, um als Gruppenerster in die nächste Runde einzuziehen. Ein Punkt, den sich die Rumänen allerdings erst in der Schlußviertelstunde sicherten: Den Elfmetertreffer Tunesiens durch Skander Souayah glich Moldovan erst in der 72. Minute aus. Der Torschütze, der die zunächst aufgelaufene halbe Reserve Rumäniens endlich mehr mobilisierte, war gerade fünf Minuten auf dem Platz.
Tunesiens kurzfristig ins Chefamt gehievter Co-Trainer Ali Semli war es gelungen, seinen mutlos gewordenen Mannen neue Motivation einzuhauchen. Nach dem 1:1 herrschte bei den Afrikanern sogar ein bißchen Optimismus, dem sich auch die beiden Freiburger Beya und Ben Slimane anschlossen. Immerhin hatten beide das erste Tor Tunesiens bei einer WM seit 1978 bejubeln dürfen.
Rumäniens Spielmacher Gheorge Hagi, etwas zurückhaltend in seinen Aktionen, zog eine einzige Schlußfolgerung: »Wir sind Argentinien aus dem Weg gegangen, das zählt.«

26. 6. 1998 in Paris-St. Denis
Rumänien – Tunesien 1:1 (0:1)
RUMÄNIEN: Stelea – Dobos – Dulca (32. Gheorghe Popescu), Ciobotariu – Petrescu, Marinescu, Galca, Dumitrescu (67. Moldovan), Munteanu – Lacatus (46. Ilie), Hagi
TUNESIEN: El-Quaer – Chouchane – Sami Trabelsi, Boukadida – Bouazizi, Souayah (90. Ben Younes), Ghodbane (83. Thabet), Beya, Chihi – Ben Slimane (55. Jelassi), Sellimi
Tore: 0:1 Souayah (10., Elfmeter), 1:1 Moldovan (72.)
Gelbe Karten : – / Beya, Souayah
Schiedsrichter: Edward Lennie (Australien)
Zuschauer: 80 000

Königl. Fans: Prinz Charles und Sohn Henry

Kolumbien – England 0:2

So einen hätte Berti gerne

Michael Owens WM-Tor gegen Rumänien honorierte ein englischer Sportartikelhersteller sofort mit einem Dreijahres-Vertrag über 15 Millionen Mark. Für Owen stellt sich also die Frage, wie einer Millionär wird, heute schon nicht mehr.
Gegen Kolumbien blieb Owen zwar ohne Tor, besitzt er jedoch den Ball, eröffnen sich seinen Kollegen Freiräume. Keß, wie er in einigen Szenen dem Gegner den Ball durch die Beine spitzelte.
So wie England seinen Gegner beherrschte, mit einem großartigen Anderton, einem stets gefährlichen Shearer als Owen-Nebenmann, kamen Erinnerungen auf und wuchsen Träume, die vielleicht auch Prinz Charles und Sohn Harry auf der Ehrentribüne erfaßten. Wenn da nur nicht der nächste Gegner Argentinien wäre! Viermal zuvor gab es dieses Duell schon – immer voller Dramatik und Explosivität.

26. 6. 1998 in Lens
Kolumbien – England 0:2 (0:2)
KOLUMBIEN: Mondragon – Cabrera, Bermudez, Palacios, Moreno – Lozano, Serna (46. Aristizabal), Rincon, Valderrama – de Avila (46. Valencia), Preciado (46. Ricard)
ENGLAND: Seaman – Adams – Neville, Campbell – Anderton (79. Lee), Ince (83. Batty), Beckham, Le Saux – Scholes (74. McManaman) – Owen, Shearer
Tore: 0:1 Anderton (20.), 0:2 Beckham (30.)
Gelbe Karten: Serna, Bermudez / Scholes, Shearer
Schiedsrichter: Arturo Brizio Carter (Mexiko)
Zuschauer: 41 275

Weiße Weste und leere Hände: Während sich die Argentinier den Gruppensieg nach dem Erfolg über Kroatien mit vollen neun Zählern sicherten, blieb den japanischen Fans lediglich die Erinnerung an eine lehrreiche aber punktlose WM-Premiere.

Gruppe H

Argentinien
Japan
Jamaika
Kroatien

Argentinien, schon zweimal Weltmeister auf amerikanischem Terrain, überzeugte bei diesem Europa-Auftritt mit imponierenden Leistungen in den Gruppenspielen: ohne Punktverlust, ohne Gegentor und wie der Gastgeber Frankreich mit Maximalpunktzahl neun. Für Kroatien war die einzige (0:1-)Niederlage gegen die Südamerikaner nur ein Schönheitsfehler. Die beiden übrigen Teams Jamaika und Japan bildeten als absolute Neulinge nur die Staffage.

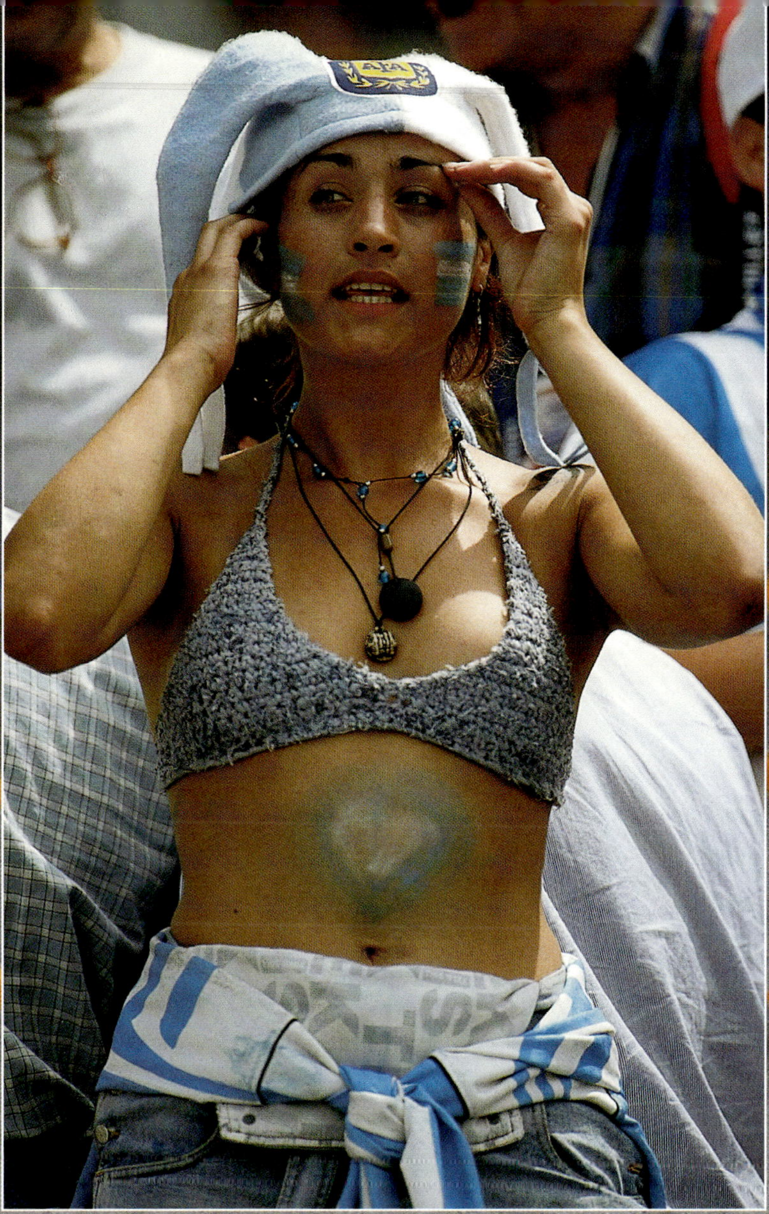

Ballfieber: Heiße Rhythmen, stürmische Gesänge und originelle Outfits kennzeichneten die exotischste aller WM-Gruppen – Erfrischungspausen gönnten sich nur die Jüngsten.

Argentinien – Japan 1:0

Tapferkeit genügt nicht

Ein Japaner mit rostbraunem Haar? Ein nicht alltäglicher Anblick, der allerdings mittels Färbung künstlich fabriziert wird. Hidetoshi Nakata, 21 Jahre jung und die Nummer acht in Japans Nationalteam, kultiviert mit einer solchen, auffälligen Extravaganz sein besonderes Image in der fernöstlichen Heimat. In seinem Klub Bellmare Hiratsuka genießt er die kreischende Verehrung seiner vor allem weiblichen Fans. Mit einem schweren Kopfhörer ausgestattet gab er, auch ungefragt, seine Antworten: »Unglücklich verloren in einem historischen Match, ein Unentschieden war möglich. Chancen, aber kein Tor. Das Resultat hilft uns nicht weiter.«

Sicherlich nicht, denn bei allen individuellen Fähigkeiten und bei aller verblüffender Robustheit im Abwehrverhalten mangelt es doch noch an klaren Strukturen im allzu zerfahrenen, meist unkoordinierten Offensivspiel. Die bei jeder noch so harmlosen Aktion ekstatisch aufjaulenden japanischen Schlachtenbummler offenbarten eine sympathische Begeisterungsfähigkeit, die aber auch Ausdruck der naiven Freude am noch unausgereiften Spiel war. Wertvolle Erfahrungen zu sammeln, entspricht jedoch auch in anderen Lebensbereichen der japanischen Philosophie, und so wird die WM für die Ostasiaten zu einer Art von Entdeckungsreise im Labyrinth des großen Fußballs. Gabriel Batistuta, Argentiniens Stürmerstar und Schütze des entscheidenden Tores, gestand den Asiaten mit dem Großmut des Siegers zu, ein starker Gegner gewesen zu sein. Es schien jedoch trotz der dürftigen Torausbeute, als hätten die Südamerikaner ihren Widersacher nicht so richtig ernstgenommen. Der Druck des ersten Spieles aber hemmte auch das Spiel dieses klaren Favoriten. Mittelfeldspieler Matias Almeyda verabschiedete sich mit dem Versprechen: »Wir können noch viel besser spielen.« Und das sollte auch möglich sein.

14. 6. 1998 in Toulouse
Argentinien – Japan 1:0 (1:0)
ARGENTINIEN: Roa – Vivas, Ayala, Sensini (74. Chamot) – Zanetti, Ortega, Almeyda, Veron, Simeone – Batistuta, Lopez (62. Balbo)
JAPAN: Kawaguchi – Ihara – Akita, Nakanishi, Soma (85. Hirano) – Narahashi, Nanami, Nakata, Yamaguchi – Nakayama (66. Lopes), Jo
Tor: 1:0 Batistuta (28.)
Gelbe Karten: –/Ihara, Nakanishi, Hirano
Schiedsrichter: Mario van der Ende (Holland)
Zuschauer: 36000

Jamaika – Kroatien 1:3

Die kennen wir doch!

»Die Nationalmannschaft ist für mich das Allergrößte. Ich würde jede Position einnehmen, sogar die des Torwarts.« So sprach Mario Stanic, der 26jährige Kroate, der sein gutes Geld beim italienischen Erstligisten AC Parma verdient, vor seinem neunzehnten Länderspiel. Nationaltrainer Miroslav Blazevic sah dies ein wenig anders und stellte Stanic, im offiziellen Aufgebot als Mittelfeldspieler gemeldet, als Stürmer auf. Als hätte Blazevic, mit 63 Jahren ein Trainer-Oldie und mit reichem Erfahrungsschatz versehen, geahnt, was geschehen würde: Stanic erzielte in der 27. Minute das allererste WM-Tor für sein noch junges Land, das allerdings schon Europameisterschafts-Erfahrung mitbrachte. Fast schon vergessen, daß Kroatien vor zwei Jahren am späteren Champion Deutschland im Viertelfinale mit 1:2 gescheitert war und ebendieser Stanic noch für den FC Brügge spielte. Außer Stanic hatten auch Torwart Ladic, Bilic, Stimac, Boban, Asanovic, Suker und der eingewechselte Vlaovic den Sprung von England (EM) nach Frankreich (WM) geschafft.

14. 6. 1998 in Lens
Jamaika – Kroatien 1:3 (1:1)
JAMAIKA: Barrett – Sinclair, Lowe, Goodison – Whitmore, Earle (73. Williams), Cargill (70. Powell), Simpson, Gardener – Hall (82. Boyd), Burton
KROATIEN: Ladic – Soldo – Bilic, Stimac – Simic, Asanovic, Prosinecki, Boban, Jarni (73. Vlaovic) – Suker, Stanic
Tore: 0:1 Stanic (27.), 1:1 Earle (45.), 1:2 Prosinecki (53.), 1:3 Suker (68.)
Gelbe Karten: Burton/Soldo, Simic
Schiedsrichter: Victor Melo Pereira (Portugal)
Zuschauer: 40000

Takeshi Okada (Japan)

Stanic' erstes Tor, Kroatiens erster Auftritt bei einer WM, der erste Sieg zugleich – es paßte alles zusammen. Der in Schwenningen geborene, nach einigen Auslands-Ausflügen nach Zagreb zurückgekehrte Spielmacher Prosinecki – schon bei der WM 1990 noch für Jugoslawien gegen Deutschland beim 1:4 dabei, sowie Torjäger Davor Suker, in Diensten von Real Madrid, ließen Kroatiens Treffer zwei und drei folgen und das herrliche Kopfballtor des Mittelfeldspielers Robert Earle vergessen. Dessen Landsleute aus Jamaika, eine kunterbunte Schar gelb-grün gewandeter Zuschauer, mußten die erhoffte Fiesta bei ihrer WM-Premiere verschieben. Der Begeisterung tat das keinen Abbruch.

Japan – Kroatien 0:1

Das ist sicher nicht das Ende

Anspruch und Wirklichkeit der Kroaten klafften noch weit auseinander. Ein einziges Goal des beim Champions-League-Sieger Real Madrid spielenden Davor Suker

Daniel Passarella (Argentinien)

Miroslav Blazevic (Kroatien)

René Simoes (Jamaika)

bewahrte Kroatien davor, sich bis auf die Knochen zu blamieren. Bis dahin hatten die agilen Asiaten bewiesen, daß sie viel hinzugelernt haben, vielleicht durch den Import erfahrener, noch nicht völlig ausgedienter europäischer Stars wie den gebürtigen Berliner und früheren Kölner Pierre Littbarski, der ja figürlich herrlich ins japanische Schema paßte. Sie wirkten flink wie einst »Litti«, ebenso dribbelstark und geschickt in ihrer Raumaufteilung. Das zweite 0:1, das frühe Ende aller Hoffnungen, stürzte Japan bei seiner ersten WM-Teilnahme nicht in den Abgrund der Hoffnungslosigkeit.

Trainer Takeshi Okada sprach vielen aus dem Herzen: »Das ist sicherlich nicht das Ende, sondern eher ein verheißungsvoller Anfang des japanischen Fußballs. Einen Mann wie Suker haben wir noch nicht. Individuell können sich unsere Spieler mit ihm nicht vergleichen.«

Suker zeigte sich allerdings als einziger Kroaten-Star seiner zugedachten Rolle gewachsen. Robert Prosinecki, zwei Jahre lang gefeierter Star bei Real Madrid und mit 28 eigentlich noch in den besten Jahren, hätte sich ein Beispiel an Japans überragendem Mittelfeldwirbler Hidetoshi Nakata nehmen können, was Lust und Laune am Spiel anbelangte. Aber auch Nakata verließ der Mut, je näher er dem Strafraum kam. Wetten, daß sich dies bald ändert! Von Mario Stanic, in Parma hochgepriesen, sahen die Zuschauer auch nur einen Schatten. Dies hielt Trainer Miroslav Blazevic nicht davon ab, zu prophezeien: »Wir werden bei diesem Turnier noch groß aufspielen.« Hoffnung ist das halbe Leben.

20. 6. 1998 in Nantes

Japan - Kroatien 0:1 (0:0)

JAPAN: Kawaguchi – Ihara – Akita, Nakanishi, Soma – Narahashi (79. Morishima), Nanami (84. Lopes), Nakata, Yamaguchi – Nakayama (61. Okano), Jo
KROATIEN: Ladic – Soldo – Bilic, Stimac (46. Vlaovic) – Simic, Asanovic, Prosinecki (67. Maric), Jurcic, Jarni – Suker, Stanic (88. Tudor)
Tor: 0:1 Suker (77.)
Gelbe Karten: Akita, Nakanishi, Nanami / Prosinecki, Stanic
Schiedsrichter: Ramesh Ramdhan (Trinidad-Tobago)
Zuschauer: 39 500

Argentinien - Jamaika 5:0

Batistutas Weltrekord

Der Tag, an dem sich der Schatten des Diego Maradona über Argentiniens Team verzog. Die Minuten, in denen sich Gabriel Omar Batistuta eindrucksvoll in die aufregende Geschichte der Weltmeisterschaften einschrieb. Der antrittsstarke Torjäger des AC Florenz bescherte der Fußball-Welt den schnellsten WM-Hattrick aller Zeiten: In nur zehn Minuten gelangen dem langhaarigen Stürmer-Star drei Tore nacheinander, allerdings zu einem Zeitpunkt, als mit 2:0 alles schon für jenes Team gelaufen war, das von allen lateinamerikanischen Mannschaften die größten Anleihen beim europäischen Fußball genommen hat.

Seinen Spitznamen hat Batistuta schon lange weg. »Batigol« – eine landestypische Mixtur aus dem langgezogenen »Gol« der leidenschaftlichen Reporter und seinem Namen. Schon 1991 Fußballer des Jahres in Südamerika, schon 1994 bei der WM dreifacher Torschütze am haargenau gleichen 21. Juni beim 4:0 gegen Griechenland.
Dabei hätte die Torquote Batistutas noch eindrucksvoller ausfallen können. In der allerersten Minute boten sich ihm gleich zwei Gelegenheiten. Aufgeschoben nur, aber nicht aufge-

21. 6. 1998 in Paris

Argentinien - Jamaika 5:0 (1:0)

ARGENTINIEN: Roa – Sensini (25. Vivas), Ayala, Chamot – Zanetti, Almeyda, Simeone (80. Pineda), Veron – Ortega – Batistuta, Lopez (75. Gallardo)
JAMAIKA: Barrett – Sinclair, Malcolm (62. Boyd), Goodison – Powell, Dawes, Simpson, Whitmore (73. Earle), Gardener – Hall, Burton (46. Cargill)
Tore: 1:0 Ortega (32.), 2:0 Ortega (55.), 3:0 Batistuta (73.), 4:0 Batistuta (79.), 5:0 Batistuta (83., Elfmeter)
Gelbe Karten: Chamot / Cargill
Gelb-Rote Karte: – / Powell (45.)
Schiedsrichter: Rune Pedersen (Norwegen)
Zuschauer: 49 000

JFA
4

hoben. Der längst gutsituierte Stürmerstar erhielt 45000 Mark für sein Kunststück von einem FIFA-Sponsor, die er an ein Kinderdorf in seiner Heimat überwies. Erinnerungen wurden wach an Mario Kempes, den Torschützenkönig der WM 1978, der mit zwei Finaltreffern Argentiniens ersten Triumph vollendete.

Gegner Jamaika war eigentlich nur noch ein Spielball, durch den frühen Platzverweis von Powell zusätzlich geschwächt. Die meisten Neulinge dieser WM waren am Ende doch nur Lückenbüßer.

Japan – Jamaika 1:2

Ganz schnell vergessen

Die einen vergaßen ihre Traditionen, die anderen schwelgten in Ausgelassenheit. Japans Kicker schlichen auf leisen Sohlen, mit hängenden Köpfen verzichteten sie sogar auf die obligatorische Verbeugung vor ihrer großen und zudem weitgereisten Fangemeinde auf den Rängen des Stade Gerland in Lyon. Es hätte wohl auch niemanden mehr interessiert. Zur gleichen Zeit tanzten die Reggae Boys zu Bob Marleys »Buffalo Soldier«, als hätten sie soeben einen Supercoup gelandet.
Für Japan ein Rückschlag in ganz anderer Hinsicht. Was die Söhne Nippons hier fußballerisch boten, war keine Werbekampagne für die WM im zweiten Jahr des nächsten Jahrtausends, die gemeinsam von Japan und Südkorea ausgerichtet wird.

Masami Ihara muntert seine Mitspieler auf: Der erst 21jährige Libero und Kapitän der japanischen Elf konnte im letzten Gruppenspiel Jamaikas ersten WM-Sieg jedoch nicht verhindern.

26. 6. 1998 in Lyon
Japan – Jamaika 1:2 (0:1)
JAPAN: Kawaguchi – Iraha - Akita, Omura (59. Hirano) – Narahashi, Yamaguchi, Nakata, Nanami (79. Ono), Soma – Jo (59. Lopes), Nakayama
JAMAIKA: Lawrence – Sinclair, Dawes, Goodison, Malc olm – Whitmore, Simpson (90. Earle), Gardener – Hall (71. Boyd), Lowe, Gayle (80. Burton)
Tore: 0:1 Whitmore (40.), 0:2 Whitmore (54.), 1:2 Nakayama (75.)
Gelbe Karten: Yamaguchi / Malcolm, Dawes
Schiedsrichter: Günter Benkö (Österreich)
Zuschauer: 44 000

Jamaikas noch namenlose Stars sahen sich schon in grellerem Rampenlicht. »Ob mich wohl schon einer entdeckt hat?« fragte Theodore Whitmore von einem Klub, den anderswo keiner kennt und von dem auch kaum einer weiß, wo er beheimatet ist. Seba United heißt er. Whitmores Tor-Doppel gegen Japan macht ihn zumindest interessanter, als er bislang war. Amerika und seine Soccer-League liegen für Whitmore dabei erheblich näher als das noch anspruchsvollere Europa.
Torhüter Aaron Lawrence, ein Keeper mit unglaublichen Reflexen, ging mit der Gewißheit vom Platz, daß dieser Sieg einen riesigen Motivationsschub auslösen wird. Und dann wird man andernorts nicht nur den Rum aus Jamaika preisen.

Argentinien – Kroatien 1:0

Der Trainer weiß es besser

Die Haare noch immer blondiert, mit einem Gummiband zu einem Pferdeschwanz gebunden, im Ohr den glitzernden, goldenen Ring, eine ebenso auffällige Tätowierung auf der rechten Hand und ein schmachtender Loverblick, der manche Frau schwach machen könnte. Claudio Caniggia blieb, wie er war, ist aber nicht mehr der berühmte Torjäger, der einst neben Weltstar Maradona stürmte, ohne jedoch einmal in einem Weltmeisterteam seines Landes gestanden zu haben. 1990 im Endspiel gegen Deutschland war er außerdem wegen der zuvor erhaltenen zweiten Gelben Karte gesperrt.
Einige Zeit lang wegen Kokain-Dopings gesperrt wie auch Maradona, tauchte er in Frankreich wieder auf, als Co-Kommentator fürs heimische Fernsehen. Warum auch nicht – diesen Positionswechsel gibt es anderswo auch.

Caniggia meinte, ein klassearmes Spiel erlebt zu haben. Das mag Trainer Daniel Passarella anders gesehen haben. Der Coach galt zwar nie als Goalgetter wie einst Caniggia, jedoch als ungewöhnlich begabter Libero. Mit ihm als Kapitän wurde Argentinien 1978 Weltmeister und schied 1982 nach Niederlagen gegen Brasilien und den späteren Weltmeister Italien aus. Sein Trainer-Lehrmeister: Cesar Luis Menotti. Der Mann mit den scharfen Gesichtszügen vermittelte ihm analytische Fähigkeiten, taktisches Verständnis und den nötigen Weitblick eines Fußball-Strategen.

Passarella gab seinem Team neben beachtlichen Qualitäten in der Offensive vor allem die Abwehrstärke zurück: In allen drei Gruppenspielen kein Gegentor, im Sturm hingegen ein Batistuta, der gegen Kroatien allerdings weniger tat als zuvor, ein Ariel Ortega, der die bedeutungsschwere Nummer zehn wie einst Maradona trägt, und im Mittelfeld ein torhungriger Mann wie Hector Pineda, der nach einem Musterpaß von Ortega das entscheidende Tor gegen Kroatien markierte.
Argentinien, von südamerikanischer Exzentrik meist entfernt, hatte dem europäischen Gegner für dieses Spiel die Grenzen aufgezeigt.

26. 6. 1998 in Bordeaux
Argentinien – Kroatien 1:0 (1:0)
ARGENTINIEN: Roa – Vivas, Ayala, Paz – Zanetti (68. Simeone), Almeyda, Pineda – Gallardo, (81. Berti), Veron – Ortega (53. Lopez), Batistuta
KROATIEN: Ladic – Bilic, Soldo, Simic – Maric (46. Vlaovic), Prosinecki (68. Stimac), Boban, Asanovic, Jarni – Stanic, Suker
Tor: 1:0 Pineda (36.)
Gelbe Karten: Ortega, Vivas / Soldo, Bilic, Boban, Jarni
Schiedsrichter: Said Belqola (Marokko)
Zuschauer: 36 500

Rainer Holzschuh: »Schaulaufen der etablierten Fußball-Nationen«

Was in den 48 Spielen dieser Vorrunde abgewickelt wurde, war ein Schaulaufen für die etablierten Fußball-Nationen und ein – meist vergebliches – Anstürmen der Außenseiter. Nicht mehr und nicht weniger. Mit einer großen Ausnahme, dem Scheitern der Spanier, und wenigen kleinen wie das Ausscheiden der Kameruner und der Belgier.

Gruppenspiele, erstmals mit 32 Nationen, sind eine Verbeugung vor den gestiegenen Forderungen der Kontinentalverbände, vielzählig berücksichtigt zu werden. Wer das Gerangel um die Wahl des neuen FIFA-Präsidenten zwei Tage vor dem Eröffnungsspiel mitbekommen hat, darf sich keinen Illusionen hingeben, das Endturnier würde dauerhaft bei 32 Teams verharren. Denn alle Länder träumen davon, am Worldcup teilzunehmen, ihr Drängen auf Ausweitung wird unweigerlich zunehmen. Und sie werden durchkommen. Denn die Zahl der FIFA-Mitglieder wächst ständig: Jede Nation – und sei sie noch so klein – bedeutet eine Stimme, und jede Stimme auf der Habenseite mehr Einfluß. Die großen Verbände, ob in Deutschland, Italien, England oder Spanien, besitzen vielleicht mehr Power in der Öffentlichkeit; wenn es um Abstimmungen geht, zählen die 14000 Einwohner des Mitgliedstaates »Isles of Turks and Caios« genausoviel wie die 250 Millionen Amerikaner oder 80 Millionen Deutsche. Eine Situationsbeschreibung, die einer Farce gleicht, aber eher noch ausgeweitet als zurückgedreht werden kann. Doch bekanntlich unterliegt nicht nur die FIFA solchen Irrläufern, auch in der UEFA gibt es Mitglieder aus Zwerggebilden wie Andorra oder San Marino, die nicht einmal politische Selbständigkeit vorweisen können. Die Premiere für die Ausweitung ist also nicht das Ende der Fahnenstange, wie lange dies auch noch dauern mag.

Mit 32 Teilnehmern stellte sich die WM bereits als Mammut-Veranstaltung dar, die nur noch von absoluten Experten zu verfolgen und einzuordnen war. Mit Südafrika, Japan, Jamaika und Kroatien nahmen gleich vier Neulinge erstmals an einer Endrunde teil, Iran und Tunesien waren zum zweiten Mal dabei. Dennoch müssen auch die Gegner der zahlenmäßigen Ausweitung anerkennen, daß keine Mannschaft chancenlos blieb, daß zumindest in der Spielanlage nach vorne viele Länder aufgeholt und dem Turnier damit eine interessante Note verliehen haben. Wer die Japaner hat wirbeln sehen mit ihren Direktkombinationen über die Flügel, wer über das flinke Kurzpaßspiel der Marokkaner, Koreaner oder Südafrikaner staunte, kann sich ausmalen, was diese Mannschaften bei größerer internationaler Erfahrung erreichen werden. Was ihnen fehlt, ist die nervliche Stabilität in kritischen Situationen, sowohl im Abschluß vor dem gegnerischen Tor als auch im Deckungsverhalten. Dies lernt man in den starken Ligen Europas oder Südamerikas, und so wird es nicht lange dauern, bis sich auch diese Länder den führenden Nationen annähern. So wie bereits Nigeria, dessen Spieler fast ausschließlich in Europas Spitzenklubs unter Vertrag stehen und damit an schwerste Aufgaben gewöhnt sind.

Keine Mannschaft hat über die 270 Minuten hinweg durchgehend überzeugt. Sie alle fanden schwer in ihren Rhythmus, nahmen vielleicht den einen oder anderen Gegner auf die leichte Schulter. Wie Brasilien die Norweger oder Holland die Mexikaner.

Dennoch gab es, fällt man ein Gesamt-Fazit, mehr gute als schlechte Spiele. Das Tempo war höher als bei

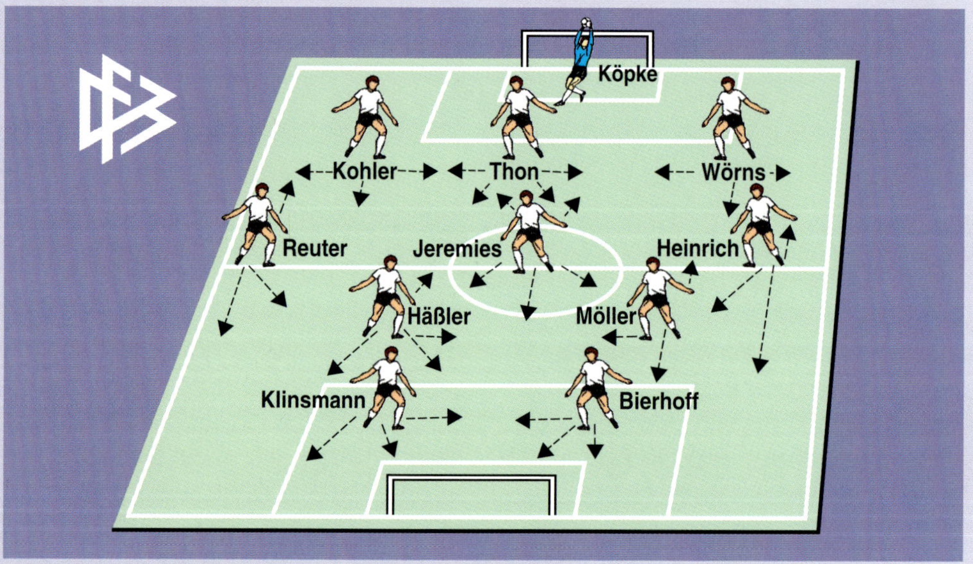

Gegen die USA spielte Vogts mit seiner offensivsten Variante: Waren die Deutschen in Ballbesitz, rückte der Libero (Olaf Thon) als zusätzliche Anspielstation ins Mittelfeld vor, um das Spiel zu forcieren. Vorstöße und Flanken von außen durch Heinrich und Reuter sollten für Strafraumszenen der Sturmspitzen Klinsmann und Bierhoff sorgen. Aber weder die Außenpositionen noch die »Kreativ-Abteilung«, die Vogts nur zum Auftakt mit Möller und Häßler doppelt besetzte, konnten während des Turniers überzeugen.

den vergangenen Turnieren. Vielleicht, weil wegen der klareren Qualifizierung für das Achtelfinale (früher kamen vier Gruppendritte weiter) viel weniger sture Defensive gespielt wurde; vielleicht aber auch, weil in Frankreich ein milderes Wetter herrschte als in allen »Hitze-Schlachten« seit 1982. Taktisch gab es wenig Revolutionäres. Der Libero hinter der Abwehr ist völlig out. Ob mit Dreier- oder Vierer-, teils Fünfer-Kette, es wird in der Regel auf einer Höhe gespielt. Auch oder gerade bei den ausgeschiedenen Mannschaften. Neue, interessante Namen aus diesen Teams gibt es kaum, zumindest zeigten sie wie der Marokkaner Hadji oder der Iraner Mahdavikia keine Konstanz. Und die aufblühenden Stars wie der Chilene Salas, der Italiener Vieri, der Franzose Henry oder der erst 18jährige englische Wirbelwind Owen sind den Fachleuten längst bekannt.

Ja, und unsere Deutschen! Es war ziemlich ernüchternd, was Bertis Buben in mehr als 200 der gespielten 270 Minuten zeigten. Fast ängstlich, völlig mutlos, noch mehr ideenlos und ohne den Willen zum Tempo-Fußball quälten sie sich durch die Vorrunde. Die personellen Varianten, die Vogts probierte – Thon, Matthäus, Jeremies, Hamann, Ziege, Tarnat, Möller, Häßler in stetigem Wechsel –, haben uns zwar überraschend noch vor die Jugoslawen auf den ersten Platz gehievt. Doch spielerisch gab es keine Mannschaft, die weniger gezeigt hätte. Aber man weiß um die Effektivität deutscher Fußballer, die in der Vergangenheit selten glänzten und sich dennoch durchsetzten. Warum sollte Frankreich da eine Ausnahme bleiben? Äußerst bedrückend während der Vorrunde war das folgenschwere Auftreten deutscher und englischer Hooligans, die für Bilder des Schreckens sorgten und vielen die Freude am Worldcup verdarben. Um so herrlicher die Szenen ausgelassener, fröhlicher und friedlich miteinander tanzender Fußballfans, die auf den Rängen und in den Straßen der Städte ein Bild von Völker-Freundschaften verbreiteten.

FIFA-Präsident Josef Blatter (rechts) und UEFA-Präsident Lennart Johannsen

Die WM in Zahlen

In Frankreich war vieles anders als bei der WM vor vier Jahren. Erstmals traten 32 Mannschaften in der Vorrunde an – das erhöhte die Zahl der Ausscheidungsgruppen von sechs auf acht. Im Gegensatz zur WM 1994 in den USA waren 1998 keine Rechenkunststücke erforderlich, um die Achtelfinal-Teil-nehmer zu ermitteln. Die jeweils ersten beiden jeder Gruppe waren automatisch qualifiziert. Punktgleichheit zwischen den beiden Erstplazierten ergab sich nur in Gruppe F. Da gab die bessere Tordifferenz den Ausschlag für Deutschland, das zwar gegen den die gleiche Punktzahl aufweisenden Rivalen Jugoslawien nur 2:2 gespielt hatte, gegen die beiden anderen Gegner aber mit 2:0 das jeweils um einen Treffer bessere Ergebnis herausgeholt hatte. Als die einzigen zwei Mannschaften blieben Frankreich und Argentinien (sogar ohne Gegentor) ohne Punktverlust.

Gruppe A

Brasilien – Schottland		2:1
Marokko – Norwegen		2:2
Schottland – Norwegen		1:1
Brasilien – Marokko		3:0
Schottland – Marokko		0:3
Brasilien – Norwegen		1:2
1. Brasilien	**6:3**	**6**
2. Norwegen	**5:4**	**5**
3. Marokko	**5:5**	**4**
4. Schottland	**2:6**	**1**

Gruppe B

Italien – Chile		2:2
Kamerun – Österreich		1:1
Chile – Österreich		1:1
Italien – Kamerun		3:0
Italien – Österreich		2:1
Chile – Kamerun		1:1
1. Italien	**7:3**	**7**
2. Chile	**4:4**	**3**
3. Österreich	**3:4**	**2**
4. Kamerun	**2:5**	**2**

Gruppe C

Saudi-Arabien – Dänemark		0:1
Frankreich – Südafrika		3:0
Südafrika – Dänemark		1:1
Frankreich – Saudi-Arabien		4:0
Frankreich – Dänemark		2:1
Südafrika – Saudi-Arabien		2:2
1. Frankreich	**9:1**	**9**
2. Dänemark	**3:3**	**4**
3. Südafrika	**3:6**	**2**
4. Saudi-Arabien	**2:7**	**1**

Gruppe D

Paraguay – Bulgarien		0:0
Spanien – Nigeria		2:3
Nigeria – Bulgarien		1:0
Spanien – Paraguay		0:0
Spanien – Bulgarien		6:1
Nigeria – Paraguay		1:3
1. Nigeria	**5:5**	**6**
2. Paraguay	**3:1**	**5**
3. Spanien	**8:4**	**4**
4. Bulgarien	**1:7**	**1**

Gruppe E

Südkorea – Mexiko		1:3
Holland – Belgien		0:0
Belgien – Mexiko		2:2
Holland – Südkorea		5:0
Belgien – Südkorea		1:1
Holland – Mexiko		2:2
1. Holland	**7:2**	**5**
2. Mexiko	**7:5**	**5**
3. Belgien	**3:3**	**3**
4. Südkorea	**2:9**	**1**

Gruppe F

Jugoslawien – Iran		1:0
Deutschland – USA		2:0
Deutschland – Jugoslawien		2:2
USA – Iran		1:2
Deutschland – Iran		2:0
USA – Jugoslawien		0:1
1. Deutschland	**6:2**	**7**
2. Jugoslawien	**4:2**	**7**
3. Iran	**2:4**	**3**
4. USA	**1:5**	**0**

Gruppe G

England – Tunesien		2:0
Rumänien – Kolumbien		1:0
Kolumbien – Tunesien		1:0
Rumänien – England		2:1
Rumänien – Tunesien		1:1
Kolumbien – England		0:2
1. Rumänien	**4:2**	**7**
2. England	**5:2**	**6**
3. Kolumbien	**1:3**	**3**
4. Tunesien	**1:4**	**1**

Gruppe H

Argentinien – Japan		1:0
Jamaika – Kroatien		1:3
Japan – Kroatien		0:1
Argentinien – Jamaika		5:0
Japan – Jamaika		1:2
Argentinien – Kroatien		1:0
1. Argentinien	**7:0**	**9**
2. Kroatien	**4:2**	**6**
3. Jamaika	**3:9**	**3**
4. Japan	**1:3**	**0**

Im Südamerika-Duell zwischen Chile und Brasilien behielt der Titelverteidiger mit 4:1 die Oberhand.
Der in Japans Profiliga spielende Cesar Sampaio, der erst auf Drängen des ebenfalls in Japan aktiven Dunga von Trainer Mario Zagallo in den Mannschaftskader berufen wurde, bedankte sich mit zwei Toren bei seinem Kapitän.

Achtelfinale

Italien – Norwegen
Brasilien – Chile
Frankreich – Paraguay
Nigeria – Dänemark
Deutschland – Mexiko
Holland – Jugoslawien
Rumänien – Kroatien
Argentinien – England

England nach dramatischem Verlauf von Argentinien besiegt, Nigerias Ballkünstler von den wieder dynamischen Dänen entzaubert, Deutschland glanzloser Sieger über Mexiko, Holland mühevoller Bezwinger Jugoslawiens: Schlaglichter des Achtelfinales, das mit Italien, Brasilien, Deutschland und Argentinien allein vier bisherige Weltmeister erfolgreich überstanden haben. Erstmals bei einer WM unter den letzten acht: Kroatien und Dänemark.

Auch die gefürchteten Freistöße eines Youri Djorkaeff fanden gegen Paraguay nicht den Weg ins Gehäuse von José Luis Chilavert. Erst sechs Minuten vor Abpfiff der Verlängerung, als sich alle schon auf ein Elfmeter-Roulette eingestellt hatten, erlöste Laurent Blanc die 40 000 französischen Fans.

Ost-Block. Da half auch die beste Tönung nichts: Im Achtelfinale war die Weltmeisterschaft für die blondgefärbten Rumänen beendet. Ein Elfmeter-Tor des Kroaten Davor Suker nach einer zweifelhaften Entscheidung des argentinischen Referees Javier Alberto Castrilli blieb der einzige Treffer in einem schwachen Spiel.

COUPE DU MONDE FIFA
FRANCE 98
adidas

Körperkontakt: In dieser Szene zwischen dem Kroaten Aljosa Asanovic und dem rumänischen Keeper Bogdan Stelea läßt er sich zweifelsfrei nachweisen. Beim Duell mit dem Verteidiger Gabriel Popescu, das später zum entscheidenden Elfmeter führte, wußte allerdings niemand so recht, was Asanovic so heftig von den Beinen gerissen hatte.

Gebundenes Kapital? Die deutsche Bank: Bereits nach einer guten halben Stunde mußte Berti Vogts sein Konzept gegen Mexiko ändern. Der Wahl-Mailänder Christian Ziege nahm nach Rücksprache mit dem Bundestrainer den Platz von Thomas Helmer ein, der einen schmerzhaften Schlag auf die Wade abbekommen hatte.

adidas
13
6
15

Italien – Norwegen 1:0

Rekdal und die stille Qual

Einsam, verlassen, vergessen lagen zwei gelbe Schuhe auf dem grünen Rasen. Der Mann, der damit vier Spiele lang gescheite Pässe geschlagen, manchen gegnerischen Angriff grätschend unterbunden und den entscheidenden Elfmeter gegen Brasilien verwandelt hatte, hockte in seinem weiß-roten Trikot wie ein Häufchen Unglück daneben. Kjetil Rekdal, vor einem Jahr in die Bundesliga zurückgekehrt, sah die vor Freude heftig flatternden azurblauen Fahnen der italienischen Fans nicht. Mit sich selbst und der ganzen Welt unzufrieden, verärgert über das eigene Versagen, befiel den Neu-Berliner ein Gefühl der inneren Leere und bemitleidenswerter Hilflosigkeit. Wenn man nur 0:1 verliert, fragt man sich meist: Wo verdammt lag denn der entscheidende Fehler?

»Es war mehr für uns drin in diesem wichtigen Spiel. Unseren Aktionen fehlte die gewohnte Aggressivität im und am Strafraum der Italiener«, erklärte der längst zum Chef-Strategen im zentralen Mittelfeld aufgestiegene Norweger. Vielleicht aber war es auch die fast unerträgliche Hitze im Glutofen des Stade Vélodrome in Marseille.

Temperaturen, wie sie die Italiener ja eher gewohnt sind als die Männer aus dem kühleren Norden. Doch Rekdal blieb dabei: »Wir haben zu wenige Chancen herausgespielt.«

Dabei hatten die Defensivkünstler aus dem sonnigen Süden Europas ihrem Gegner durchaus mehr Freiraum gewährt, als man es von ihnen gewohnt ist. Ein mutigerer Widerpart, als es an diesem Tag Norwegen einer war, hätte daraus wahrscheinlich mehr Kapital geschlagen. Dazu Rekdal: »So viel Platz hatten wir nicht erwartet, aber wir sind aus dem Mittelfeld zu langsam nachgerückt.«

Trainer Olsen, für den dieses Spiel den Abschied von der WM und den freiwilligen Abgang als Trainer bedeutete, hätte sich mehr Flanken und hohe Bälle in den gegnerischen Strafraum gewünscht. Ob dies wirklich etwas gebracht hätte, bleibt fraglich.

Olsen, der in seinem roten T-Shirt mit der Nummer 24 und in seiner mächtigen blauen Fußballerhose nicht aussah wie einer, der das Sagen hat, gab dennoch Einleuchtendes von sich: »Die Italiener waren doch in der letzten Phase stehend k.o., wir haben versäumt, sie auszuknocken.« Sein italienischer Kollege Cesare Maldini hatte alles anders gesehen. Das ist im Fußball so unüblich nicht. »Wir hatten unseren Gegner voll im Griff und viele Chancen, klarer zu gewinnen.«

Der 34jährige Giuseppe Bergomi, mit seinen 17 Jahren Erfahrung als Profi ein ewigjunger Oldie, gefiel sich sogar in dreisten Worten: »Norwegen wollte doch gar nicht Fußball spielen, wahrscheinlich konnten es die Spieler auch gar nicht besser.«

Die Wahrheit lag, wie so oft, in der Mitte. Italien ließ in bewährter Manier den Gegner anrennen und oft ins Leere laufen, wartete auf die Gelegenheit zu kontern. Zudem flößte der Ein-Mann-Angriff mit Tore Andre Flo den Italienern nicht gerade Angst und Schrecken ein. Hätte auf der anderen Seite der offensichtlich noch gehemmt wirkende Alessandro del Piero nicht drei Konterchancen verschenkt, es hätte kein Zittern mehr gegeben.

Das einzige Tor durch Vieri beendete eine Serie von 17 Spielen Norwegens ohne Niederlage seit November 1996. Ein allerdings folgenschwerer »Fall«. Ältere Fußballkundige mögen sich daran erinnert haben, daß vor genau 60 Jahren im gleichen Stadion das gleiche WM-Duell stattfand. Italien gewann damals bei diesem Turnier, das im Verhältnis zur heutigen Zeit bestenfalls eine Mini-WM war, in der Verlängerung, ebenfalls im Achtelfinale mit 2:1. Es ist eben alles schon einmal dagewesen.

27. 6. 1998 in Marseille

Italien – Norwegen 1:0 (1:0)

ITALIEN: Pagliuca – Bergomi, Costacurta, Cannavaro – Moriero (63. Di Livio), Albertini (72. Pessotto), Di Biagio, Dino Baggio, Maldini – Vieri, Del Piero (77. Chiesa)
NORWEGEN: Grodas – Berg, Eggen, Johnsen, Björnebye – Havard Flo (72. Solskjaer), Leonhardsen (13. Strand, 38. Solbakken), Rekdal, Mykland – Riseth – Tore Andre Flo
Tor: 1:0 Vieri (18.)
Gelbe Karten: Moriero, Di Biagio, Maldini / Havard Flo, Mykland, Rekdal
Schiedsrichter: Bernd Heynemann (Magdeburg)
Zuschauer: 40 000

Brasilien – Chile 4:1

In Mailand gibt's ein Wiedersehen

Hier in Frankreich geht der Fußball oft eigene, merkwürdige Wege. Begegnungen der speziellen Art. Da spielen bei Inter Mailand, wo immer schon Weltstars verschiedener Kontinente gemeinsam ihre Lire-Millionen verdienten, zwei Stürmerstars miteinander, die sich in Paris an einem verregneten Sommerabend als direkte Rivalen gegenüberstehen müssen, weil es die Ansetzung zuvor und der WM-Verlauf danach so will. Beide aus Südamerika als Legionäre herbeigeholt.

Der eine, schon lange vor diesen Weltspielen als Superstar eingestuft, Ronaldo aus Rio. Der andere, bei seinen ersten Auftritten sofort ins internationale Rampenlicht gerückt, Ivan Zamorano aus Santiago, wegen seiner wuchtigen und kompromißlosen Spielweise mit dem Spitznamen »Bam-Bam« versehen.

Für ihr Heimatland zu spielen und wenn möglich zu siegen, ist eine Art von leidenschaftlichem Nationalstolz. Ronaldo allerdings ist um ein knappes Jahrzehnt jünger und erst am Anfang, Zamorano fast am Ende der Karriere. Aber jeder von ihnen ist jederzeit in der Lage, ein Spiel allein zu entscheiden.

27. 6. 1998 in Paris

Brasilien – Chile 4:1 (3:0)

BRASILIEN: Taffarel – Cafu, Junior Baiano, Aldair (77. Goncalves), Roberto Carlos – Cesar Sampaio, Dunga, Leonardo, Rivaldo – Bebeto (65. Denilson), Ronaldo
CHILE: Tapia – Fuentes – Reyes, Margas – Cornejo, Acuna (80. Musrri), Miguel Ramirez (46. Estay), Aros – Sierra (46. Vega) – Zamorano, Salas
Tore: 1:0 Cesar Sampaio (11.), 2:0 Cesar Sampaio (27.), 3:0 Ronaldo (45., Elfmeter), 3:1 Salas (68.), 4:1 Ronaldo (70.)
Gelbe Karten: Leonardo, Cafu / Fuentes, Tapia
Schiedsrichter: Marc Batta (Frankreich)
Zuschauer: 48 712

Darin lag der prickelnde Reiz. Wer nun verlor, war endgültig verloren. Das galt für Ronaldo und Zamorano ebenso wie für Brasilien und Chile. Ronaldo gewann das persönliche Duell und Brasilien das Spiel. Zwei Tore Ronaldos zum 3:0 und 4:1 setzten die Schlußpunkte eines nicht einmal besonders glanzvollen Sieges, den ein ganz anderer eingeleitet hatte: Cesar Sampaio, der dort seine Wahlheimat fand, wo der große Fußball, wie dieses Turnier bewies, noch ein Fremdwort ist – in Yokohama im fernöstlichen Japan.
Ausgerechnet so einer sorgte vorzeitig für die entscheidenden Momente. Nach knapp einer halben Stunde wa-

ren Sampaio zwei Treffer gelungen. Von Haus aus zudem ein Abwehrspieler – und solche vergißt man weitaus schneller, wenn sie fern von der Heimat ihrem Job nachgehen. Kunde von Toren machte hier nicht die Runde.

Sampaio verdankt es Brasiliens Kapitän Dunga, der einmal beim VfB Stuttgart ein Gastspiel gegeben hatte und heute gleichfalls in Japan seine Karriere ausklingen läßt. Seiner Beobachtung und seinem Rat schenkt Trainer Zagallo noch heute Gehör. Vorgänger Carlos Alberto Parreira, in Frankreich Tage zuvor als Saudi-Arabien-Coach gefeuert, hatte dagegen Sampaio aus dem Ensemble verbannt.
Es war das Glück für den Trainer und das Glück für den Mann, den Zagallo in diesem südamerikanischen Duell auf europäischem Terrain als »komplettesten Spieler auf dem Platz« apostrophierte. Sampaio bewies, daß man nicht verlernt, was man einmal gelernt hat.
Es war noch nicht der mitreißende Spielrausch, den Brasilien bot, die Zauberformel seines Spiels hielt es noch geheim. Der Sieg aber stand nicht einmal in Frage, als Salas das einzige Tor für Chile gelang. Ohne die drei gesperrten Spieler Parraguez, Rojas und Villaroel waren die

Das italienischste aller Ergebnisse: Christian Vieris fünftes WM-Tor blieb das einzige in der Achtelfinal-Partie gegen Norwegen. Torwart Frode Grodas verfehlte den Ball nur knapp.

Aussichten trotz allen Kampfeswillens gegen den in entscheidenden Belangen besseren Gegner von vornherein auf ein Minimum gesunken.
Auch Brasilien denkt schon europäisch. Spielereien, mögen sie noch so schön anzusehen sein, besitzen nur Zweitrangigkeit. Tore entscheiden, Siege zählen – gerade in einem Achtelfinale mit möglicher Verlängerung. Genau auf diese Art und Weise präsentierte sich das Team, in dem auch nach diesem Spiel die meisten den späteren Weltmeister sahen.

Frankreich – Paraguay 1:0

Das erste Golden Goal der WM

Gestern noch war ich strikt dagegen, habe den Begriff und die scheinbare Sinnlosigkeit des Golden Goal noch verteufelt.« Der Mann heißt Laurent Blanc, spielt gemeinsam mit dem deutschen Nationalkeeper Andy Köpke bei Olympique Marseille, steht dort in der Abwehr in der zentralen Position genau wie auch in der französischen Nationalmannschaft. Mit seinen 32 Jahren erlebt er zudem sein letztes WM-Turnier. Der plötzliche Golden Boy des Trikolore-Teams, der seine Meinung wenig später ungewollt und sogar mit ehrlicher Überzeugung änderte: »Seit diesem Augenblick bin ich so richtig goldig verliebt in ebendiesen Treffer.« Blanc hatte allen Grund dazu: Ihm war etwas gelungen, das 1996 in London durch den Italien-Legionär Oliver Bierhoff erstmalig in die Geschichte des Fußballs eingeschrieben wurde: Das goldene Tor im Europameisterschafts-Endspiel gegen Tschechien. Laurent Blanc sorgte für das erste Golden Goal einer Weltmeisterschaft. Für Frankreich der Sieg – aber auch ein Sieg des Golden Goal? Da gehen die Meinungen nach wie vor weit auseinander.

Golden Goal: Frankreichs Abwehrchef Laurent Blanc trifft gegen Paraguay

Manche verteufeln es, weil sie den anderen Begriff für die gleiche Situation bereits aus dem Eishockey kennen. Dort nennt man diese Art der Entscheidung »Sudden death«, plötzlicher Tod. So pietätlos dieser Vergleich auch erscheinen mag, ein wenig hat er schon damit zu tun. Ein Mißverständnis, ein Versehen oder eben auch ein effektvolles Tor, wie vor zwei Jahren Bierhoff und nun eben Blanc – das Spiel ist aus. So wie es Frankreichs Philosoph Jean-Paul Sartre als Titel eines seiner meistgelesenen Werke nahm.

Die Situation im Detail: Einbahnstraßen-Fußball in Richtung Chilaverts Gehäuse. Nicht besonders einfallsreich und schon gar nicht so prickelnd, wie man es sich von den Franzosen erhofft hatte bei all den klangvollen Namen und dem Ruf, der ihnen vorausgeeilt war. Was immer aber die Spieler in ihren blauen Trikots auch anstellten, der Weg zum gegnerischen Tor war geschickt zugestellt. Außerdem stand da ja auch ein Mann wie Chilavert zwischen den Pfosten.

0:0 nach eineinhalb Stunden und die erste Verlängerung dieses Turniers waren die fast logischen Folgen. Nur noch sechs Minuten reguläre Spielzeit, das gefürchtete Elfmeterschießen rückte näher. Da passierte es doch noch.

28. 6. 1998 in Lens

Frankreich – Paraguay 1:0 (0:0, 0:0) n.V.

FRANKREICH: Barthez – Thuram, Blanc, Desailly, Lizarazu – Deschamps, Petit (70. Boghossian) – Henry (65. Pires), Djorkaeff, Diomède (75. Guivarc'h) – Trezeguet
PARAGUAY: Chilavert – Arce, Gamarra, Ayala, Sarabia – Paredes (75. Caniza), Acuna, Enciso, Benitez – Campos (56. Yegros), Cardozo (91. Rojas)
Tor: 1:0 Blanc (114.)
Gelbe Karten: – / Rojas, Arce, Chilavert, Benitez, Enciso
Schiedsrichter: Ali Mohamed Bujsaim (VAE)
Zuschauer: 41 275

Den langen Blanc hielt es nicht mehr in seiner Deckungsformation. Mit mächtigen Schritten und geballter Energie taucht er im gegnerischen Strafraum auf, der ja nicht sein Revier war. Als hätte er einen Wachtraum gehabt. David Trezeguet, an dem das Spiel bis dahin ebenso vorbeigelaufen war wie an vielen seiner Teamgefährten, verlängerte eine fast harmlos erscheinende Flanke geschickt mit dem Kopf zu dem wie auf Beute lauernden Blanc und der wuchtete den Ball aus kurzer Distanz ins Netz. Chilavert hätte es in dieser Situation auch nichts genutzt, wenn er größer gewesen wäre. Blancs Schuß gehörte zu den unhaltbaren.

»Wir haben gewußt, wie schwer es Paraguay uns machen würde«, meinte Trainer Aimé Jacquet, sichtlich erleichtert, aber auch ziemlich mitgenommen, nachdem alles vorbei und gutgegangen war.

Auch er hatte erkennen müssen, daß Frankreichs Spiel ohne Zidane wie ein Wolf ohne Zähne ist. Weder Djorkaeff, wie Ronaldo bei Inter Mailand spielend, noch Kapitän Didier Deschamps, bei Juventus Turin Nebenmann des fehlenden Zidane, noch Dauermarschierer Emmanuel Petit fanden Wege und Möglichkeiten, Paraguays stabile und zugleich auch geschickte Abwehr auszuhebeln. Stürmer-As Christophe Dugarry war wegen eines Muskelfaserrisses nur unfreiwilliger Zuschauer.

Paraguays aus Brasilien stammender Coach Paulo Cesar Carpeggiani zeigte sich dennoch mit seinem Team zufrieden, das auch bei seiner fünften WM-Teilnahme bei insgesamt nur zwei Gegentoren die nächste Runde verpaßte. »Zum Schluß hatten wir Blei in den Füßen und haben zu viele unnötige Fehler fabriziert. Vielleicht hätte uns ein Elfmeterschießen gerettet.«

Gerettet indes war Frankreich vor der Gefahr, das Viertelfinale nicht mehr zu erleben. So herrschte auf den Straßen nach dem Spiel Jubel und Freude statt Jammer und Frust. Die gute Stimmung verstummte auch nicht, als man wußte, daß es nun gegen Italien gehen würde.

Nigeria – Dänemark 1:4

Ein Möller namens Peter

Jeder Tag ist anders, jedes Spiel verläuft anders. Was gestern galt, ist heute überholt. Wo sonst läge der unvergleichliche Reiz dieses Massenspektakels. Sepp Herberger, »Vater« der deutschen Weltmeister-Elf von 1954, in einem seiner legendären Zitate: »Das Schöne am Fußball ist, daß man nie weiß, wie es ausgeht.«

Diese Weltmeisterschaft verlief so, als wollte sie diese Worte bestätigen. Dänemark schien zufrieden, überhaupt so weit gekommen zu sein. Allein die Tatsache, daß außer Frankreich die Gruppengegner noch schwächer auftraten als die Dänen, hatte zur Achtelfinalteilnahme ge-

28. 6. 1998 in Paris-St. Denis

Nigeria – Dänemark 1:4 (0:2)

NIGERIA: Rufai – Adepoju, Okechukwu, West, Babayaro – Oliseh – George, Okocha, Lawal (73. Babangida) – Kanu (65. Yekini), Ikpeba
DÄNEMARK: Schmeichel – Colding, Rieper, Högh, Jörgensen – Helveg, Nielsen, Heintze – Michael Laudrup (84. Frandsen), Brian Laudrup (78. Wieghorst) – Möller (59. Sand)
Tore: 0:1 Möller (3.), 0:2 Brian Laudrup (12.), 0:3 Sand (59.), 0:4 Helveg (76.), 1:4 Babangida (77.)
Gelbe Karten: Okocha / Rieper
Schiedsrichter: Urs Meier (Schweiz)
Zuschauer: 80 000

führt. Spärliche drei Tore in drei Spielen gaben nicht unbedingt ein Gütezeugnis für diese kleine, aber feine Fußball-Nation ab, die 1992 nur zur Europameisterschafts-Endrunde gekommen war, weil Jugoslawien als Gruppenerster vor Dänemark wegen der schon damals bestehenden politischen Verwicklungen kurz vor Beginn der Finalspiele von der UEFA ausgeschlossen worden war. Die »Nordlichter« wurden kurzfristig nachnominiert, praktisch aus ihren Urlaubsträumen gerissen, traten ohne intensive Vorbereitung in die Arena und verließen sie sensationell nach einem 2:0 im Endspiel gegen Deutschland als Sieger.
Auf Schallplatte besangen die Dänen damals ihre offensive Spielweise, vielsagend »Danish Dynamite« genannt, mit der sie gegnerische Abwehrreihen zu sprengen vermochten. In Frankreich ging alles viel ruhiger zu. Die Gelassenheit war geblieben.

Wie anders hingegen die Nigerianer. Sie sahen die Dänen, dachten aber schon an Brasilien als nächsten Gegner im vorweggenommenen Traumfinale. Daß sie auch 1994 schon im Achtelfinale gescheitert waren, ließ Trainer Milutinovic nicht gelten. »Wir haben mehr Spielerpersönlichkeiten und vor allem mehr Erfahrung als vor vier Jahren«, machte er sich und seinen Mannen Mut. Oder war es gar Übermut?
Die Dänen interessierte es nicht, welch große Töne auf der anderen Seite gespuckt wurden. Michael Schjönberg vom Deutschen Meister 1. FC Kaiserslautern war sich sicher: »Die Abwehr Nigerias ist durchaus verwundbar.« Wie recht er behalten sollte! Sein Pech allerdings, daß er einem Stürmer weichen mußte.
Trainer Bo Johansson schien zudem zu wissen, wie das Erfolgsrezept aussehen sollte. »Wir müssen den Luftraum beherrschen.« Damit spielte er auf die auffällige Schwäche des 34jährigen Nigeria-Keepers Peter Rufai an. Dies war dann auch der Grund für den ersten Einsatz des 1,94-m-Hünen Peter Möller.

Eine neue Art von Wahrsagerei. Ausgerechnet dieser Peter Möller erzielte nach nur drei Minuten das Nigeria schockierende 1:0. Brian Laudrup, vor Jahren bei Bayern München in Lohn und Brot, fügte neun Minuten später das 2:0 hinzu. Das dänische »Dynamit« zündete wieder. Und es ging noch weiter so, denn die Nigerianer fanden trotz einiger sehenswerter Aktionen Jay-Jay Okochas nie richtig zu ihrem Spiel. Ebbe Sand von Bröndby Kopenhagen, für den Schnellschützen Peter Möller nach einer knappen Stunde aufs Feld gekommen, machte seinem Coach gleich ein spezielles Geschenk. Mit seiner überhaupt erst zweiten Ballberührung nach nur 21 Sekunden konsternierte er die Afrikaner mit dem 3:0. Was immer Nigeria versuchte, es blieb Stückwerk, gemessen an den afrikanischen Ansprüchen. Thomas Helvegs 4:0 war Form- und Babangidas 4:1 nur noch Nebensache. Das offene Geheimnis der Dänen: Sie nahmen, wie fast immer, alles nicht so todernst, ihre Freude übertrugen sie aufs Spiel (-feld). Solche Teams und Typen beleben die oft so emotionslose Atmosphäre.

Dänen-Power: Huckepack trug Michael Schjönberg Martin Jörgensen, der zusammen mit Jens Högh (rechts) Nigerias hochgehandelte Offensiv-Kräfte beim 4:1-Sieg jederzeit unter Kontrolle hatte.

Deutschland – Mexiko 2:1

Wer fragt schon nach dem »Wie«?

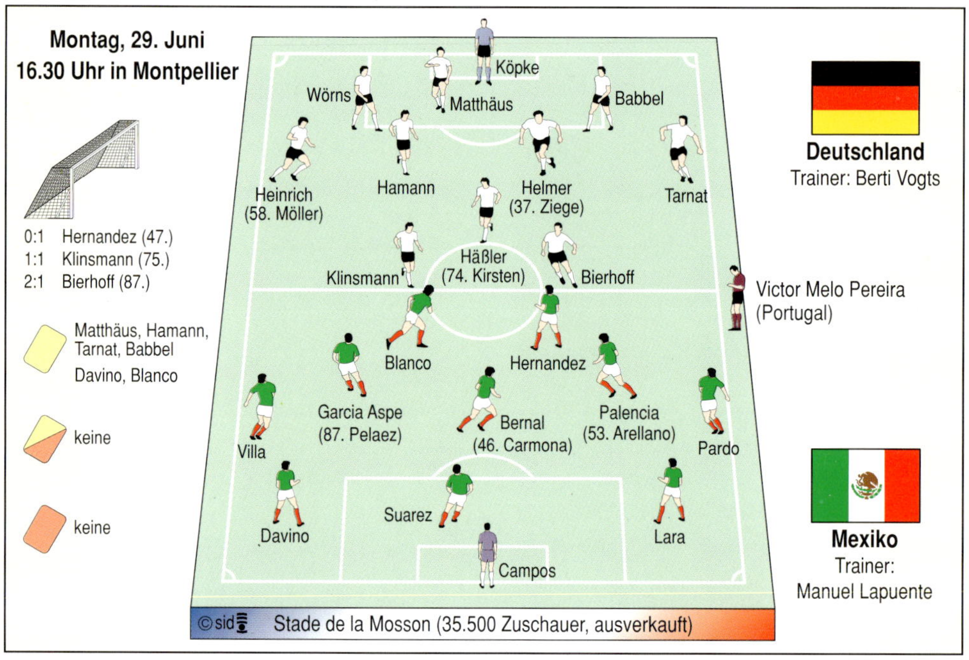

Es blieb alles, wie es war. Ein wichtiges Spiel gewonnen, aber noch keine mitreißende Vorstellung gegeben. Die Frage nach dem »Wie«, ebenfalls eine uralte Erfahrung, war schon Stunden später vergessen. Deutschland zum 13. Mal seit 1934 im Viertelfinale, das schob alles Zweifelnde, vielleicht Enttäuschende zunächst in den Hintergrund. Optisch eindrucksvoller spielende Mannschaften wären mit einem solchen Husarenstück hochzufrieden.
Den Deutschen bleibt es vorbehalten, in jedem Fall nach dem Haar in der Suppe zu suchen. Ein solches zu finden, erschien auch nach diesem Match nicht besonders schwer. Die so gern benutzte Floskel vom deutschen Handwerker-Fußball bekam wieder Hochkonjunktur. Es blieb aber, wie so oft, ein hoffnungsvoller Rückblick in die erfolgreiche Vergangenheit. Selten hatte eine deutsche Auswahl in den ersten Phasen eines Turniers dieser Art und Dauer Glanzlichter entzündet. Der längste Atem spielte meist eine weit bedeutendere Rolle. So schnell aber wurde eine deutsche Elf höchst selten atemlos.

Es geht nie darum, ob man einen Erfolg auch verdient hat. Wäre es so, das Feld der letzten acht hätte ein anderes Gesicht bekommen. Wenn dennoch Kritisches, Mahnendes aufkommen mußte, dann im Sinne einer deutschen Mannschaft, in deren Unterbewußtsein wohl auch die bittere Erkenntnis mitspielte, bei Partien dieser Bedeutung in Frankreich nicht gerade von Begeisterung und Erfolg begleitet gewesen zu sein: 1938 bei der WM in der ersten Runde eliminiert, 1984 bei der Europameisterschaft im Viertelfinale ausgeschieden, gegen Mexiko 1998 schon mit einem Bein aus dem Wettbewerb.
Bis zur 75. Minute lag das deutsche Team, bieder und ideenlos, mit 0:1 zurück. Mexikos blonder Torjäger Luis Hernandez hatte seine Schußpflicht schon zuvor erfüllt. Dann aber schlug erneut die Viertelstunde des

Computer-Analyse ... Computer-Analyse ... Computer-Analyse ... Computer-Analyse ...

Name	Zweikämpfe bestritten	Zweikämpfe gewonnen	Zweikämpfe verloren	Differenz	Kopfballduelle gewonnen	Kopfballduelle verloren	Fouls gefoult worden	Fouls foul gespielt	Pässe ü. mehr als 25 m zum Mitspieler	Pässe ü. mehr als 25 m zum Gegner	Kurzpässe Fehlpaß u. 25 m	Flanken	Torschüsse
Olaf Thon	12	8	4	+ 4	2	1	0	0	3	5	5	0	1
Christian Wörns	20	11	9	+ 2	3	2	2	0	0	1	1	1	0
Jürgen Kohler	18	14	4	+10	4	1	4	1	2	0	0	1	0
Stefan Reuter bis 69. Min.	12	7	5	+ 2	2	2	0	0	4	1	1	3	0
Jörg Heinrich	23	12	11	+ 1	8	3	2	3	7	2	3	5	0
Jens Jeremies	35	21	14	+ 7	1	0	0	5	5	2	1	2	1
Thomas Häßler bis 50. Min.	10	3	7	– 4	0	2	1	1	1	1	2	2	1
Andreas Möller bis 90. Min.	8	4	4	0	2	0	1	0	4	2	3	0	2
Jürgen Klinsmann	14	6	8	– 2	1	6	3	1	1	0	1	0	3
Oliver Bierhoff	35	21	14	+ 7	14	4	2	6	0	0	4	1	3
Dietmar Hamann ab 50. Min.	11	4	7	– 3	1	1	0	2	0	1	0	1	1
Christian Ziege ab 69. Min.	4	2	2	0	1	0	0	1	3	0	1	0	0
Markus Babbel ab 90. Min.	0	0	0	0	0	0	0	0	0	1	0	0	0
Gesamt	202	113	89	+24	39	22	15	20	30	16	22	16	12

deutschen Sturm-Duos Jürgen Klinsmann und Oliver Bierhoff. Der eine staubte ab, weil er mit mächtigem Eifer Räume und Chancen suchte – einem Klinsmann wird man kaum vorwerfen können, nicht genügend gerannt und bemüht gewesen zu sein.

Der andere fabrizierte sein Tor so, wie es ihm schon so viele Male in wichtigen Szenen gelungen war. Oliver Bierhoff beherrscht die schwierige Kunst, im richtigen Augenblick punktgenau emporzusteigen. 2:1. Ende gut, alles (scheinbar wieder) gut.
Die Kritik entzündete sich zum wiederholten Male an einem ideen- und konzeptlosen Mittelfeld. Günter Netzer, zu seiner besten Zeit zweifellos ein Mittelfeld-Magnet besonderer Güte, in Frankreich als höchstkompetenter Fernseh-Kommentator tätig, legte den Finger auf die offene Wunde des deutschen Spieles auch gegen Mexiko.
»Andreas Möller sieht man nicht, wenn es schwer wird. Er müßte längst ein Weltklassemann sein, aber er war, ist und bleibt ein Schönwetterspieler. Berti Vogts ist für sein langes Vertrauen, das er Möller schenkte, nie belohnt worden.«

Hamann, der gegen den Iran nicht zur Anfangsformation gehörte, brachte mit seinem Schwung neue Dynamik in das beinahe schon erstarrte Spiel. Ein Musterbeispiel dafür, was Wille und Einsatz bewirken können. Andy Köpke hielt wieder wie Andy Köpke an seinen besten Tagen. Er verhinderte mit drei tollen Paraden das drohende 0:2. Kleine Fehler sollte man jedem Torwart nachsehen.
Ulf Kirsten, Bundesliga-Torschützenkönig, lieferte den Beweis für besonderen Teamgeist. Von Natur aus selbst einer, der darauf lauert, Chancen zu bekommen, übernahm er uneigennützig die Rolle des Vorlagengebers. Seine hervorragend getimte Flanke gab Bierhoff die Möglichkeit

Deutschlands Sturm-Duo hat es wieder einmal gerichtet: Oliver Bierhoff und Jürgen Klinsmann brachten ihr Team nach dem 0:1-Rückstand gegen Mexiko erneut auf die Gewinnerstraße.

Stimmen zum Spiel

Bundestrainer **Berti Vogts**
»Die mit Abstand beste Leistung meiner Mannschaft. Wir können und wir wollen uns noch steigern, denn wir wollen noch längst nicht nach Hause. Allerdings waren wir zu ruhig, besonders im Abwehrblock. Wäre jedoch Köpke, der heute weltklasse gehalten hat, nicht gewesen, wir wären ausgeschieden.«

Goalgetter **Oliver Bierhoff**
»Ich hätte schon in der ersten Halbzeit unbedingt ein Tor machen müssen. Fast glaube ich, daß mir einfache Bälle zu schwierig sind, die schwierigen dagegen einfach.«

Lothar Matthäus
»Andere Mannschaften, die scheinbar schöner spielten, sind draußen, wir bleiben. Vergesse man nicht, daß Mexiko zuvor kein Spiel verloren hatte.«

zum Siegtreffer. Babbel, kurzfristig für den indisponierten Kohler als Manndecker eingesetzt, ließ diesen nicht vermissen, aber auch nicht vergessen.
Wieviel sich im vierten Spiel schon an der Mannschaftsstruktur geändert hatte, zeigt folgendes: Gegen die USA beim 2:0 hatte kein einziger Bayern-Spieler in der Anfangsformation gestanden, gegen Mexiko hingegen mit Matthäus, Babbel, Hamann, Helmer und Tarnat schon fünf.

Holland – Jugoslawien 2:1

Davids der Große

Welch ein seltenes Bild der Fahnen: zweimal blau-weiß-rot bei der Aufstellung der holländischen und der jugoslawischen Mannschaft vor Spielbeginn. Dieser »Vorspann« ist ohnehin meist eine eindrucksvolle Zeremonie, die besonders die Zuschauer der jeweiligen Länder bewegt, deren Embleme präsentiert und deren Hymnen gespielt werden. Dieses Duell Holland gegen Jugoslawien enthielt wegen des Kosovo-Konflikts auch noch besonderen Zündstoff – aber die politischen Interessen blieben außen vor. Die Holländer hatten ihre Absicht, sich beim Abspielen der jugoslawischen Nationalhymne abzuwenden, wieder fallengelassen. Fußballer sind eben oft doch die besseren Diplomaten.
Ein verdienter, wenngleich auch glücklicher Sieg für die Oranjes, die hier zu erkennen gaben, warum zuvor auch die Deutschen froh gewesen waren, ihnen in dieser WM-Phase nicht begegnen zu müssen.
Ein Sieg, vollendet in jener Sekunde, da die Verlängerung schon ausgemachte Sache schien. Ein Sieg, für einen Mann, der schon 1996 für Aufsehen gesorgt hatte. Bei der EM in England vorzeitig aus der Mannschaft geworfen und nach Holland zurückgeschickt, sorgte Edgar Davids zwei Jahre später dafür, daß sein Team nicht schon nach dem Achtelfinale die Rückreise antreten mußte.
Es geschah in der 92. Minute, zu einem Zeitpunkt, da eigentlich schon die Verlängerung anstand. Ein vorzeitiges Golden Goal sozusagen. Ein unerwartetes zugleich für den Schützen, der sich zuvor danach gesehnt hatte, ausgewechselt zu werden. Trainer Hiddink, oft wie ein gelassener Rennbahn-Zuschauer am Spielfeldrand das Geschehen beobachtend, hatte Davids Signal entweder übersehen oder mißverstanden. Davids blieb im Spiel und Holland nach dessen ungewöhnlich hart und plaziert geschossenem Ball im Wettbewerb.

Und doch wäre es wohl anders gekommen, hätte Predrag Mijatovic, Schütze des alles entscheidenden Tores für Real Madrid im Europapokalfinale gegen Juventus Turin, die nicht wiederkehrende Chance eines Elfmeters genutzt. Zwei Minuten nur nach dem 1:1-Ausgleich von Komlje-

Das Enfant terrible wurde gefeiert: Edgar Davids, vor zwei Jahren noch wegen unflätiger Äußerungen aus der holländischen Nationalmannschaft geflogen, erzielte in der Nachspielzeit das siegbringende Tor im Match gegen Jugoslawien.

19
19

29. 6. 1998 in Toulouse

Holland – Jugoslawien 2:1 (1:0)

HOLLAND: Van der Sar – Reiziger, Stam, Frank de Boer, Numan – Ronald de Boer, Seedorf, Davids, Overmars – Cocu, Bergkamp
JUGOSLAWIEN: Kralj – Mirkovic, Petrovic, Djorovic, Mihajlovic (79. Saveljic) – Jokanovic, Brnovic, Jugovic, Stojkovic (57. Savicevic), Komljenovic – Mijatovic
Tore: 1:0 Bergkamp (38.), 1:1 Komljenovic (49.), 2:1 Davids (90.)
Gelbe Karten: – / Mirkovic, Stojkovic, Djorovic
Besondere Vorkommnisse: Mijatovic schießt Elfmeter an die Latte
Schiedsrichter: J.-M. Garcia Aranda (Spanien)
Zuschauer: 37 000

novic war der Himmel offen für Mijatovic und Jugoslawien. Der sonst so treffsichere Stürmer wuchtete den Ball jedoch an die Latte. Ob sich da irgendeine Wut entladen wollte? Hollands 1:0-Schütze Bergkamp entging nach einem rüden Foul an Mihajlovic dem fälligen Platzverweis. Bei dieser WM wurden identische Spielsituationen oft mit vielerlei Maß gemessen.
Die Holländer, erprobt in brenzligen Situationen, erfahrener zweifellos als ihr Gegner, spielten manchmal bewußt zurückhaltend, sie wußten ja, daß in der nächsten Runde mit Argentinien oder England ein weiterer Titelaspirant auf sie wartete. Was für eine Mannschaft jedoch, die sich in dieser Alles-oder-nichts-Runde noch erlauben konnte, auf einen Klassestürmer wie den nach seiner abgelaufenen Rot-Sperre wieder einsatzbereiten Patrick Kluivert zu verzichten! Manch anderes Team hätte den Stürmer des AC Mailand, wäre so etwas möglich gewesen, sofort und mit Kußhand ausgeliehen.

Rumänien – Kroatien 0:1

Ein Sturz, der zum Fall wurde

Ein Fall, der zu einem besonderen »Fall« in Frankreich wurde. Kein Einzelfall jedoch. Die Kritik des FIFA-Präsidenten Josef Blatter an den WM-Schiedsrichtern, seine scharf betonte Aufforderung, hart durchzugreifen, hatte zwar offene Ohren gefunden, aber auch einen Wirrwarr unter den Referees entfacht. Was für den einen ein Foul war, sah ein anderer als Flüchtigkeit. Wofür der eine auf Strafstoß entschied, das war für den anderen eine Bagatelle. Die so oft gerügten und auch bestraften »Schwalben« genossen überwiegend Flugfreiheit. Einige Male entschieden sie sogar Spiele.

So geschehen in der Weinstadt Bordeaux, wo der bittere Tropfen den Rumänen von den Kroaten ins Glas geschüttet wurde. Allerdings muß der Fairneß halber eingestanden werden, daß es gerade in solchen Situationen auf den Standpunkt ankommt. Die Optik des Referees ist meist eine andere als die der Fernsehzuschauer, die ein und dieselbe Szene sogar in Zeitlupe aus den unterschiedlichsten Blickwinkeln verfolgen können.
So betrachtet, erhielt auch die alles entscheidende Szene des Spieles eine unterschiedliche Bewertung. Für die meisten war der Sturz des Jugoslawen Asanovic ein Selbstfaller, für andere ein Foul des Rumänen Gabriel Popescu.
So oder so. Schiedsrichter Castrilli entschied auf Elfmeter, und in der Schlußminute der ersten Halbzeit fiel das bereits alles entscheidende 1:0. David Suker, beim Champions-League-Gewinner Real Madrid meist nur Edelreservist, mußte zweimal anlaufen und zweimal treffen. Versuch eins hatte der argentinische Referee zurückgepfiffen, weil sich ein kroatischer Mitspieler zu früh in den Strafraum bewegte, beim zweiten Anlauf verlief alles korrekt.
Ein einziges Tor, und das Viertelfinale gegen Deutschland und damit die Neuauflage des Spiels der gleichen Runde gegen den gleichen Gegner wie bei der Europameisterschaft 1996 war erreicht.

30. 6. 1998 in Bordeaux

Rumänien – Kroatien 0:1 (0:1)

RUMÄNIEN: Stelea – Filipescu, Gheorge Popescu, Ciobotariu – Petrescu (76. Marinescu), Gabriel Popescu (61. Niculescu), Hagi (57. Craioveanu), Galca, Munteanu – Moldovan, Ilie
KROATIEN: Ladic – Simic, Stimac, Bilic – Stanic (82. Tudo), Jurcic, Boban, Asanovic, Jarni – Vlaovic (77. Krpan), Suker
Tor: 0:1 Suker (45., Elfmeter)
Gelbe Karten: Gheorge Popescu, Petrescu, Ilie / Boban, Bilic
Schiedsrichter: Javier Alberto Castrilli (Argentinien)
Zuschauer: 30 000

Das Spiel selbst gehörte schnell ins Reich der Vergessenheit. Die wieder mit blonder Haarpracht aufgelaufenen Rumänen entfalteten eintönig und einfallslos ihr Spiel, als wären sie sich dieser K.o.-Runde nicht bewußt gewesen. Kein Widerstand gegen eine kroatische Mannschaft, die auch nicht gerade vor Esprit sprühte. So begeistert die Kroaten nach dem Triumph auch jubelten, die Art ihres Sieges hatte kaum Begeisterung entfacht. Daß der Stuttgarter Soldo wegen seiner zweiten Gelben Karte aussetzen mußte und Prosinecki gar nicht erst aufgestellt worden war, konnte allein kein Grund dafür gewesen sein. Wie es wohl gekommen wäre, hätte Rumänien nur ein bißchen an seine Leistung aus dem England-Spiel angeknüpft, fragten sich aber selbst die Kroaten.

Beobachter Jupp Heynckes, nach dem Triumph mit Real Madrid von seinem Klub gefeuert und für Sukers Reservistenrolle im Verein verantwortlich, hatte dennoch beim entscheidenden Schuß die Daumen für seinen ehemaligen Schützling Suker gedrückt: »Mein Puls schnellte weit über 100 hinaus.«
Gheorge Hagi, völlig untergetauchter Rumänien-Star, ging in seinem 114. Spiel, verletzt an Körper und Seele, vorzeitig vom Feld. Trainer Iordanescu dachte indes schon an seinen neuen Job als Nationalcoach von Griechenland.

Argentinien – England 2:2 n.V., 6:5 n.E.

Eine Hand ist immer im Spiel

Da bekam selbst Alt-Star Mick Jagger, Chef der weltberühmten Rolling Stones, weiche Knie. Als einer von 36 000 Zuschauern im Stadion von St. Etienne erlebte das Pop-Idol das bis dahin dramatischste Spiel der Weltmeisterschaft. Ein Duell, das Erinnerungen weckte und eine neue Legende schuf. Wieder war eine Hand im Spiel wie 1986 in Mexiko-City, als der damalige Wunderstür-

Carlos Roa hält gegen David Batty. England scheitert im Elfmeterschießen.

mer Diego Maradona beim 2:1 gegen die Engländer, im Viertelfinale allerdings, eine Flanke offenkundig für alle, nur nicht für den Schiedsrichter, mit der ausgestreckten Hand ins Tor beförderte. Lammfromm sprach Maradona damals von der helfenden »Hand Gottes«, die ihm dieses wichtige Tor geschenkt hätte. Ob Argentinien ohne diese Handlung Weltmeister geworden wäre, die Frage bleibt für immer unbeantwortet.

In Frankreich sorgte die schnell reagierende Hand des argentinischen Torhüters Carlos Roa, Keeper bei Real Mallorca, für den erneut vorzeitigen K.o. der Engländer. Kurz vor Mitternacht wehrte Roa den letzten und entscheidenden Schuß im notwendig gewordenen Elfmeter-Duell ab. Niemand hätte in dieser Sekunde in der Haut des Fehlschützen David Batty aus Newcastle stecken mögen. Gerade eine gute halbe Stunde auf dem Spielfeld (erst in der Verlängerung für Anderton eingewechselt), fühlte er sich mutig und frisch genug, meldete sich freiwillig bei Trainer Glenn Hoddle. Was der Coach wahrscheinlich nicht wußte und Batty auch nicht preisgegeben hatte: Er war zuvor noch nie als Elfer-Schütze in Erscheinung getreten. Da warf sich einer ins Wasser, der nicht schwimmen konnte. Der unaufhaltsame Untergang.

Eine neue Hand-Legende machte die Runde. Argentiniens Chamot hatte einen Schuß im eigenen Strafraum mit den Fingern berührt, Referee Nielsen sah ungerührt darüber hinweg. Dieser Schiedsrichter, als objektiv und immer auf der Höhe des (Ball-) Geschehens gepriesen, schlingerte mit einer fatalen Unsicherheit im Dschungel umstrittener Entscheidungen umher. Das ließen bereits die ersten zehn Minuten erkennen. Nach 360 Sekunden schon wollte er ein Foul von Torwart Seaman gesehen haben: Strafstoß, Batistuta-Knaller, 1:0. Die Freude des Argentiniers, der das Tor seinem einen Tag alten Sohn Joaquim widmete, hielt allerdings nur kurz. Vier Minuten später wieder ein Sehfehler des Referees. Der für sein jugendliches Alter schon ungewöhnlich pfiffige Michael Owen fiel, ohne von einem Gegner ernsthaft berührt worden zu sein, im Strafraum von den Beinen und Nielsen erneut darauf herein. Modellathlet Shearer schmetterte den Ball ebenso unerreichbar ins Netz wie zuvor Batistuta. Für Torwart Roa bedeutete dies im gleichen Moment noch etwas anderes: Nach 729 Minuten mußte er durch Shearers Treffer (sein 20. Länderspieltor) erstmals wieder ein Gegentor hinnehmen. Es entwickelte sich ein Spiel, das sich zum verbissenen Kampf wandelte, und ein Kampf, in dem auch das Spielerische nicht zu kurz kam. Die Engländer typisch mit ihrem geradlinig-direkten Spiel über die Flügel, die Argentinier mit ihren Kurzpässen, mit denen sie den Gegner einzuwickeln versuchten. Ein Riesenmatch mit einem Tor in Maradona-Manier durch den erst 18jährigen Owen, der sich von der Mittellinie aus um alles herumwand, was sich ihm in den Weg stellte und den Ball geschickt und gefühlvoll ins lange Eck plazierte. Der Gegenschlag ließ bis in die Nachspielzeit der ersten Halbzeit auf sich warten. Ein mit seltener Raffinesse von Genuas Gastimport Veron ausgeführter Freistoßtrick verblüffte England, das nicht gleich erkannte, wie unbehelligt der bei Inter Mailand tätige Zanetti vor Seaman stand. 2:2!

Der endgültige Schock überkam die Briten unmittelbar nach Wiederanpfiff. Kim Nielsen, der Vielgescholtene, wollte in der Reaktion von Mittelfeldregisseur Beckham gegen Simeone eine Tätlichkeit gesehen haben. Nach einem Rempler des Argentiniers stürzte Beckham zu Boden, riß seinen Fuß empor, traf seinen Gegner. Die Rote Karte, eine offensichtliche Überreaktion des Überforderten. Gelb hätte es in einer solchen Situation auch getan.

Diese Aktion reduzierte Englands Team und zerriß die bis dahin hinreißende spielerische Szenerie. Erstaunlich, wie bravourös sich die Briten mit zehn Mann wehrten, ohne sich einzumauern.

Was folgte, schockierte die Engländer zum dritten Mal in Folge: Nach WM-Aus 1990 und EM-Knockout 1996 wieder Endstation nach einem atemberaubenden Elfer-Krimi.

30. 6. 1998 in St. Etienne

Argentinien – England 2:2 (2:2, 2:2) n.V., 6:5 n.E.

ARGENTINIEN: Roa – Chamot, Ayala, Vivas – Zanetti, Almeyda, Simeone (91. Berti) – Ortega, Veron – Batistuta (69. Crespo), Lopez (69. Gallardo)
ENGLAND: Seaman – Adams – Neville, Campbell – Anderton (97. Batty), Beckham, Ince, Scholes (79. Merson), Le Saux (71. Southgate) – Owen, Shearer
Tore: 1:0 Batistuta (6., Elfmeter), 1:1 Shearer (10., Elfmeter), 1:2 Owen (16.), 2:2 Zanetti (45.)
Elfmeterschießen: 1:0 Berti, 1:1 Shearer, Seaman hält gegen Crespo, Roa hält gegen Ince, 2:1 Veron, 2:2 Merson, 3:2 Gallardo, 3:3 Owen, 4:3 Ayala, Roa hält gegen Batty
Gelbe Karten: Vivas, Veron, Simeone, Almeyda, Roa / Seaman, Ince
Rote Karte: – / Beckham (47.)
Schiedsrichter: Kim Nielsen (Dänemark)
Zuschauer: 36 000

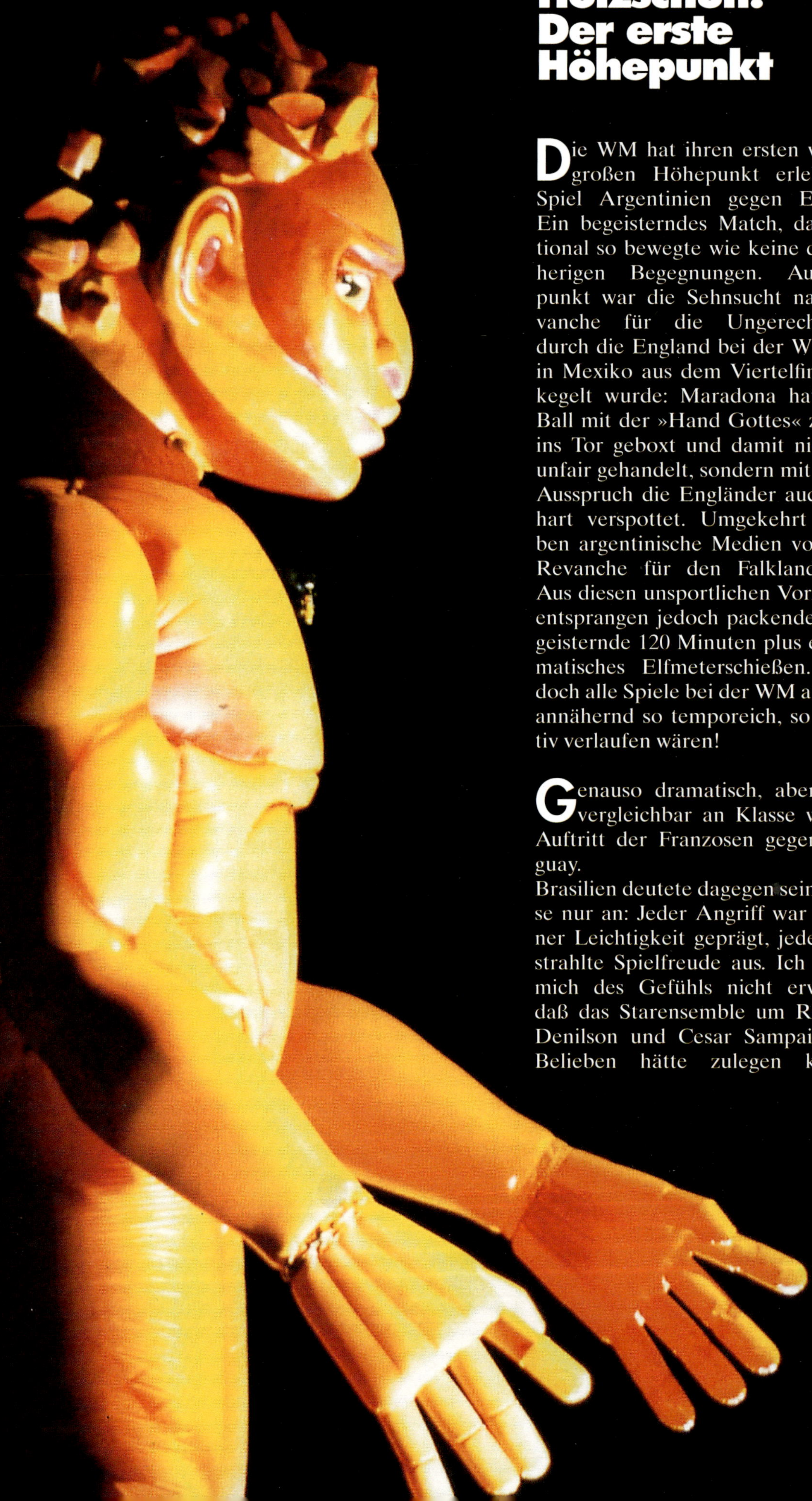

Rainer Holzschuh: Der erste Höhepunkt

Die WM hat ihren ersten wirklich großen Höhepunkt erlebt: das Spiel Argentinien gegen England. Ein begeisterndes Match, das emotional so bewegte wie keine der vorherigen Begegnungen. Ausgangspunkt war die Sehnsucht nach Revanche für die Ungerechtigkeit, durch die England bei der WM 1986 in Mexiko aus dem Viertelfinale gekegelt wurde: Maradona hatte den Ball mit der »Hand Gottes« zum 1:0 ins Tor geboxt und damit nicht nur unfair gehandelt, sondern mit seinem Ausspruch die Engländer auch noch hart verspottet. Umgekehrt schrieben argentinische Medien von einer Revanche für den Falkland-Krieg. Aus diesen unsportlichen Vorzeichen entsprangen jedoch packende, ja begeisternde 120 Minuten plus ein dramatisches Elfmeterschießen. Wenn doch alle Spiele bei der WM auch nur annähernd so temporeich, so attraktiv verlaufen wären!

Genauso dramatisch, aber kaum vergleichbar an Klasse war der Auftritt der Franzosen gegen Paraguay.
Brasilien deutete dagegen seine Klasse nur an: Jeder Angriff war von einer Leichtigkeit geprägt, jede Szene strahlte Spielfreude aus. Ich konnte mich des Gefühls nicht erwehren, daß das Starensemble um Ronaldo, Denilson und Cesar Sampaio nach Belieben hätte zulegen können,

wenn es wirklich einmal gefordert gewesen wäre.

Eine kleine Überraschung gelang Dänemark gegen die Nigerianer, die als letzte afrikanische Mannschaft bereits im Achtelfinale das Feld räumen mußten. Die Afrikaner müssen doch noch einige Unterschiede zu den führenden Teams der Welt eingestehen – ihre Verspieltheit, die viel zu schnell einsetzende Überheblichkeit hatte die Nigerianer schon 1994 den fast sicher scheinenden Einzug in das Viertelfinale gekostet. Da sind noch einige lehrreiche Niederlagen nötig, um ein wahres Weltklasse-Team heranreifen zu lassen.
Ja, der Auftritt der DFB-Auswahl... Wieder einmal weitergekommen und dennoch enttäuscht. Da war kein Pfeffer in der Mannschaft, kein Drang zu außergewöhnlichen Taten, keine Ideen und kein Schwung. Man sah elf Spieler, die nach den ersten vergeblichen Angriffen vordringlich mit ihren eigenen Problemen beschäftigt schienen. Wieder einmal sah sich die Fachwelt bestätigt, daß der Gegner der Deutschen sich selber schlägt aus voller Hochachtung vor unserer Siegesserie. Je ein Tor von Klinsmann oder Bierhoff, und schon flatterten die Nerven. Eine Schwäche der anderen, die als unsere Stärke ausgelegt wurde...

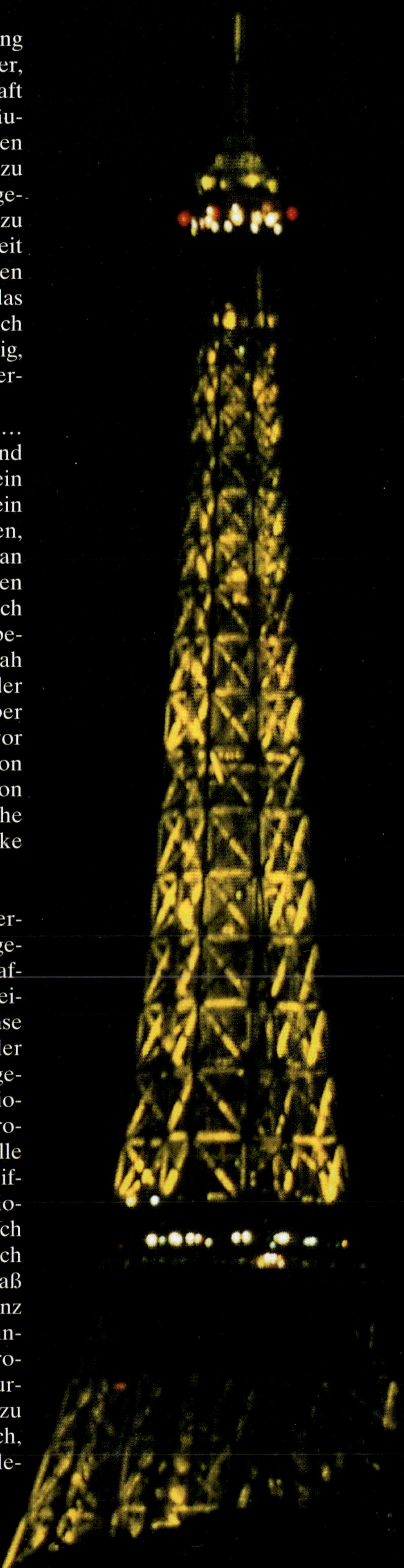

Dennoch sollte niemand unterschätzen, was das Vogts-Team geleistet hat. Die Mannschaft verkraftete erstaunliche Rückschläge, steigerte sich beständig zur Schlußphase hin, zog vor allem schwächere Spieler durch. Ein Beispiel dafür lieferte gerade gegen Mexiko Rekord-Nationalspieler Lothar Matthäus, der problemlos in seine alte Führungsrolle fand. Lange zählte ich zu den Zweiflern, als sein Comeback in die Nationalelf akut wurde – ich gebe ehrlich zu, daß ich mich getäuscht habe. Ich konnte mir schwerlich vorstellen, daß er nach solch langer Abstinenz nochmals die mentale Kraft aufbringen würde, mit allen bekannten Problemen vor Augen ein Mammut-Turnier wie bei der Weltmeisterschaft zu verkraften. Erst recht zweifelte ich, daß etliche seiner Nationalelf-Kollegen ihn trotz vorherrschender Ressentiments reibungslos aufnehmen würden. Ob die vermeintlichen Matthäus-Kontrahenten sich wirklich zusammengerissen oder nur keine Affronts in die Öffentlichkeit gebracht haben, sei dahingestellt. Fazit: Die erneute Zusammenführung solch unterschiedlicher Charaktere wie er und Helmer oder Klinsmann gelang. Und nicht nur dieses: Matthäus lieferte gegen die Mexikaner eine überragende Partie, er sorgte für Ruhe und Ordnung und nahm – mit Ausnahme einer kurzen Phase vor und nach dem 0:1 – im entscheidenden Moment das Heft in die Hand.

Olaf Thon, das muß ich zugeben, tat mir schon ein wenig leid nach seiner wirklich überzeugenden Saison; nichts, aber auch gar nichts ließ vermuten, daß er seinen Stammplatz in der deutschen Elf verlieren würde. Jeder merkte ihm bei seinen wohlgesetzten Worten an, wie enttäuscht er war. Vor allem, weil er bei allen bisherigen Turnieren seiner Karriere kurz vor dem großen Erfolg ausgebremst wurde.

Die WM in Zahlen

Eine kleine Veränderung: 1994 gelangten noch sieben europäische Mannschaften ins Viertelfinale – Italien, Spanien, Holland, Bulgarien, Deutschland, Rumänien und Schweden. Brasilien war die Nummer acht im Bunde.
1998 hingegen standen den beiden Südamerika-Teams Brasilien und Argentinien »nur« noch sechs Europäer gegenüber: Italien, Deutschland, Holland, Frankreich, Kroatien und Dänemark. Nur Deutschland gelang auch 1986 und 1990 nacheinander der Vorstoß unter die letzten acht.

Italien – Norwegen	1:0
Brasilien – Chile	4:1
Frankreich – Paraguay	1:0 n.V.
Nigeria – Dänemark	1:4
Deutschland – Mexiko	2:1
Holland – Jugoslawien	2:1
Rumänien – Kroatien	0:1
Argentinien – England	2:2 n.V.
(nach Elfmeterschießen 6:5)	

lotto
9
8

Oldie but Goldie: Der mit 37 Jahren älteste Feldspieler der WM, Lothar Matthäus, war noch einer der Besten. In dieser Szene konnte der Libero den kroatischen Superstürmer Davor Suker noch in Schach halten – nach dem 0:2 durch Goran Vlaovic (rechts unten) zehn Minuten vor Schluß schwanden bei der dezimierten deutschen Elf jedoch alle Hoffnungen auf ein Weiterkommen.

Viertelfinale

Italien – Frankreich
Brasilien – Dänemark
Holland – Argentinien
Deutschland – Kroatien

Die Runde der letzten acht und zugleich das Aus zweier früherer Weltmeister: Der dreimalige Champion Deutschland verlor wie vor vier Jahren im Viertelfinale. Der ebenfalls dreimalige Titelträger Italien unterlag zum dritten Mal in Folge durch Elfmeterschießen. Wie schon bei der vorangegangen WM stand Brasilien als einziges nicht-europäisches Land unter den letzten vier.

MATTHÄUS
8

Christian Wörns konnte es nicht fassen: Nach der Attacke gegen Davor Suker zeigte der norwegische Unparteiische Rune Pedersen, lautstark sekundiert vom Kroaten Aljosa Asanovic, dem deutschen Manndecker die Rote Karte. Die Abwehr um Lothar Matthäus mußte für die restlichen 50 Minuten mit einem Mann weniger auskommen.

Slaven Bilic und Robert Jarni beglückwünschten Davor Suker zum 3:0. Die Kroaten brachten der unterzähligen deutschen Nationalmannschaft die höchste Niederlage in einem WM-Spiel seit 1958 (3:6 gegen Frankreich) bei und qualifizierten sich für das Halbfinale gegen Gastgeber Frankreich.

20
20
18

Aus der Traum vom vierten WM-Titel: Ausgepumpt und mit hängenden Köpfen verließen Jürgen Klinsmann und Oliver Bierhoff nach dem K.o. gegen Kroatien den Rasen. In einem WM-Endrundenspiel war eine deutsche Nationalmannschaft zuletzt vor zwölf Jahren in Mexiko beim 0:2 gegen Dänemark torlos vom Platz gegangen.

Italien – Frankreich
0:0 n.V., 3:4 n.E.

Gestern Baggio, heute Di Biagio

Langsam wie in Zeitlupe sank Luigi di Biagio in die Knie. Dann schlug der 27jährige Spieler des AS Rom die Hände vors Gesicht, ließ sich wie ein Maikäfer auf den Rücken fallen. Sekundenlang blieb er regungslos liegen. Der Grund dieser Tatenlosigkeit: Di Biagio hatte den entscheidenden Elfmeter des Spiels an die Querlatte gefeuert. »Ich habe danach

3. 7. 1998 in Paris-St. Denis

Italien – Frankreich 0:0 n.V, 3:4 n.E.

ITALIEN: Pagliuca – Bergomi – Costacurta, Cannavaro, Maldini – Moriero, Dino Baggio (53. Albertini), Di Biagio, Pessotto (90. Di Livio) – Vieri, Del Piero (67. Roberto Baggio)
FRANKREICH: Barthez – Thuram, Desailly, Blanc, Lizarazu – Deschamps, Petit – Karembeu (65. Henry), Zidane, Djorkaeff – Guivarc'h (65. Trezeguet)
Elfmeterschießen: 0:1 Zidane, 1:1 Roberto Baggio, Pagliuca hält gegen Lizarazu, Barthez hält gegen Albertini, 1:2 Trezeguet, 2:2 Costacurta, 2:3 Henry, 3:3 Vieri, 3:4 Blanc, Di Biagio schießt an die Latte
Gelbe Karten: Del Piero, Bergomi, Costacurta / Guivarc'h, Deschamps
Schiedsrichter: Hugh Dallas (Schottland)
Zuschauer: 80 000

absolut nichts mehr wahrgenommen«, meinte er fast noch benommen. Ironie des Schicksals: Seinem Landsmann mit ähnlich klingendem Namen war das gleiche Mißgeschick vor fast genau vier Jahren im New Yorker WM-Finale gegen Brasilien passiert. Damals wie heute war die Kugel des Fußball-Roulettes (ein solches ist ja das Elfmeterschießen in gewisser Hinsicht) auf Zero (Null) gerollt. Der Mann, dessen Fehlschuß 1994 ein Stück Fußballgeschichte bedeutete, erlebte diesen dramatischen Augenblick ein paar Meter entfernt. Roberto Baggio hatte das Schreckgespenst Elfmeter schon im Spiel gegen Chile mit seinem Strafstoß-Treffer zum 2:2 verscheucht.

»Alles hat einmal ein Ende, auch die allerschönsten Dinge«, hatte Trainer Maldini schon vor dem Match orakelt. Manchmal liegt etwas in der Luft, und mancher verspürt davon einen Hauch. Wie eben Maldini, dem in seiner eigenen Karriere nichts fremd blieb. Wenn Italien bislang ein Viertelfinale erreichte, dann kam es auch noch weiter. Maldini mußte wohl etwas geahnt haben, vor allem, als nach 120 torlosen Minuten zum Elfmeter-Duell angepfiffen wurde. Die Erinnerung an das WM-Finale 1994 und an das Halbfinale 1990 mußte die Angst vor dem Elfmeter, wie in einem früheren Bestseller einmal dargestellt, offenbar verbreitet haben.
Die Furcht des einen, die Freude des anderen. Als der wichtigste Ball dieses Viertelfinalspiels von der Latte zurücksprang, rannte Frankreichs Keeper Fabien Barthez wie von einem Tiger verfolgt auf seine Teamkollegen zu und ließ sich vor lauter Begeisterung von ihnen die spiegelblanke Glatze küssen.

Platt wie eine Pizza lag der Pechvogel des Elfmeter-Roulettes, Luigi di Biagio, inmitten des riesigen Stade de France, während sich der französische Keeper Fabien Barthez und Thierry Henry in die Arme fielen. Di Biagio hatte nur die Latte getroffen, Italien ist nach 1990 (im Halbfinale gegen Argentinien) und 1994 (im Finale gegen Brasilien) wieder einmal im Elfmeterschießen gescheitert, und Frankreich erreichte zum vierten Mal ein WM-Halbfinale.

Kapitän Deschamps nannte das Kind beim richtigen Namen: »Ich war eigentlich schon am Ende«, gab er freimütig zu. »Der vergebene Elfmeter wirkte, als wäre man plötzlich von Fesseln befreit.«

Die zwei Stunden zuvor waren wie ein Film abgelaufen, den man schon häufig gesehen hatte. Italiens Abwehrkette erinnerte an den berüchtigten Catenaccio, den sie vor vielen Jahren so perfekt installierten. Frankreich, wegen der normalerweise gleichen Spielkleidung statt mit blauen Hemden ganz in Weiß spielend (das Publikum rief dennoch immer wieder »Les Bleus«), zeigte die besseren Spielzüge, doch in Strafraumnähe stand das Signal meist auf Rot. Allerdings bekam der zwei Spiele lang wegen seiner Gelbsperre pausierende Zidane das Spiel nicht so in den Griff, wie es auch Trainer Jacquet erhofft hatte. Der Gefährlichkeit bewußt, die von dem bei Juventus Turin spielenden Zidane ausgeht, hatte Kontra-Coach Maldini mit der Maßnahme vorgebeugt, ihm eine Klette ans Trikot zu kleben, seinen eigenen Klubkameraden Pessotto. Eine Maßnahme, die häufigen Leerlauf im französischen Angriffsspiel hervorrief. Diese Harmlosigkeit veranlaßte Trainer Jacquet zu einem riskanten Manöver: Er rief das blutjunge Erfolgs-Sturmduo des AS Monaco, Trezeguet und Henry, aufs Feld. Beide sind noch keine 21 Jahre jung! Mehr Druck, aber nicht mehr Effektivität. Noch ein Riesenschreck kurz vor dem Ende, Luigi di Biagio verfehlte freistehend mit seinem Kopfball das Tor. Mancher könnte später darin schon ein Omen gesehen haben.

Vom Elfer-Duell war noch festzuhalten, daß der Wahl-Münchner Bixente Lizarazu schon beim Anlauf erkennen ließ, daß sein Schuß kein Tor bringen würde. Sein Glück, daß Glatzkopf Barthez den unmittelbar darauffolgenden Elfmeter von Albertini reaktionsschnell meisterte. So eng liegen eben Glück und Pech manches Mal beieinander.

Nur kurze Zeit später träumte ganz Paris einmal nicht von der Liebe, sondern schon ein bißchen vom Finale. Auf den Champs-Elysées wandelte sich die Nacht zum Tag. Menschen über Menschen, Autos über Autos, allerorts Jubel und Trubel – ein erster Probelauf für die kommende Weltmeisterfeier.

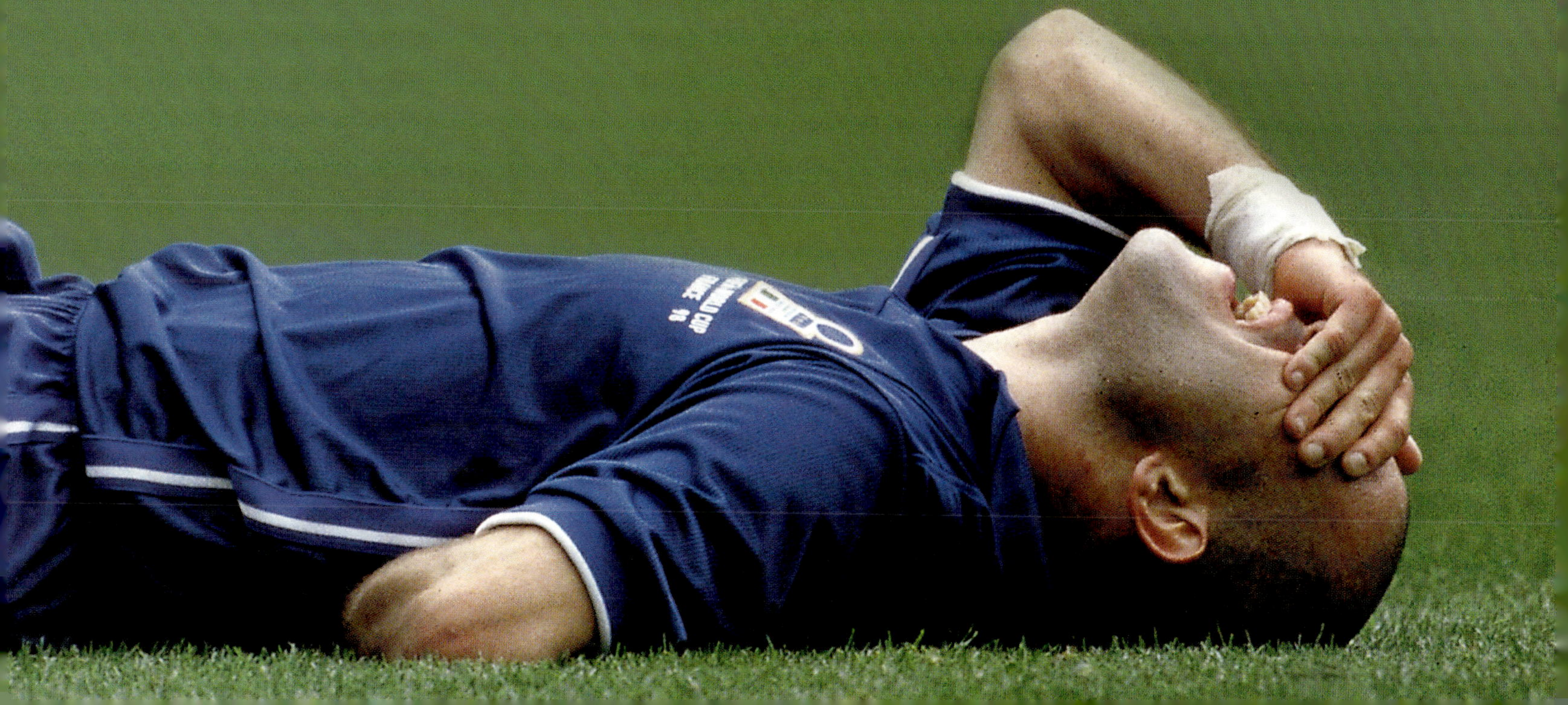

Brasilien – Dänemark 3:2

Rivaldo fast wie Ronaldo

Endlich eine klare Kontur jener Mannschaft, die als großer Favorit in dieses Mammut-Turnier gestartet war. Endlich ein Hauch der Klasse, die offenkundig in diesem Team der disziplinierten Ballkünstler steckt und bisher weitestgehend versteckt blieb. Noch aber kämpft Brasilien gegen jene merkwürdige Serie an, die nur die Zauberer vom Zuckerhut mit ihrem damaligen Team absoluter Weltklasse durchbrochen hatten: Allein 1958 war es einem nicht-europäischen Team gelungen, die goldene WM-Trophäe auf dem alten Kontinent zu erobern, ebenjener brasilianischen Mannschaft um den großen Pelé, der als Kommentator fürs heimische Fernsehen immer noch Fehlerquellen im Spiel und System seiner Nachfolger entdeckt haben wollte. Es gab ja zudem eine direkte Verbindung Pelés mit dem heutigen Trainer Zagallo. Beide spielten gemeinsam in jener Gala-Truppe vor genau 40 Jahren. Zagallo war damals schon 30 Jahre alt, Pelé noch nicht einmal 18.

Das Team von heute wirkt robuster und körperlich stabiler als seine berühmten Vorgänger, an denen, wie allgemein üblich, fast alle ihre Nachkommen gemessen werden. Das Brasilien von 1998 durfte es sich sogar erlauben, einen Stürmerstar wie Romario, einen Weltmeister von 1994,

3. 7. 1998 in Nantes

Brasilien – Dänemark 3:2 (2:1)

BRASILIEN: Taffarel – Cafu, Junior Baiano, Aldair, Roberto Carlos – Cesar Sampaio, Dunga, Leonardo (72. Emerson), Rivaldo (88. Zé Roberto) – Bebeto (64. Denilson), Ronaldo
DÄNEMARK: Schmeichel – Colding, Rieper, Högh, Jörgensen – Helveg (87. Schjönberg), Nielsen (46. Töfting), Michael Laudrup, Heintze – Brian Laudrup, Möller (67. Sand)
Tore: 0:1 Jörgensen (2.), 1:1 Bebeto (11.), 2:1 Rivaldo (26.). 2:2 Brian Laudrup (50.), 3:2 Rivaldo (60.)
Gelbe Karten: Roberto Carlos, Aldair, Cafu / Helveg, Colding, Töfting
Schiedsrichter: Gamal Ghandour (Ägypten)
Zuschauer: 39 500

auszubooten. Da gab es ja einen Ronaldo, den viele seiner Fans gern einmal mit voller Haarpracht statt mit kahlgeschorenem Haupt sähen. Wenn es bei ihm nicht klappte, war der fußballerisch ebenfalls ungewöhnlich begabte Bebeto zur Stelle, wie nach der eiskalten Dusche des Dänen Jörgensen in diesem Viertelfinale, als Bebeto fast postwendend der Ausgleich gelang. Nach nur zwei Minuten 1:0 gegen Brasilien, wann jemals war so etwas passiert! Knapp zehn Minuten danach bewies der geschickt abgeschirmte Ronaldo, daß Brasilien nicht nur von seinen Toren leben muß. Ein Musterpaß, wie ihn derzeit wohl nur Romario adressieren kann, schnitt Dänemarks Abwehr wie eine scharfe Klinge auf, Bebeto vollendete nur noch. Die Nordlichter ließen sich nicht ausblasen. Das Bemühen, mit klug durchdachten Spielpassagen Brasilien Paroli zu bieten, blieb bestehen und machte dieses Match zu einem der bis dahin besten.

Als der schußgewaltige Verteidiger Roberto Carlos beim Versuch, im eigenen Strafraum einen artistischen Rückzieher anzubringen, fast kläglich auf den Hosenboden fiel und den Ball verfehlte, nahm Brian Laudrup, noch immer einer der technisch geschicktesten europäischen Stürmer, diese unerwartete Chance eiskalt wahr: 2:2, neue Hoffnung keimte auf. Sie dauerte nur zehn Minuten. Wieder mit Ronaldo als brillantem Vorbereiter und Rivaldo zum zweiten Mal als sicherem Vollstrecker in einer eminent wichtigen Phase, als Brasiliens Spiel beinahe zu zerbröckeln schien. Barcelona-Legionär Rivaldo, eigentlich Victor Ferreira, aber wie die meisten seiner kickenden Landsleute mit einem Künstlernamen bedacht, hatte auch schon das wichtige 2:1 erzielt.

Die Dänen, denen sich wenige Minuten vor Schluß noch die Chance zum Ausgleich bot, gingen enttäuscht, aber nicht konsterniert vom Rasen. Trainer Bo Johansson war der Ansicht, gegen das beste Team der Welt verloren zu haben. Wenn dies kein Trost ist für eine dänische Mannschaft, die in dieser Form und Formation nie wieder auftreten wird.

Brasiliens Sieg über Dänemark: Peter Schmeichel, Rivaldo, Ronaldo und Jan Heintze (von links).

Holland – Argentinien 2:1

Mit Bergkamp über den Berg

Eine Neuauflage eines fast vergessenen WM-Finales. 1978 hatte Argentinien gegen Holland im heimischen Buenos Aires den Titel in der Verlängerung mit 3:1 gewonnen. Der heutige Trainer Passarella gehörte an jenem 25. Juni zum Siegerteam. Bei den Holländern spielte damals Johan Neeskens mit, der vier Jahre zuvor im ebenfalls verlorenen Finale gegen Deutschland durch sein schnelles Elfmetertor für das 1:0 gesorgt hatte. Diesem Mann mit der Urgewalt beim Schuß fiel nun die Aufgabe eines mitdenkenden Assistenten von Trainer Hiddink zu, der außer Neeskens auch noch Ronald Koeman und Frank Rijkaard in seinen Beraterstab berufen hatte – vor allem im Fall Rijkaard ein ungemein geschickter und klug gewählter Schachzug. Rijkaard gehörte zu Hollands bestem Team aller Zeiten und stammt wie auch der lange Zeit unbeliebte Davids oder Ruud Gullit aus Surinam.

Der Konflikt zwischen den »Bleichgesichtern« der Niederländer und ihren dunkelhäutigen Kollegen schwelte schon seit langem in der Mannschaft, drohte Harmonie und Zusammenhalt auf dem Spielfeld zu sprengen. Rijkaard, der in seiner Fußballkarriere nicht gerade als zahmer Gefährte galt, jedoch 1988 von Königin Beatrix mit dem »Orden für Verdienste um Holland« ausgezeichnet wurde, kannte Situationen dieser besonderen Art.

Daß da ein Friedenstifter am Werk gewesen sein muß, ließ nicht nur der Einklang im Sturm zwischen dem blonden Bergkamp und dem dunkelhäutigen Kluivert erkennen. Dem 1:0 des für den AC Mailand spielenden Kluivert ging eine Traumkombination über Ronald de Boer und dem hierbei selbstlosen Bergkamp voraus. Kluivert hatte zum Glück seine Zwei-Spiele-Sperre aus dem Auftaktmatch gegen Belgien »abgesessen«, war aber erst im Viertelfinale wieder zurückberufen worden.

Drei Tage nach seinem 22. Geburtstag machte sich Kluivert selbst das schönste Geschenk. Über Vorbereitung und Vollendung dieses Treffers schwärmte sogar Argentiniens einstiger Superstar Diego Maradona, der mit rosa Hemd und dunkler Sonnen-

4. 7. 1998 in Marseille

Holland – Argentinien 2:1 (1:1)

HOLLAND: Van der Sar – Reiziger, Stam, Frank de Boer, Numan – Ronald de Boer (64. Overmars), Jonk, Davids, Cocu – Bergkamp, Kluivert
ARGENTINIEN: Roa – Zanetti, Ayala, Sensini, Chamot (90. Balbo) – Simeone, Almeyda (67. Pineda), Veron, Lopez – Ortega, Batistuta
Tore: 1:0 Kluivert (12.), 1:1 Lopez (18.), 2:1 Bergkamp (90.)
Gelbe Karten: Stam, Numan / Chamot, Sensini
Gelb-Rote Karte: Numan (76.)
Rote Karte: Ortega (88.)
Schiedsrichter: Arturo Brizio Carter (Mexiko)
Zuschauer: 60 000

Diese Duelle gibt es immer wieder

Alles schon mal vorgekommen. Das Duell Argentinien gegen Holland brachte bereits die 17. Neuauflage eines früheren Endspiels. Die Niederländer, 1998 mit 2:1 erfolgreich, hatten das Finale 1978 mit 1:3 verloren.
Die häufigste Neuauflage eines Endspiels führte Brasilien und Schweden zusammen. Nach Brasiliens WM-Triumph 1958 (5:2) begegneten sich beide außerdem in den Vorrunden 1978 (1:1), 1990 (2:1) sowie zweimal 1994 (1:1 im Gruppenspiel, danach im Halbfinale (1:0 für Brasilien).
Dreimal trafen Deutschland und England nach dem legendären Wembley-Finale 1966 mit dem umstrittensten Tor (Hurst) aller WM-Entscheidungen aufeinander: 1970 in Mexiko im Viertelfinale (3:2 nach Verlängerung für Deutschland), 1982 in Spanien (0:0) und 1990 in Italien (5:4 nach Elfmeterschießen für Deutschland). Deutschland sorgte auch für die bis heute einzige unmittelbar folgende Final-Revanche: Beide Male hieß der Gegner Argentinien. In Mexiko 1986 verlor das DFB-Team mit 2:3, vier Jahre später folgte in Italien der 1:0-Sieg.

Hollands Trainer Guus Hiddink und seinem Beraterstab gelang es, die permanenten Reibereien zwischen den hell- und dunkelhäutigen Nationalspielern beizulegen. Nach dem Viertelfinalsieg gegen Argentinien waren sich alle einig: Brasilien würde es im Halbfinale sehr, sehr schwer haben.

brille getarnt als TV-Co-Kommentator auf der Pressetribüne saß.
In zehn mitreißenden Minuten gaben die Holländer einen kurzen Einblick in das riesige Spektrum ihrer fußballerischen und auch taktischen Möglichkeiten. Nach dem 1:1-Halbzeitstand entfaltete sich Hollands Spielkunst in der zweiten Hälfte immer eindrucksvoller, begünstigt allerdings durch eine immer stärker defensiv ausgerichtete Taktik der Argentinier.

Als alle schon mit Verlängerung rechneten, stand Bergkamp genau dort, wo er stehen mußte. Sein Schuß war auch für Torwart Roa unhaltbar. Das ohnehin grimmige Antlitz des argentinischen Keepers verfinsterte sich noch mehr. Ähnlich war es bei beiden Trainern in der letzten Viertelstunde des Spiels zu beobachten. Sie mußten mit ansehen, wie zwei ihrer Spieler noch vorzeitig in die Kabine geschickt wurden. Arthur Numan aus Eindhoven sah in der 77. Minute die Gelb-Rote Karte, der in Spanien beim FC Valencia aktive, spielerisch listige Ariel Ortega zwei Minuten vor Schluß sogar die Rote Karte. Vielleicht führte dieser Vorfall zu jener Irritation in Argentiniens Abwehr in der alles entscheidenden Schlußminute.

In Frankreich wackelten Stühle

Die WM '98 und eine ungewöhnliche Auffälligkeit: 12 Trainerwechsel oder Ablösungen noch während des Turniers! Parreira machte bei Saudi-Arabien den Anfang einer kaum vorhersehbaren Flutwelle an Entlassungen und Rücktritten. Cha (Südkorea) und Kasperczak (Tunesien) bekamen ihre Papiere. Japans Coach Okada warf das Handtuch, Chiles Trainer Acosta machte Schluß, ebenso wie Argentiniens einstiger Weltmeister-Spieler Passarella. Kolumbiens Gomez vollzog nur eine bereits getroffene Entscheidung.
Bereits vor WM-Beginn hatten Jacquet (Frankreich), Olsen (Norwegen), Le Roy (Kamerun) und Iordanescu (Rumänien) ihren Abschied angekündigt.

Deutschland – Kroatien 0:3

Ein Ende mit Schrecken

Aus und vorbei. Auf den Tag genau 44 Jahre nach dem ersten Weltmeisterschaftsgewinn (das Fußballwunder ging damals dem Wirtschaftswunder voraus) erlebte die deutsche Elf eine der bittersten Niederlagen ihrer Geschichte. Das 0:3 im Viertelfinale gegen Kroatien deckte all die Defizite unseres Fußballs auf, die zuvor durch teilweise mühevolle Siege gegen Mannschaften, über die man sich früher keine großen Gedanken machen mußte, oft vertuscht, verschwiegen oder unter den Teppich gekehrt worden waren: stets in der Annahme, daß fester Glaube ewig und immer Berge versetzen könnte.
Übersehen wurde dabei, daß Berti Vogts auf ein Ensemble baute, dessen Spieler größtenteils den Höhepunkt ihrer Karriere schon hinter sich hatten. Übergangen, daß dem deutschen Spiel Intuition und Inspiration seit langem fehlten. Überschattet, daß kein intaktes Mittelfeld gefunden worden war, das einem Spiel seinen eigenen Stil aufzuzwingen verstand. Was nutzte da ein scheinbar erfolgreiches Sturm-Duo Klinsmann – Bierhoff, das seine Stärken allerdings auch mehr in der Luft als auf dem Boden hatte?

Dieses Handikap trat gerade gegen die kopfballstarken Kroaten kraß in Erscheinung. Wo aber waren die Wirbler, die Wiesel im deutschen Angriff, die ohne Rückendeckung aus dem mittleren Bereich wohl ebenfalls ohne Effekt geblieben wären?
Vielleicht wäre es auch gegen Kroatien noch einmal gutgegangen. Bis zur 40. Minute bot das DFB-Team die bis dahin beste, weil geschlossenste Leistung. Zauberkunststücke hatte diese Mannschaft ohnehin nicht in ihrer kleinen Trickkiste. Bis dahin aber erwiesen sich die oft gefürchteten deutschen Tugenden Kraft, Einsatz und Willen noch als gut genug, um diesen hochmotivierten Gegner in Schach zu halten und selbst Chancen herauszuspielen. Es entwickelten sich sogar

flüssige Kombinationen, vor allem angetrieben von dem lauffleißigen, oft aber überhastet wirkenden Jeremies. Die auf diese sehr energische Weise herausgeholten Möglichkeiten stießen jedoch gegen die fast unüberwindliche Wand der auf die deutsche Spielweise großartig eingestellten Kroaten mit dem Stuttgarter Soldo und dem Ex-Karlsruher Bilic als feste Bastionen.

Dann kam die Sekunde, in der sich alles zum Schlechten wendete. Christian Wörns, bis zu diesem Moment einer der zuverlässigsten und beständigsten Abwehrspieler der gesamten WM, wußte sich nach einem mißglückten Paß von Matthäus gegen den plötzlich davonstürmenden Torjäger Suker nicht anders zu helfen, als ihn von den Beinen zu holen. Daß der Kroate ein begnadeter Schauspieler ist, hatte er im Spiel gegen Rumänien in der Runde zuvor deutlich gemacht, als er sich selbst zu Fall gebracht hatte.
Der Platzverweis für Wörns verwirrte und erzürnte seine Kollegen. Wer die neue Regelauslegung der FIFA berücksichtigte, mußte eingestehen, daß Referee Pedersen zwar so entscheiden konnte, aber nicht unbedingt mußte, wenn man ähnliche Vorfälle bei dieser WM in Betracht zog.
Ein Unglück aber kommt selten allein. Die 45. Minute war längst überschritten, der Pausenpfiff überfällig. Nicht für den Schiedsrichter, der gerade erst in den Mittelpunkt erregter Diskussionen geraten war. Ausgerechnet in der Phase der Nachspielzeit traf ein vehementer 18-Meter-Schuß des in Spanien spielenden Kroaten Jarni ins Tor und das deutsche Team wie ein Hammerschlag.
Dennoch nicht entnervt, eher nur entsetzt, versuchten die Zehn, das Blatt zu wenden. Mit etwas Glück wäre das vielleicht auch gelungen, aber Deutschland hatte das Potential Fortunas zu diesem Zeitpunkt bereits endgültig aufgezehrt. Der letzte Versuch, mit Kirsten und Marschall als dritten und vierten Stürmer, brachte auch nichts, es blieb ohnehin nicht mehr viel Zeit. Als noch das kleine Fünkchen Hoffnung glühte, blies wieder ein Fernschuß, von Vlaovic abgegeben, das letzte Lichtlein aus. Das 3:0 des ausgebufften Suker spielte dann praktisch keine Rolle mehr. Das Dilemma war schon zuvor vollendet worden. Statt lautem Applaus ein ganz stiller, ein schwacher Abgang.

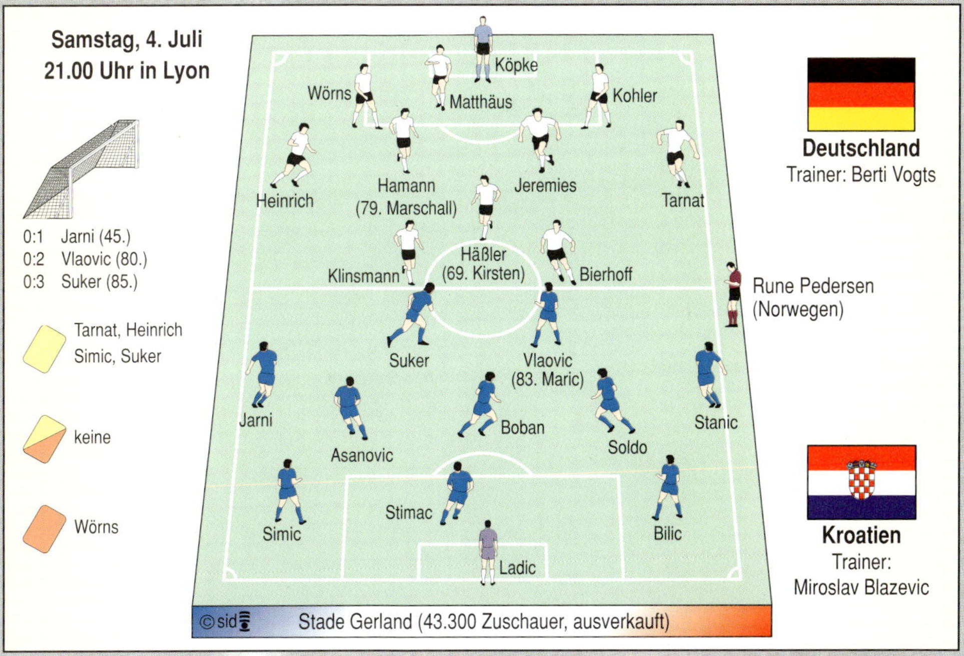

Computer-Analyse ... Computer-Analyse ... Computer-Analyse ... Computer-Analyse ...

Name		Zweikämpfe insgesamt	Zweikämpfe gewonnen	Zweikämpfe verloren	Differenz	Kopfballduelle gewonnen	Kopfballduelle verloren	Fouls gefoult worden	Fouls foul gespielt	Pässe ü. mehr als 25 m zum Mitspieler	Pässe ü. mehr als 25 m zum Gegner	Kurzpässe Fehlpaß u. 25 m	Flanken	Torschüsse
Lothar Matthäus		20	12	8	+4	1	0	3	3	16	3	3	1	1
Christian Wörns	bis 40. Min.	12	7	5	+2	0	1	0	1	1	0	0	1	0
Jürgen Kohler		9	7	2	+5	1	1	2	0	1	1	1	0	0
Jörg Heinrich		18	10	8	+2	2	2	4	2	2	7	3	3	0
Michael Tarnat		26	15	11	+4	2	1	1	3	6	3	0	8	5
Dietmar Hamann	bis 79. Min.	27	15	12	+3	1	2	5	3	2	7	1	2	2
Jens Jeremies		36	16	20	−4	3	2	2	4	3	2	3	3	1
Thomas Häßler	bis 69. Min.	18	5	13	−8	0	1	1	2	1	1	4	5	2
Jürgen Klinsmann		12	7	5	+2	3	2	2	1	3	0	5	0	0
Oliver Bierhoff		28	17	11	+6	11	3	5	3	0	0	2	1	4
Ulf Kirsten	ab 69. Min.	8	3	5	−2	1	2	2	0	0	0	0	1	0
Olaf Marschall	ab 79. Min.	3	1	2	−1	0	0	1	0	0	0	0	0	0
		217	115	102	+13	25	17	28	22	35	24	22	25	15

Stimmen zum Spiel

Bundestrainer **Berti Vogts**
»Bis zum Platzverweis zeigte die Mannschaft ihr bestes Spiel bei diesem Turnier. Es ist müßig, über den Platzverweis zu diskutieren. Fakt bleibt, wir fahren nach Hause, und Kroatien bleibt noch hier. Dank an meine Mannschaft, sie hat alles versucht und alles gegeben, es hat nicht gereicht.«

Kroatiens Nationalcoach **Blazevic**
»Ein historischer Sieg. Niemals war Kroatien so stark. Wir sind stolz, gegen Frankreich in diesem wundervollen Pariser Stadion zu spielen. Wir spielen für ein leidgeprüftes Land.«

Torwart **Andy Köpke**
»Unser bestes WM-Spiel in der ersten Hälfte. Bitter, durch eine solche Schiedsrichter-Entscheidung so hart bestraft zu werden. Es war das erste böse Foul von Christian Wörns im gesamten Turnier. Die Rote Karte war völlig überzogen und kippte das gesamte Spiel.«

Rotsünder **Christian Wörns**
»Ich bin einen Schritt zu spät gekommen. Hätte der Schiedsrichter die Gelbe Karte gezeigt, okay. Rot aber war es keinesfalls! Es war doch keine Notbremse, Kohler stand noch hinter mir. Ich mußte nach dem Platzverweis sogar in der Kabine bleiben, so schreiben es die FIFA-Regeln vor. Eine doppelte Strafe und eigentlich ein Wahnsinn.«

Oliver Bierhoff
»Die Rote Karte war eine zu krasse Entscheidung, zumal, wie ich hörte, Wörns gar nicht letzter Mann war. Ein Unding, wie unterschiedlich die Regeln ausgelegt werden. Roberto Carlos haut gegen Dänemark einen Gegner von hinten um und nichts passiert. Auch mich hat heute einer auf gleiche Weise umgesäbelt – nicht einmal Gelb. Es war die alles entscheidende Situation des Spiels.«

Lothar Matthäus
»Man erwartet von den Spielern Fairplay, dann müssen es auch die Schiedsrichter beherzigen. Ein Kapitän muß die Fairplay-Armbinde der FIFA tragen, die aber läßt zu, daß sich die Referees etwas zusammentrillern. Ein solches Spiel von einem Mann leiten zu lassen, der in seiner Heimat nur zweitklassigen Fußball pfeift, das ist schon ein verdammt hartes Stück.«

Pressestimmen

»Noch mehr gute Nachrichten für heute: Deutschland ist raus!«
NEWS OF THE WORLD (ENGLAND)

»Endlich fertig gestolpert. Wer ständig stolpert, fällt irgendwann einmal auch hin.«
SONNTAGSZEITUNG (SCHWEIZ)

»Adieu Deutschland! WM-Totem als Land und Mann für Mann. Zu alt? Wenn nicht in Gliedern und im Herzen, dann an Einfallsreichtum.«
SUNDAY TIMES (ENGLAND)

»Sein ganzes Leben lang schien Klinsmann in der Sonne zu stehen. Nun kennt er auch die Flecken der Tränen. Ein geschlagener Mann latschte nach dem zweiten Tor in die Dunkelheit eines zerbrochenen Traumes.«
SUNDAY TELEGRAPH (ENGLAND)

»Nichts klingt besser als dieses 3:0 gegen Deutschland.«
SPORTSKE NOVOSTI (KROATIEN)

»Klinsmann lächerlich, Suker phänomenal. Vorwärts Kroatien, Deutschland raus.«
TUTTOSPORT (ITALIEN)

»Deutschland und das Ende einer Fußball-Generation, die es nicht verdient hatte, sich so zu verabschieden.«
AS (SPANIEN)

»Kroatien, das ist kein Geschenk! Es schrieb eine der schönsten Seiten der Geschichte dieses jungen Landes. Deutschland aber muß sich wieder aufbauen und neue Schultern suchen.«
L' EQUIPE (FRANKREICH)

»Die Deutschen praktizierten einen überalterten Fußball und wurden beerdigt. Das deutsche Spiel verwandelte sich in eine Urne, als Wörns die Rote Karte sah.«
GAZETTA DELLO SPORT (ITALIEN)

»Deutschland ist raus. Für England gibt es keinen besseren Moment der Schadenfreude.«
THE OBSERVER (ENGLAND)

»Die ewigen Ausputzer, weißes Hemd, schwarze Shorts, die Unbezwingbaren, die Highlander des Fußballs – ihre Zeit ist vorbei.«
LE JOURNAL DU DIMANCHE (FRANKREICH)

Rainer Holzschuh: »Spielerisch Grenzen aufgezeigt«

Es hätte so schön sein können, das Halbfinale mit Brasilien gegen Holland und Frankreich gegen Deutschland. Zweimal Halbfinale mit vier wahren Fußball-Größen dieser Welt, mit klangvollen Namen, mit Emotionen, Spannung, Dramatik. Es wurde ein Halbfinale mit Brasilien gegen Holland und Frankreich gegen Kroatien. Weil die deutsche Mannschaft es nicht verstanden hat, aus dem Schatten des Viertelfinales von 1994 herauszutreten. Deutschland gegen Kroatien, das erinnerte in vielen Dingen an die gleiche Runde vor vier Jahren in den USA, als wir gegen Bulgarien als der kaum gefährdete Favorit galten. Jeweils eine schlechte Vorrunde gespielt und dennoch durchgewurstelt, jeweils im Achtelfinale knapp behauptet und mit breiter Brust gegen eine Mannschaft aufgelaufen, die vor lauter Hochachtung dem übermächtigen Gegner kaum etwas entgegenzusetzen schien. Und dann doch kläglich gescheitert, weil einige Unzulänglichkeiten das Werk und die Träume aller platzen ließen. Deutschland also zweimal enttäuscht und enttäuschend, obwohl dazwischen der glorreiche Triumph bei der

EURO in England lag. Was primär zählt, weil weltweite Aufmerksamkeit gewährleistet, ist die WM, nicht die EURO.

Deutschland gehört nicht mehr zu den gefürchtetsten Mannschaften der Welt, schon längst nicht (mehr) zu den spielstärksten. Nicht erst die Kroaten haben spielerisch unsere Grenzen aufgezeigt, auch vorher mußten wir bereits schmerzlich erkennen, daß wir in puncto Tempospiel, Wendigkeit, Übersicht viel neu lernen müssen, um unseren Status zu behalten oder erneut zu erlangen. Deutschland ist also aus dem Rennen, und es ist nicht schwer zu erraten, daß manch Häme in der Kritik des Auslandes mitschwingt.
Viel stärkere Teams mit besserer Perspektive haben schon vorher die Segel streichen müssen – die Engländer etwa mit ihrem Jahrhundert-Talent Michael Owen; die Spanier mit ihren Spitzenspielern von Real Madrid und FC Barcelona. Oder analog zu uns im Viertelfinale die Italiener mit ihren Stars Del Piero und Vieri. Wir dagegen müssen uns begnügen, auf zwei 24jährige zu verweisen, die nach dem Karriereende unserer Senioren vielleicht einmal Fuhrungsrollen beanspruchen können: Jens Jeremies und Dietmar Hamann – ohne daß sie an das kunst- und druckvolle Spiel von Ortega, Veron oder Beckham entfernt heranreichen können.

Also auch die Italiener sind draußen. Aber wie knapp sind sie gescheitert! Im Elfmeterschießen, bei dem zum Schluß dem jungen Di Biagio die Nerven versagten und er gegen die Latte statt zwei Zentimeter tiefer ins Tor traf. Zwei Zentimeter, die über Wohl und Wehe einer ganzen Fußball-Nation entschieden. Und so atmete ganz Frankreich auf, nachdem Minuten zuvor die »Grande Nation« für kurze Zeit in Trauer versunken war nach Lizarazus Fehlschuß beim zweiten Elfmeter. Barthez hielt dafür den nächsten, und alles war wieder im Lot. Frankreich befindet sich also, wieder vor eigenem Publikum wie beim einzigen internationalen Triumph, der EURO 1984, auf dem Weg zu einem Happy-End. Zinedine Zidane, ihr angehimmelter Regisseur und der legitime Nachfolger von Michel Platini, führte nach seiner Sperre wieder Regie, ohne die stabile Abwehr der Italiener wirklich knacken zu können. Das Elfmeterschießen nach 120 Minuten war die logische Folge.

Dramatik auch im dritten Viertelfinale zwischen Holland und Argentinien, das ebenfalls kurz vor einer Verlängerung stand. Die Holländer haben sich in die Herzen aller Fans gespielt mit erfrischenden Kombinationen, mit einem jungen Team, das für die nächsten Jahre noch eine Steigerung erwarten läßt. Was Trainer Guus Hiddink an Talenten zur Verfügung steht, ist erstaunlich. Daß er in der Stammformation auf Weltklasseleute wie Seedorf und Overmars verzichten kann, ohne an Spielstärke zu verlieren, ist faszinierend. Die Argentinier traten gewiß als ganz große Mannschaft auf, und dennoch wurde niemand überrascht, daß die »Oranjes« kurz vor Schluß mit einem brillanten Tor von Bergkamp die Verlängerung umgingen.
Bei den Brasilianern werde ich über das gesamte Turnier hinweg das Gefühl nicht los, daß sie sich spielerisch immer noch steigern können. Wenn die Dunga, Rivaldo, Cafu oder Leonardo einen Gang zulegen, wirbeln sie für Minuten alles durcheinander, ganz zu schweigen vom gazellenartigen Ronaldo, der mit dem Ball am Fuß ganze Abwehrreihen zu umspielen in der Lage scheint. Doch dann treten sie wieder auf die Kombinations- und Motivationsbremse und gestatten dem Gegner, die nicht unbedingt sattelfeste Abwehr zu testen. So verlor man in der Vorrunde gegen Norwegen, so wurde Dänemark stark gespielt. Wie Roberto Carlos, hinter Ronaldo in der Wahl zum »Weltfußballer des Jahres« 1997 immerhin auf Platz zwei gekommen, mit einem Fallrückzieher im eigenen Strafraum am Ball vorbeisegelte und damit Brian Laudrup den Ausgleich ermöglichte, zeugt von Selbstüberzeugung, wenn nicht gar von Überheblichkeit.
Schauen wir also ohne Nervenbelastung und aus einer souveränen Distanz des großzügigen Verlierers auf den weiteren Ablauf der WM, bis wir uns in zwei Jahren, bei der Europameisterschaft 2000, wieder selbst beweisen müssen…

Die WM in Zahlen

Italien – Frankreich	0:0
(Elfmeterschießen	3:4)
Brasilien – Dänemark	3:2
Deutschland – Kroatien	0:3
Holland – Argentinien	2:1

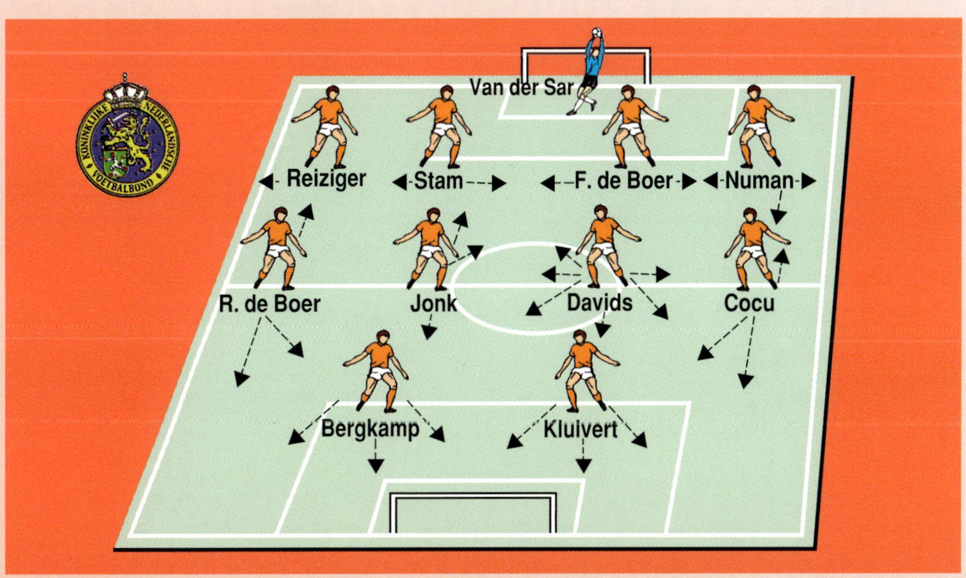

Das nominelle 4-4-2-System, das Guus Hiddink nach der EURO '96 einführte, wird sehr variabel gehandhabt. Durch die Stärke der Außenpositionen (im Spiel gegen Argentinien De Boer und Cocu) ist Holland sehr offensiv ausgerichtet. Die Spitzen Bergkamp und Kluivert agieren keinesfalls statisch, sondern sind ständig auf Achse. Abgesichert wird die offensive Power-Fraktion durch Edgar Davids, der ordnet, Lücken stopft, das Tempo anzieht oder verschleppt.

COUPE DU MONDE FIFA FRANCE 98
1/2 FINALE
BRESIL
PAYS-BAS
4

Halbfinale

Brasilien – Holland
Frankreich – Kroatien

Ein vorgezogenes Endspiel, wie es noch nie zustande kam: Brasilien, bislang viermal Weltmeister und ein weiteres Mal (1950) im Finale, mußte die Zerreißprobe eines Elfmeterschießens gegen Holland überstehen (am Ende 5:3), um auch in Paris das allerletzte Duell eines solchen Turniers zu erreichen. Frankreich hingegen kam erstmals in ein Endspiel nach einem zudem mühevollen 2:1 gegen den Deutschland-Bezwinger Kroatien, setzte aber auch eine interessante Serie fort: Zum achten Mal in 16 Wettbewerben gelangte mit den Franzosen das Team des veranstaltenden Landes ins WM-Finale.

Cocu scheitert – Brasilien freut sich.

17

Man-Power: 21 Sekunden nach dem Anpfiff zur zweiten Halbzeit erzielte der brasilianische Stürmer-Star Ronaldo am holländischen Torwart Van der Sar vorbei das 1:0.

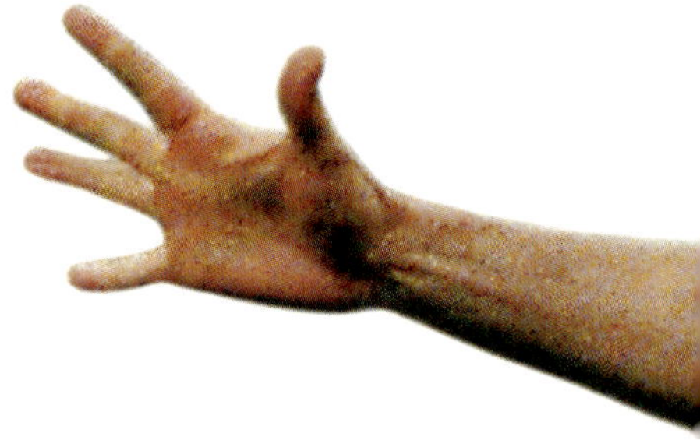

OPEL
Coca-Cola

Ein Mann, ein Wort: »Ich werde bei der WM zeigen, wie der wahre Suker spielt und hier einer der besten Torjäger sein.« Das war sogar noch untertrieben: »Sukerman«, wie Davor Suker in seiner Heimat genannt wird, krönte sich mit gleich sechs Treffern zum Torschützenkönig der WM. Gegen Frankreich traf er zum fünften Mal und freute sich riesig . . .

FABIEN
ARTHEZ
CA

. . . aber wer zuletzt lacht, lacht am besten: Frankreichs charismatischer Torhüter Fabien Barthez verfolgte aus sicherer Warte das 2:1 gegen die Kroaten, konnte das – verdiente – Glück des WM-Ausrichters über den Einzug ins Finale kaum fassen und kam wohl erst nach dem rituellen Kuß von Laurent Blanc wieder zur Besinnung.

Brasilien – Holland 1:1 n.V., 5:3 n.E.

Als die Nerven versagten

Ein spannendes Elfmeter-Drama, das Triumph oder Tragik wie immer zum Zufallsspiel verzerrte. Ein Siegerteam Brasilien, das sich wie eine ausgelassene Kinderschar gebärdete. Ein enttäuschter Unterlegener, Holland, der zwar ein wichtiges Spiel, nicht aber seine Würde und sein Ansehen verloren hatte. Bilder, die sich viele einrahmen müßten, die bei dieser WM in ähnliche Situationen geraten waren. Da umarmten sich eben noch rivalisierende Trainer (Hiddink und Zagallo), als hätten sie soeben neue Freundschaft geschlossen.

Da lagen sich Spieler in den Armen, die noch um jeden Meter gefightet, bei jedem Schuß im Elfer-Duell gebangt und gezittert hatten. Hollands dunkelhäutiger Torschütze Kluivert und sein ebenfalls farbiger Konkurrent Ronaldo, überall Verbrüderungen von Spielern in Gelb-Blau und »Oranje«, egal zudem welcher Hautfarbe. Fair play im wahrsten Sinne des Wortes. Dies alles nach einem Match, dessen Ausgang an einem hauchdünnen Fädchen gehangen hatte.

Ein Happy-End, als hätte es nichts bedeutet, verloren und das nahe Finale verpaßt zu haben. Plötzlich aber tauchten auch wieder die anderen Bilder auf vom grußlosen, sogar ein wenig stillosen Abschied der deutschen Mannschaft, die zudem die Schuld für ihr Ausscheiden dem Schiedsrichter in die Schuhe schieben wollte. Die Holländer dagegen verloren in der Neuauflage des WM-Vier-

Teufelskerl Taffarel

Er wirkt eigentlich ein bißchen unscheinbar, Brasiliens Torhüter Claudio Andre Taffarel, der mit 32 noch einmal ins ferne Ausland, zu Galatasaray Istanbul, wechseln will und zum dritten Mal bei einer WM die Nummer eins ist.
Ein besonderer Typ von Strafstoßkiller: Im WM-Finale 1994 meisterte er einen Schuß des Italieners Massaro, gegen Holland 1998 die allerdings schwach und unplaziert geschossenen Elfmeter von Cocu und Ronald de Boer. Fast vergessen, aber für deutsche Fußballer eine böse Erinnerung: Bei den Olympischen Spielen 1988 in Seoul war Taffarel maßgeblich am deutschen Ausscheiden im Halbfinale gegen Brasilien beteiligt. Schon in der regulären Spielzeit hielt er einen Strafstoß von Wolfgang Funkel und zusätzlich im Elfmeter-Entscheid die Schüsse des Kölners Olaf Janßen sowie des damaligen Kaiserslauterners Wolfram Wuttke.

telfinales von 1994 – damals mußten sie eine 2:3-Niederlage einstecken – mit Anstand. Kein Wort etwa über den Referee Ali Mohammed Bujsaim aus den nicht unbedingt fußballerfahrenen Vereinigten Arabischen Emiraten, der allerdings großzügig und dennoch bestimmt seine Aufgabe erledigte, als sei ein WM-Spiel für ihn ein Kinderspiel.
Es wurde nicht das rauschende, von hellem spielerischem Glanz getragene Fußball-Fest, wie es viele erwartet hatten. Die Angst vor dem ersten Treffer des Gegners lähmte auf beiden Seiten die Initiative.

Zwar gab es einige, sogar hochkarätige Chancen in der ersten Halbzeit hüben wie drüben, aber null Tore. Ronaldo stand zunächst völlig im Schatten seines früheren Eindhovener Klubkollegen Jaap Stam, der nun sein neues Ziel Manchester United ansteuert, das den Abwehrspieler für die beinahe unfaßbare Ablösesumme von 33 Millionen aufs Inselreich lockte. Eine einzige Sekunde allerdings genügte, Ronaldos Glanz strahlend hell zu entfachen und fast das Spiel schon vorzeitig zu entscheiden. Die Holländer schienen beim Wiederanpfiff geistig offensichtlich noch in der Kabine geblieben zu sein. Ehe sich die Abwehr um den in diesem Moment ebenfalls desorientierten Frank de Boer überhaupt formiert hatte, huschte Ronaldo unwiderstehlich allen auf und davon. Das erste, aber noch nicht das entscheidende Tor, nur 21 Sekunden nach Wiederanpfiff.
Endlich aber eine von allerdings mehreren Szenen, in denen Ronaldo seine überdurchschnittliche Begabung offenkundig machte. Niemand monierte noch das angebliche Übergewicht, das ihm heimische Kritiker nachgesagt hatten. Die Medien spielten auch genüßlich, zugleich verurteilend, darauf an, daß ihm Millionen Einnahmen aus der Werbung zuflössen, während in seinem Heimatland ebenso Millionen Menschen an Hunger und Armut leiden. Dies aber war gestern so, heute so und wird sich so schnell auch nicht ändern. Da wirken Fußballsiege wie Antidepressiva.

Auf der anderen Seite brauchte Kluivert ein halbes Dutzend erstklassiger Chancen, um drei Minuten vor Ablauf der regulären Spielzeit das 1:1 zu fabrizieren, die Verlängerung und das spätere Elfmeterschießen herbeizuführen. Die geringe Chancenauswertung Kluiverts aber ließ auch ahnen, weshalb der weltberühmte AC Mailand künftig auf Kluiverts Dienste verzichtet und den zwar weniger eleganten, aber doch wohl effektiveren Oliver Bierhoff (beim nicht so hochklassigen Udine-Klub italienischer Torschützenkönig) verpflichtete.
Brasilien hingegen hatte sogar noch eine besondere Nuance ins Spiel gebracht. Anstelle des gesperrten Verteidigers Cafu kam ein weitestgehend unbekannter Länderspiel-Novize zu seinem Debüt. Der bereits 30jährige Zé Carlos trug zudem die ominöse Nummer 13 – keine Spur jedoch von Aberglauben oder gar Furcht vor dem berüchtigten brasilianischen Macumba-Zauber.

Trainer Zagallo hatte Weltmeister Bebeto einmal mehr gegen Denilson ausgetauscht und in der 85. Minute dem Leverkusener Emerson erneut eine Chance zugestanden. Der Dank des Bundesliga-Spielers: Er verwandelte den dritten von vier Elfmetern, ein wichtiger Beitrag zum Sieg. Daß Cocu und Ronald de Boer ihre Elfmeter eher schoben als schossen, war reine Nervensache.
Hollands Coach Hiddink will und wird nach der WM sein Amt aufgeben. Als Ausrichter der Europameisterschaft 2000 ist Holland automatisch qualifiziert. Testspiele allein stellen Hiddink nicht zufrieden.

7.7.1998 in Marseille
Brasilien – Holland 1:1 (1:1, 0:0) n.V., 5:3 n.E.
BRASILIEN: Taffarel – Zé Carlos, Junior Baiano, Aldair, Roberto Carlos – Cesar Sampaio, Dunga, Leonardo (85. Emerson), Rivaldo – Bebeto (70. Denilson), Ronaldo
HOLLAND: Van der Sar – Reiziger (56. Winter), Stam, Frank de Boer, Cocu – Ronald de Boer, Jonk (111. Seedorf), Davids, Zenden (75. Van Hooijdonk) – Bergkamp, Kluivert
Tore: 1:0 Ronaldo (46.), 1:1 Kluivert (87.)
Elfmeterschießen: 1:0 Ronaldo, 1:1 Frank de Boer, 2:1 Rivaldo, 2:2 Bergkamp, 3:2 Emerson, Taffarel hält gegen Cocu, 4:2 Dunga, Taffarel hält gegen Ronald de Boer
Gelbe Karten: Zé Carlos, Cesar Sampaio / Reiziger, Davids, Van Hooijdonk, Seedorf
Schiedsrichter: Ali Mohamed Bujsaim (VAE)
Zuschauer: 60 000

◁ Guter Verlierer: Guus Hiddink mit seinem brasilianischen Kollegen Mario Zagallo.

Frankreich – Kroatien 2:1

Kein Dank für Blanc

Es gab also doch noch Szenen, die eine WM noch nie erlebt hatte: Zwei spektakuläre Treffer ihres Verteidigers Lilian Thuram, im italienischen Parma wahlbeheimatet, stießen für die Franzosen das lange Zeit verriegelte Tor der Kroaten und damit auch das Tor zum Traum-Endspiel gegen Brasilien auf.
Ein solches Kunststück kannte die WM-Geschichte bis dahin noch nicht. So verwunderlich erschien das zu diesem Zeitpunkt allerdings nicht mehr. Sowohl im Achtel- als auch im Viertelfinale hatten die »Blauen« nur einen einzigen Treffer aus dem Spiel heraus erzielt – und auch diesen durch den Abwehrchef Laurent Blanc. Für ihn, dessen Name im Deutschen Weiß bedeutet, wurde der rosige Erfolgsabend von Paris kurz vor Schluß noch zu einer rabenschwarzen Nacht: Blanc mußte nach einer ebenso unbeherrschten wie überflüssigen Handgreiflichkeit gegen Bilic in der 74. Minute vorzeitig das Feld verlassen. Momentaner Schock für sein Team, das nun, wie Deutschland im Spiel zuvor, mit zehn Mann gegen die Kroaten über die Zeit kommen mußte. Ein noch tieferer Schmerz jedoch für den Mann aus Marseille, der sich damit für das Ziel aller Ziele, das WM-Finale im gleichen Stadion, selbst aus der Mannschaft katapultiert hatte. Wer wohl hätte in diesem Augenblick in seiner Haut stecken wollen!

Zu Beginn taktierten die Kroaten, wie sie immer taktieren: gegnerische Angriffe blockieren, selbst nur das Nötigste riskieren und auf die eigene Konterchance lauern. Fast wäre dieses allerdings unattraktive Konzept sogar aufgegangen. Zidane versuchte, was er konnte, sein Stuttgarter Bewacher Soldo ließ ihm kaum Raum. Der nach einer halben Stunde eingewechselte Henry gab der französischen Offensive kaum neue Impulse. Es wurde erklärbar, wieso Frankreichs Angriff in den Spielen zuvor so wirkungslos geblieben war, allen voran Guivarc'h, der später Trezeguet weichen mußte.
Von Suker, dem Unberechenbaren, war ebenfalls fast nichts zu bemerken – bis 23 Sekunden nach Anpfiff des zweiten Durchgangs. Da jagte der Vollblutstürmer davon und Frankreichs Keeper Fabien Barthez das erste Feldspieltor bei dieser WM in die Maschen.

Mitten in den Jubel der Kroaten, keine 60 Sekunden waren vergangen, platzte Thurams Ausgleich. Sein überhaupt erstes Länderspieltor erzielte der stürmende Verteidiger mit rechts, und in der 70. Minute setzte der »schwarze Ritter der Nation« noch einen drauf: Mit links hämmerte der Mann von der Karibik-Insel Guadeloupe die Kugel, nachdem er sie dem verdutzten Jarni vom Fuß gespitzelt hatte, ins lange Eck. Vielleicht kochte in Thuram ein ingrimmiger Zorn, daß ausgerechnet er vor Sukers Treffer unabsichtlich das Abseits aufgehoben hatte.

Erwähnenswert ist noch die Tatsache, daß die Bevölkerungszahl des gebeutelten Balkan-Staates nur um wenige Hunderttausend über der von Berlin liegt. Doch wie viele Fußballstars hat dieses Land bereits hervorgebracht! So unrecht hatte der ehemalige Gladbacher Nationalspieler Netzer auch hier nicht, als er anmerkte, daß der Wille, armen und bitteren Verhältnissen zu entfliehen, gerade im Fußball die Entwicklung der Talente weitaus eher begünstigt. Wohlstand macht offenbar träger.
Und Genügsamkeit schweißt auch stärker zusammen: Die meisten kroatischen Fans hatten nur bis zum Viertelfinale Hotels und Tickets gebucht. Um ihnen auch das Halbfinale zu ermöglichen, griffen die bei Europas Spitzenklubs Real Madrid und AC Mailand Spitzengehälter kassierenden Davor Suker und Zvonimir Boban tief in die eigenen Taschen, um deren weiteren Aufenthalt zu finanzieren. Schade für viele, daß diese ungewöhnliche Geste nicht bis zum Endspiel reichte. Des einen Leid, des anderen Freud.

8. 7. 1998 in Paris-St.Denis

Frankreich – Kroatien 2:1 (0:0)

FRANKREICH: Barthez – Thuram, Blanc, Desailly, Lizarazu – Karembeu (31. Henry), Deschamps, Petit, Zidane, Djorkaeff (76. Leboeuf) – Guivarc'h (69. Trezeguet)
KROATIEN: Ladic – Simic, Stimac, Bilic – Stanic (90. Prosinecki), Soldo, Boban (65. Maric), Asanovic, Jarni – Vlaovic, Suker
Tore: 0:1 Suker (46.), 1:1 Thuram (47.), 2:1 Thuram (70.)
Gelbe Karten: – / Asanovic, Stanic, Simic
Rote Karte: Blanc (74.) / –
Schiedsrichter: Juan Manuel Aranda (Spanien)
Zuschauer: 80 000

Like a Prayer: Zwei Tore von Match-Winner Thuram brachten Frankreich ins Finale.

F.F.F.
THUR

Rainer Holzschuh: »Fußball vom Allerfeinsten«

Es war eines der schönsten und aufregendsten Spiele bei dieser WM: Brasilien gegen Holland. Zwei Teams, die Offensiv-Fußball propagierten und neben einigen erfahrenen Stützen vor allem auf viele junge Fußballer einer neuen, erfolgshungrigen Generation bauten. Spieler, die kaum wußten, was sie alles bewirken hätten können und deshalb von ihrem Leistungs-Zenit noch ein weites Stück entfernt waren. Ronaldo zum Beispiel, Roberto Carlos oder Flavio Conceicao, alle zwischen 20 und 25 Jahre alt, Kluivert und Seedorf, Davids und Overmars aus der gleichen Generation. Sie zelebrierten Fußball, mal von der Sorte höchster Feinschmecker-Kunst, mal im Jetstream-Tempo, daß den Gegnern schwindelig und den Fans heiß vom Zuschauen wurde. Und stets hatte man das Gefühl, daß sie bei weitem nicht an ihre Grenzen gestoßen sind.

Wie Ronaldo sich zwischendurch immer mal wieder in Träumereien zu verirren schien, mit den Gedanken kaum bei der Sache, den Kontrahenten einschläfernd... Um dann, wie von der Tarantel gestochen, einen Sololauf feinster Prägung hinzulegen, der alle von den Sitzen reißt! Oder Edgar Davids, einer von vielen Farbigen aus den früheren niederländischen Kolonien im Team. Ein »frecher Hund«, der sich auch schon mal wortgewaltig mit seinem Trainer anlegte. Zusammen mit Teamkollege Seedorf kritisierte der Youngster bei der EURO '96 den erfahrenen Trainer Guus Hiddink. Beide fielen in Ungnade, Davids wurde heimgeschickt, aber beide wurden rechtzeitig zur WM in Gnaden aufgenommen. Jetzt ist Davids der große Stern in Hollands »Elftal«, denkt und lenkt aus dem Mittelfeld heraus und braucht nur noch ein wenig innere Abgeklärtheit, um zu den ganz Großen holländischer Fußballkunst wie Cruyff oder Gullit aufzusteigen.

Ein Fußballspiel zwischen diesen Mannschaften geriet zum Allerfeinsten. Ein Genuß ohne Reue, und zur Krönung dieses Menüs ein Elfmeterschießen. Schade, daß eine Mannschaft verlieren mußte!
Frankreich kannte also seinen Kontrahenten fürs Endspiel – obwohl die Franzosen erst tags darauf ihre Pflichtaufgabe gegen Kroatien absolvieren mußten. Doch was sollte schon schiefgehen für die »Grande Nation«, nachdem dieser kroatische Zwerg sein Glückspotential schon gegen Rumänien und Deutschland zweifelsfrei aufgebraucht hatte! Frankreich verfügt zwar ebenfalls über großartige Spieler wie Thuram, Desailly, vor allem Zinedine Zidane, diesen genialen Regisseur. Aber Frankreich hatte noch nie zu den großen Fußball-Nationen dieser Welt gezählt, höchstens Einzelspieler besonderer Effizienz herausgebracht.

Frankreich fehlte schon immer ein Strafraum-Schütze à la Gerd Müller, der im Getümmel das Tor trifft. Und Frankreich zeigte oft genug Nerven, wenn der Erfolg zum Greifen nahe war. Fast flehentlich begleitete das Publikum die Bemühungen der Franzosen, den Ball nicht nur nach vorne, sondern auch gefährlich in Tornähe zu bringen – mehr wollte nicht gelingen.

Als den Kroaten nach dem Wechsel urplötzlich die Führung gelang, brach kurzzeitig eine Welt zusammen. Wenn, ja wenn ausgerechnet Kapitän Boban rechtzeitig aufgewacht wäre aus den Träumereien vom Einzug eines kleinen, unbedeutenden Fußball-Landes in das Finale: Noch unter dem Eindruck des Jubels vertändelte er den Ball und verschaffte den Gastgebern Sekunden nach dem Rückstand die Chance zum Ausgleich. Folgerichtig erreichten auch die Franzosen das Finale und versetzten ihr Land in eine Jubelstimmung mit Autokorso und Hupkonzerten bis tief in die Nacht hinein. Getoppt werden kann diese WM-Stimmung, die endlich das Land ergriffen hat, nur durch einen Sieg über Brasilien. Aber der schließt noch ein hartes Stück Arbeit ein...

Die Brasilianer sind von Trainer Zagallo grundsätzlich offensiv eingestellt. Spielkontrolle durch Ballbesitz ist die Basis, auf der das Angriffsspiel variabel vorgetragen wird. Zum einen weiträumig über die Flügel mit den bis zur Grundlinie vorstoßenden Außenverteidigern, zum anderen mit schnellen Kombinationen durch die Mitte. Aber auch Einzelaktionen von Stars wie Ronaldo und Rivaldo oder provozierte Freistöße, geschossen von Roberto Carlos, führen häufig zu Torchancen. Den Spielrhythmus allerdings gibt Kapitän Dunga vor.

Die WM in Zahlen

Brasilien – Holland 1:1 n. V.
(nach Elfmeterschießen 5:3)
Frankreich – Kroatien 2:1

17

Spiel um Platz 3

Kroatien – Holland

Es ist der kleine Ruhm im Schatten des goldbelohnten Weltmeisters: dritter Platz nach dem Duell der Verlierer. Für Kroatien eine besondere Frage der Ehre: Erstmals bei einer WM dabei und gleich zweitbeste Mannschaft Europas. Auf Anhieb Dritter zu werden, gelang zuvor nur Portugal 1966, als ausschließlich europäische Teams das Quartett der letzten vier bildeten. Den in Frankreich entstandenen Gedanken des Weltverbandes, dieses kleine Finale aus dem Wettbewerb zu verbannen, sollte die FIFA nach den Eindrücken des hier abgelaufenen Spieles gründlich überdenken.

Drittbestes Team der Welt: Beim WM-Neuling Kroatien freuten sich (von links nach rechts) Robert Jarni, Igor Tudor und Slaven Bilic über den Sieg gegen Holland.

STIMA
4
6
21
ard

Freud und Leid gehen Hand in Hand: Während Hollands Patrick Kluivert Chance um Chance vergab, schritten die kroatischen Mannen mit stolzgeschwellter Brust.

Holland – Kroatien 1:2

Ein Krönchen für Kroatien

Man mag zu Davor Suker stehen, wie man will. Sein glühender Ehrgeiz, der ihn sogar oft zur Unbeherrschtheit trieb, bildete zugleich das Spiegelbild eines Teams, das mit dem Sieg über Holland und dem dritten Platz bei seiner ersten WM-Teilnahme eine wichtige Selbstbestätigung erfuhr. Aus dem ersten offiziellen Handbook der FIFA 1950 völlig verschwunden (wie damals auch von der Landkarte), schien auch die sportliche Vergangenheit gelöscht, die 1941/42 sogar vier Länderspiele gegen Deutschland beinhaltete. 1991 war es als Nation »wiederauferstanden« und im Fußball bei der Europameisterschaft 1996 mit den vorangegangenen Qualifikationsspielen erstmals auch international in Erscheinung getreten. Mit welchem ungebrochenen Elan! Erst im Viertelfinale gegen Deutschland war vor zwei Jahren Endstation. Zwei Jahre später dann schon der große Clou und für Deutschland das vorzeitige WM-Aus. Wie merkwürdig das Schicksal oft mitspielt!
Dieses Stück Geschichte muß sein, um begreifen zu können, was in den Herzen und Seelen der Kroaten vorging. Für sie war dieser dritte WM-Platz ein Erfolg, den Hunderte anderer Nationen gern erleben würden.

So loderte das Feuer der Leidenschaft länger als bei den Holländern, die dieses »Spiel der Ehre« zumindest ehrenvoll beenden wollten, aber trotz allen Einsatzes und kurz aufblitzender Spielkultur nicht mehr annähernd jene Form fanden, die sie zuvor zu einer der attraktivsten, beliebtesten und auch fußballerisch modernsten Mannschaften emporgehoben hatte.
Es kam hinzu, daß hinter den Kulissen ein Streit um die Zwillingsbrüder De Boer entbrannt war. Beiden lagen Traumangebote aus dem Ausland vor. Der FC Barcelona, der mit Geld meist nur so um sich wirft, wollte beide im Paket für 60 Millionen Mark erwerben. Ajax Amsterdam, der Heimatklub, reagierte (noch) nicht. Die Verärgerung des De-Boer-Duos ließ sich nicht vertuschen. Dennoch blieb das Spiel im kleineren Pariser Prinzenpark-Stadion Ehrensache, zumindest für Frank. Sein Bruder Ronald, Elfmeter-Fehlschütze gegen Brasilien, fehlte indisponiert.
Auch Trainer Hiddink plagten nach wie vor Zweifel über seine Zukunft. Eine Superofferte von Real Madrid raubte ihm den Schlaf.

Patrick Kluiverts Schwäche zeigte sich erneut klar und deutlich. Er versiebte zu viele Chancen. Wie anders dagegen Davor Suker, der bei Jupp Heynckes bei Real Madrid keine Gnade gefunden hatte. Unermüdlich und unentwegt auf seine Konterchance wartend, nutzte er seine beste Möglichkeit, als Boban ihn an der offenbar gedankenverlorenen holländischen Abwehr vorbei mit einem Paradepaß in Schußposition hievte. Das 2:1 stellte zwar den Bis-dato-Spielverlauf auf den Kopf, aber es war eben wieder typisch kroatisch.
Typisch auch, mit welchem Gleichmut einerseits der Ex-Karlsruher Bilic das ihn ständig begleitende Pfeifkonzert über sich ergehen ließ und mit welchem Engagement er andererseits darauf reagierte. Die französischen Zuschauer wiesen ihm nachträglich immer noch die Schuld am Platzverweis ihres Kapitäns Blanc im Spiel zuvor zu.

11. 7. 1998 in Paris

Holland - Kroatien 1:2 (1:2)

HOLLAND: Van der Sar – Seedorf, Stam, Frank de Boer, Numan – Zenden, Davids, Jonk, Cocu (46. Overmars) – Bergkamp (58. Van Hooijdonk), Kluivert
KROATIEN: Ladic – Bilic, Soldo, Stimac – Jurcic, Prosinecki (78. Vlaovic), Boban (78. Tudor), Asanovic, Jarni – Stanic, Suker
Tore: 0:1 Prosinecki (13.), 1:1 Zenden (20.), 1:2 Suker (36.)
Gelbe Karten: Davids, Jonk / Jurcic, Stimac, Asanovic, Stanic
Schiedsrichter: Epifanio Gonzalez Chavez (Paraguay)
Zuschauer: 48 712

Souveräne Ballannahme vor dem siegreichen Schuß: Da hatte Seedorf (rechts) gegen Suker das Nachsehen.

Finale

Ein Duell wie noch nie als Schlußpunkt einer Weltmeisterschaft: Frankreich, überhaupt erstmals bis ins Finale vorgedrungen, gewann in Paris den Titel gegen das erstmals in einem Endspiel besiegte Team aus Brasilien. Das 3:0 ist zudem unbestritten eines der sensationellsten Resultate in der nun schon 68 Jahre alten Geschichte der Fußball-WM.

Brasilien – Frankreich

15

Akrobatisch: Bei ihrem Zusammenprall vor dem französischen Tor hatten Fabien Barthez (»Die Katze von Paris«) und der an diesem denkwürdigen Abend seltsam apathisch wirkende, verletzt ins Spiel gegangene Ronaldo allerdings kaum noch Sinn für Grazie.

Auftakt zur französischen Revolution der Fußballer-Klasse: Zinedine Zidane köpfte das 1:0 in der 27. Minute . . .

R.CARLOS
6

DANONE

... und stellte sich nach seinem 2:0 in der 45. Minute sogleich den weitgewinkelten Augen der internationalen Presse. Der gebürtige Algerier, als Straßenfußballer aufgewachsen in Marseille, mußte wegen einer Roten Karte im Vorrundenspiel gegen die Saudis zweimal ein Päuschen einlegen, hatte aber das Glück, daß im französischen Team kein anderer Inspiration und Intuition so gut miteinander verband wie er. Im Finale führte dann kaum noch ein Weg an dem Mann vorbei, der mit der legendären Rückennummer 10 von Platini die Grande Nation in die WM-Walhalla schoß und anschließend mit seinen Teamkollegen sogar zum »Ritter der Ehrenlegion« ernannt wurde – ein weiteres Novum in dieser an Neuerungen und Premieren so reichen Weltmeisterschaft.

FRANCE
CHAMPION
adidas
CHAMPION

Hall of Fame: Das Stade de France als Tummelplatz strahlender Weltmeister-Helden.

Das Spiel ist aus, das Fest beginnt: Zur Abschlußfeier bescherten uns die französischen Ausrichter ein pyrotechnisches Freudenfeuer und grüßten zugleich die nächsten (Doppel-)Veranstalter im Jahr 2002 (Japan und Südkorea).

Brasilien – Frankreich 0:3

Paris und das blaue Wunder

Mitternacht in Paris. Der Himmel aber erhellt durch Leuchtraketen und Scheinwerferreflexe, das Stadion in St. Denis noch in Lichterglanz gehüllt. Den Franzosen schien auch in der Dunkelheit der Horizont himmelblau wie die Trikotfarbe ihrer neuen Helden. Fast auf den Tag genau 209 Jahre nach der großen Revolution, die das Land veränderte und deren Jahrestage am 14. Juli festlich gefeiert werden, vollzog sich in der Metropole ein sportlich historisches Ereignis, das in seiner Ausstrahlung den einst weltpolitisch bedeutenden Vorgang an diesem Tag völlig vergessen ließ: Frankreichs Nationalmannschaft hatte zum ersten Mal in ihrer Geschichte den Weltmeistertitel gewonnen.

In einem zudem wirklich meisterhaften Stil gegen den hohen Favoriten Brasilien, dem im Stadion-Prunkstück von St. Denis eineinhalb Lehrstunden erteilt wurden.

Genau diese Art und Weise ihres Spieles setzte dem sensationellen Triumph der Franzosen erst wirklich die Krone auf. Sie verhinderten geschickt, daß Brasilien seinen Rhythmus fand, sie suchten und fanden die

Computer-Analyse

WM-Finale

Brasilien – Frankreich

Kriterien	Brasilien	Frankreich
Zweikämpfe gewonnen	80	111
Zweikämpfe gewonnen Offensive	29	36
Zweikämpfe gewonnen Defensive	51	75
Kopfballduelle gewonnen	19	21
Kopfballduelle gewonnen Offensive	4	6
Kopfballduelle gewonnen Defensive	15	15
Fouls verursacht	16	11
Fehlpässe bei den Kurzpässen	20	21
Summe an langen Pässen	49	34
davon zum Mitspieler	35	19
davon zum Gegner	14	15
Weite Torhüterabschläge/-abstöße	1	10
Eckbälle	9	3
im Abseits gestanden	3	6
Flanken geschlagen	12	4
Flanken von der rechten Seite	8	3
Flanken von der linken Seite	4	1
Torschüsse/Kopfbälle nach Flanken	2	0
Torchancen	4	10
Torschüsse	12	16
Kopfbälle auf das Tor	3	3
Torschüsse im gegnerischen Strafraum	7	10
Torschüsse 1. Halbzeit	4	10
Torschüsse 2. Halbzeit	8	6

Räume für ihre Kombinationen und erkannten schnell, daß die Abwehr der Südamerikaner auf wackeligen Beinen stand. In einigen Spielen zuvor waren ähnliche Schwächen auch schon offengelegt worden, aber niemand nahm dies so recht ernst.

Der mächtige Respekt vor brasilianischer Spielkultur hatte viele Gegner von vornherein zur Vorsicht veranlaßt. Die Franzosen und ihr scheidender Trainer Jacquet aber erkannten im eigenen Angriff die beste Verteidigung und stürzten ihren überraschten Gegner in oft heillose Verwirrung.

Plötzlich erlebte man, daß die Abwehrspieler ins Schwimmen gerieten, wenn sie unter Druck gesetzt wurden, daß sie außer mit planlosen, hohen Bällen irgendwohin in die gegnerische Hälfte kein Mittel fanden, ihr eigenes Spiel zu beruhigen oder gar selbst in Gang zu setzen. Die Ballkünstler, die längst nicht so kunstvoll spielten wie die meisten ihrer erfolgreicheren Vorgänger, offenbarten fast fatale Schwächen. Stückwerk statt Kunstwerk, Eintönigkeit statt Einfallsreichtum. Nicht einmal, als Frankreichs Elf auf zehn Mann reduziert war (Desailly mußte in der 68. Minute nach einem Foul, mit Gelb-Rot bestraft, vom Platz), fand Brasilien spielerische Mittel oder wenigstens kämpferische Wege, das Handicap des Gegners auszunutzen.

Von Superstar Ronaldo nicht die geringste Spur. Um den 21jährigen, der vor vier Jahren nur auf der Bank gesessen hatte, war kurz vor Spielbeginn ein Riesenwirbel entstanden: Sein Name fehlte auf der offiziellen Aufstellung, und niemand wußte genau, warum.

Es muß mehr gewesen sein als vermutet. Ronaldo lief wie sein eigener Schatten umher, kraft-, ideen- und wirkungslos. Hier klangen Pelés frühere Gedankengänge nach, der die Frage in den Raum gestellt hatte, ob Ronaldo wirklich ein kaputtes Spiel wieder zusammenfügen könnte. Im Finale hat er den Beweis nicht geliefert. Die klare Niederlage war nur eine logische und bittere Folge.

Wie anders dagegen Zinedine Zidane. Das Endspiel '98 war das Spiel des gebürtigen Algeriers. Der Mann mit den schon schütter gewordenen Haaren versetzte Brasilien auf selbst für ihn ungewöhnliche Weise den vorzeitigen und endgültigen Schock. Zweimal war Zidane mit dem Kopf zum richtigen Zeitpunkt

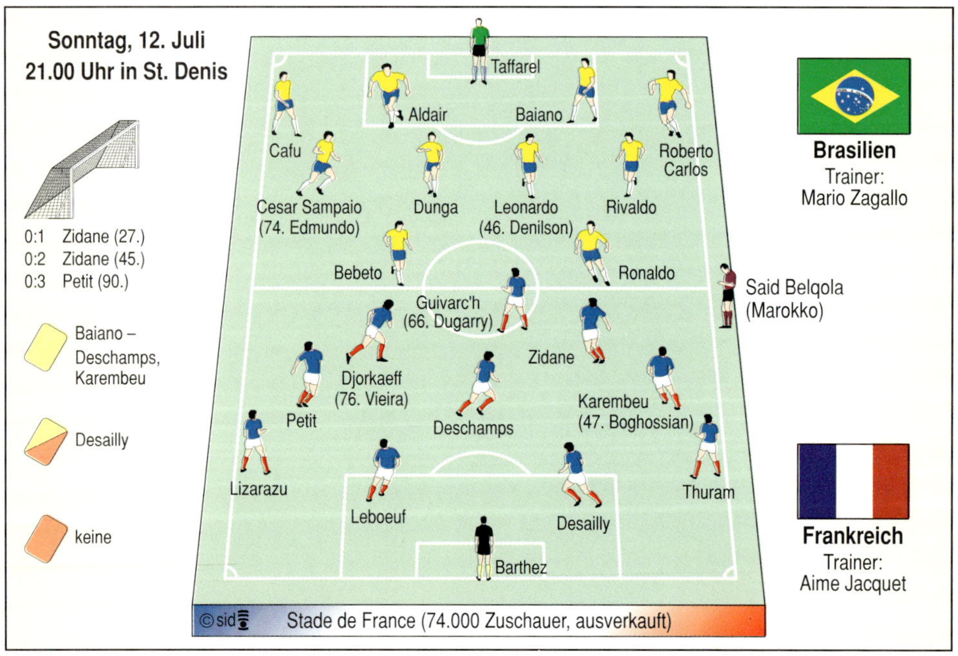

Vom Antistar zum Liebling der Nation: ▷ Frankreichs Coach Aimé Jacquet im Moment seines größten Triumphs.

an der richtigen Stelle. In der 27. Minute übersprang er nach einem Eckball von Petit den fast bewegungslosen Leonardo und drückte den Ball geschickt an Taffarel vorbei. Ähnlich die Situation beim 2:0. Wieder Eckball, nun durch Djorkaeff, wieder Kopfball Zidane, wieder ein Tor. 2:0 – der Anfang vom Ende.

Welch Glück, daß es an diesem Abend diesen Zidane gab. Französische Chancen zu mindestens zwei oder gar drei weiteren Treffern vergab vor allem der blonde Guivarc'h aus Auxerre.
Glatzkopf Barthez im Tor hatte seine beste, vielleicht vorentscheidende Szene, als er den ersten gefährlichen Schuß von Ronaldo ins kurze Eck gedankenschnell unter sich begrub. Frankreichs Blaue zeigten sich auch im einzelnen überwiegend besser als ihre höher eingeschätzten Widersacher: Thuram besser als Roberto Carlos, Zidane als Ronaldo, Petit als Dunga, der so gern zweimal Weltmeister-Kapitän geworden wäre.
Das 3:0, durch den emsigen Emmanuel Petit in der Nachspielzeit vollendet, ging fast schon im Jubelsturm unter, der sich zum Orkan entwickelte, als sich die Siegermannschaft zur Übernahme der Goldmedaillen auf die Ehrentribüne begab. Ein überglücklicher Staatspräsident Jacques Chirac, mit blau-weiß-rotem Schal dekoriert, führte die Schar der erlesenen Gratulanten mit Würde und Freude an: neben Monsieur le Président der scheidende FIFA-Präsident João Havelange aus Brasilien, sein Nachfolger Sepp Blatter aus der Schweiz und Frankreichs Fußball-Idol Michel Platini.

Die Brasilianer, maßlos enttäuschte, aber faire Verlierer, defilierten gesenkten Hauptes wie besiegte Heroen an den Gratulanten vorbei. Sie waren es ja auch.
Paris aber machte die Nacht zum Tage. Hunderttausende auf den Straßen, nicht nur auf den Prachtavenues. Frankreich, Europa, die Welt hatten ihr blaues Wunder erlebt, die Fußballkunst in der Weltstadt der Künste – eine Art europäischer Wiederauferstehung.

Pressestimmen

»Ein historischer Erfolg für die Ewigkeit, der die Blauen von Aimé Jacquet zum letzten Weltmeister dieses Jahrhunderts machte. Grandios, wunderschön, unvergeßlich. Es gibt nichts, was ähnlich sein kann. Zidane, der Herrscher der Welt.«
L'EQUIPE (FRANKREICH)

»Zidane macht die Samba-Stars verrückt. Auch Ronaldos Totalausfall schlägt die Brasilianer.«
THE SUN (ENGLAND)

»Vive la France. Die Welt verneigt sich vor Zidanes Genius.«
DAILY MAIL (ENGLAND)

»Französische Revolution! Der Gastgeber köpfte den Weltmeister mit seinem besten Fußball.«
EL MUNDO DEPORTIVO (SPANIEN)

»Frankreich gewinnt brasilianisch.«
IL TEMPO (ITALIEN)

»Die Welt ist ›bleu‹. Zidane: Frankreich hat einen neuen König.«
CORRIERE DELLA SERA (ITALIEN)

»Der Präsident hat Tränen in den Augen. Der französische Nationalfeiertag wurde zwei Tage vorverlegt.«
HET LAATSTE NIEUWS (BELGIEN)

Stimmen zum Spiel

Brasiliens Trainer **Mario Zagallo**
»Frankreich ist verdient Weltmeister! Nach dem 2:0 vor der Halbzeit war das Spiel gelaufen.« Vor dem Match hatte er noch getönt: »Über Frankreich machen wir uns keine Gedanken.«

Frankreichs Trainer **Aimé Jacquet**
»Der größte Augenblick im französischen Sport. Ein Tag, auf den wir über Jahre hinaus gezielt hingearbeitet haben. Die Mannschaft hat den Titel vollauf verdient, und die ganze Welt gesehen, daß Frankreich großartige Spieler besitzt.«

Günter Netzer, ARD-Kommentator
»Daß Brasilien so schlecht gespielt hat, lag in erster Linie am Gegner. Frankreich spielte taktisch perfekt. Die Südamerikaner fanden dagegen überhaupt keine Mittel. Ronaldo war ein glatter Ausfall, er ist kein Mannschaftsspieler.«

Rainer Holzschuh: »Frankreich erobert Stolz zurück«

Es war eine Nacht, die die Franzosen sicherlich nie vergessen werden. Drei blitzsaubere Tore gegen den Titelverteidiger bescherten der »Grande Nation« den ersehnten ersten Weltmeistertitel! Völlig verdient, in allen Punkten überlegen, gewannen die Männer von Trainer Aimé Jacquet die wertvollste Trophäe im Fußball und wurden damit zur Legende. Frankreich spielte in dieser Nacht verrückt. Die Champs-Elysées, die Prunkstraße von Paris, war schon am Nachmittag vor lauter Vorfreude verstopft; bis zum Morgengrauen tanzten, sangen, jubelten die Franzosen dort und im ganzen Lande, als hätte jeder von ihnen gerade 10 Millionen Francs im Lotto gewonnen. Doch in dieser Nacht war das Gefühl, die stärkste Fußball-Nation der Welt zu sein, wichtiger als jedes Geld. Frankreich hat etwas vom lange verlorenen Stolz zurückerobert, hat die Schmach vergessen las-

Alle WM-Finals

1930:	**Uruguay** – Argentinien	4:2
1934:	**Italien** – Tschechoslowakei	2:1
1938:	**Italien** – Ungarn	4:2
1950:	**Uruguay** (Gruppenspiele)	
1954:	**Deutschland** – Ungarn	3:2
1958:	**Brasilien** – Schweden	5:2
1962:	**Brasilien** – Tschechoslowakei	3:1
1966:	**England** – Deutschland	n.V. 4:2
1970:	**Brasilien** – Italien	4:1
1974:	**Deutschland** – Holland	2:1
1978:	**Argentinien** – Holland	n.V. 3:1
1982:	**Italien** – Deutschland	3:1
1986:	**Argentinien** – Deutschland	3:2
1990:	**Deutschland** – Argentinien	1:0
1994:	**Brasilien** – Italien	n.V. 0:0 (Elfmeterschießen 3:2)
1998:	**Frankreich** – Brasilien	3:0

sen, bei den letzten zwei Worldcups nicht einmal qualifiziert gewesen zu sein. Nach der Ära Platini, um den herum die Giresse, Tigana oder Fernandez mit dem EM-Sieg 1984 im eigenen Land erstmals einen Titel holten, beginnt nun die Legenden-Bildung von Zidane, Petit und Deschamps, die – ebenfalls im eigenen Land – einer Nation ein völlig neues Glücksgefühl bescherten. Ist Frankreich nun das neue Mekka des Fußballs? Zieht man die Leistungen des Finales heran, bestehen keine Zweifel. Brasilien, nur ein Abklatsch vorheriger Fußball-Kunst, hatte zu keinem Zeitpunkt eine Chance gegen die nach abgelegtem Lampenfieber wie entfesselt kämpfenden, taktisch brillierenden und später zwingend aufspielenden »Blauen«. Brasiliens Trainer Mario Zagallo wagte mit dem Einsatz des knieverletzten Ronaldo alles – und verlor. Ronaldo ging mit dem Nimbus eines Wunderstürmers in das Turnier, er beendete es als deprimierter, gepeinigter Schwachpunkt einer Mannschaft, die über alle sieben Spiele stets das Gefühl vermittelte, nie an die Grenzen der Leistungsfähigkeit gegangen zu sein.

Wie 1994 beim Titelgewinn in den USA überwog vielleicht doch die Furcht, daß ein glanzvolles Dream-Team von einer spielerisch unterlegenen Arbeiter-Mannschaft niedergerungen werden könnte. Brasilien hatte vor lauter Problemen mit sich selbst die eigenen Stärken vergessen und die Schwächen aller Gegner zu wenig ausgenutzt. Daß Frankreich den nominell schwächsten Angriff des ganzen Turniers aufwies – rund 400 Minuten ohne Stürmertor –, hätte man sich ebenso zu eigen machen können wie die Defizite auf der linken Abwehrseite, wo Petit immer wieder Lizarazu beistehen mußte. Diese Problemkreise hätten Frankreich fast den Titel gekostet. Gegen Paraguay reichte es soeben durch das einzige »Golden Goal« des Turniers, und gegen Italien mußte schon per Elfmeterschießen eine gehörige Portion Glück herhalten. Das wichtigste Match, das Finale, geriet dagegen zu einer Demonstration fußballerischer und taktischer Brillanz. Dennoch gestehe ich, daß unter Einbeziehung aller Elemente die Holländer den schönsten Ball boten; voller Tempo, Spielwitz, mit kreativen und hungrigen, auf vielen Positionen wechselweise einsetzbaren Spielern, denen größtenteils die Zukunft noch offensteht. Auch Argentinien mit seinem kraftvollen Tempo-Fußball hat mir imponiert. Oder die Engländer mit ihrem Jahrhundert-Talent Michael Owen. Die WM '98 bleibt ohnehin als ein Festival der nachrückenden Talente in Erinnerung: Owen, Ronaldo, Vieri, Veron, Salas, Davids, Trezeguet, Henry und manch andere sind in einem Alter, daß von ihnen noch bei zwei, drei weiteren Worldcups Großtaten erwartet werden können.

Nur von deutschen Talenten war nie die Rede, daß unser Team – wieder einmal – den spielerischen Ansprüchen nicht genügen konnte, dürfte kaum noch erschrecken. Daß wir nach 1994 erneut mäßig abgeschnitten haben, ist schon bitter. Daß wir aber nach dem unwürdigen Abgang gegen Kroatien in der Welt als schlechte Verlierer dastehen, muß zum Nachdenken zwingen. Jedes Wort über die Werte des Sports, die von manchen Trainern zu Recht gepriesen werden, klingt hohl, wenn eine Niederlage nicht ehrlich verkraftet wird. Sportlich blieb dies wohl der einzige wirkliche Mißklang einer unter dem Strich gelungenen WM. Die »Kleinen« haben aufgeholt, auch wenn sie Torjäger noch ausbilden müssen; die »Großen« sind offensivfreudiger geworden als noch in den vergangenen Turnieren. Es gibt viele überragende Fußballer auf der Welt, durch das Finale hat sich Zinedine Zidane ein Stückchen von seinen Konkurrenten abgesetzt.

Einen faden Beigeschmack erhielt die »France '98« durch die Krawalle der Hooligans, denen die überströmende Freude der wirklichen Fans auf den Rängen kraß entgegenstand. Und übel stieß auch der Skandal um die Kartenverteilung auf, der viele Fußball-Touristen um ihr lange erspartes Geld und gleichzeitig um die Freude an schönen Spielen vor Ort brachte. Jetzt steht die Premiere einer Doppel-Ausrichtung an: In Japan und Korea wird unter ganz anderen Voraussetzungen Fußball gespielt – erstmals in Fernost, erstmals in einem fremden Kulturkreis. Der Fußball jedoch sollte darunter nicht leiden. Und vielleicht haben die Verantwortlichen aus den Fehlern von »France '98« gelernt. Dennoch: Ich habe die WM in Frankreich genossen. Es waren lange, aber unvergessene fünf Wochen!

Mein Dream-Team der WM '98. Vor Chilavert eine Dreierkette mit den beiden französischen Außenverteidigern Thuram und Desailly sowie Hollands Frank de Boer als Sicherung. Davor ein Fünfer-Mittelfeld: Zidane fungiert als »Kopf«, Rivaldo als »Keil«. Dazu Hollands Dauerpendler Davids und die quirligen Veron und Petit. Das Sturmduo bilden mit Batistuta und Suker die beiden gefährlichsten WM-Schützen.

Die Spiele der Qualifikation

Europa

15 Teilnehmer
Die neun Gruppensieger und der beste Gruppenzweite sind automatisch qualifiziert. Die übrigen acht Gruppenzweiten bestreiten Ausscheidungsspiele um die weiteren vier Plätze. Zur Ermittlung des besten Gruppenzweiten werden wie in der Ausscheidung zur EM '96 nur die Ergebnisse gegen den Ersten, Dritten und Vierten der jeweiligen Gruppe berücksichtigt. Gastgeber Frankreich ist automatisch qualifiziert.

Gruppe 1

24. 4. 96	Griechenland–Slowenien	2:0
1. 9. 96	Griechenland–Bosnien-H.	3:0
1. 9. 96	Slowenien–Dänemark	0:2
8. 10. 96	Bosnien-H.–Kroatien (in Bologna)	1:4
9. 10. 96	Dänemark–Griechenl.	2:1
10. 11. 96	Slowenien–Bosnien-H.	1:2
10. 11. 96	Kroatien–Griechenland	1:1
29. 3. 97	Kroatien–Dänemark	1:1
2. 4. 97	Bosnien-H.–Griechenl.	0:1
2. 4. 97	Kroatien–Slowenien	3:3
30. 4. 97	Dänemark–Slowenien	4:0
30. 4. 97	Griechenland–Kroatien	0:1
8. 6. 97	Dänemark–Bosnien-H.	2:0
20. 8. 97	Bosnien-H.–Dänemark	3:0
6. 9. 97	Kroatien–Bosnien-H.	3:2
6. 9. 97	Slowenien–Griechenl.	0:3
10. 9. 97	Dänemark–Kroatien	3:1
10. 9. 97	Bosnien-H.–Slowenien	1:0
11. 10. 97	Griechenl.–Dänemark	0:0
11. 10. 97	Slowenien–Kroatien	1:3

1. DÄNEMARK	**8**	**14:6**	**17**
2. Kroatien	**8**	**17:12**	**15**
3. Griechenland	**8**	**11:4**	**14**
4. Bosnien-Herz.	**8**	**9:14**	**9**
5. Slowenien	**8**	**5:20**	**1**

Gruppe 2

1. 9. 96	Moldawien–England	0:3
5. 10. 96	Moldawien–Italien	1:3
9. 10. 96	England–Polen	2:1
9. 10. 96	Italien–Georgien	1:0
9. 11. 96	Georgien–England	0:2
10. 11. 96	Polen–Moldawien	2:1
12. 2. 97	England–Italien	0:1
29. 3. 97	Italien–Moldawien	3:0
2. 4. 97	Polen–Italien	0:0
30. 4. 97	Italien–Polen	3:0
30. 4. 97	England–Georgien	2:0
31. 5. 97	Polen–England	0:2
7. 6. 97	Georgien–Moldawien	2:0
14. 6. 97	Polen–Georgien	4:1
10. 9. 97	England–Moldawien	4:0
10. 9. 97	Georgien–Italien	0:0
24. 9. 97	Moldawien–Georgien	0:1
7. 10. 97	Moldawien–Polen	0:1
11. 10. 97	Italien–England	0:0
11. 10. 97	Georgien–Polen	3:0

1. ENGLAND	**8**	**15:2**	**19**
2. Italien	**8**	**11:1**	**18**
3. Polen	**8**	**10:12**	**10**
4. Georgien	**8**	**7:9**	**10**
5. Moldawien	**8**	**2:21**	**0**

Gruppe 3

2. 6. 96	Norwegen–Aserbaidschan	5:0
31. 8. 96	Aserbaidschan–Schweiz	1:0
1. 9. 96	Ungarn–Finnland	1:0
6. 10. 96	Finnland–Schweiz	2:3
9. 10. 96	Norwegen–Ungarn	3:0
10. 11. 96	Aserbaidschan–Ungarn	0:3
10. 11. 96	Schweiz–Norwegen	0:1
2. 4. 97	Aserbaidschan–Finnland	1:2
30. 4. 97	Norwegen–Finnland	1:1
30. 4. 97	Schweiz–Ungarn	1:0
8. 6. 97	Finnland–Aserbaidschan	3:0
8. 6. 97	Ungarn–Norwegen	1:1
20. 8. 97	Finnland–Norwegen	0:4
20. 8. 97	Ungarn–Schweiz	1:1
6. 9. 97	Schweiz–Finnland	1:2
6. 9. 97	Aserbaidschan–Norwegen	0:1
10. 9. 97	Ungarn–Aserbaidschan	3:1
10. 9. 97	Norwegen–Schweiz	5:0
11. 10. 97	Finnland–Ungarn	1:1
11. 10. 97	Schweiz–Aserbaidschan	5:0

1. NORWEGEN	**8**	**21:2**	**20**
2. Ungarn	**8**	**10:8**	**12**
3. Finnland	**8**	**11:12**	**11**
4. Schweiz	**8**	**11:12**	**10**
5. Aserbaidschan	**8**	**3:22**	**3**

Gruppe 4

1. 6. 1996
Schweden–Weißrußland 5:1

31. 8. 1996 in Wien
Österreich–Schottland 0:0
Österreich: Konsel – Feiersinger – Schöttel, Pfeffer – Schopp, Kühbauer, Heraf, Herzog, Marasek – Ramusch (ab 77. Ogris), Polster (ab 68. Sabitzer). Schiedsrichter: Piraux (Belgien). Zuschauer: 29500.

31. 8. 1996
Weißrußland–Estland 1:0

1. 9. 1996
Lettland–Schweden 1:2

5. 10. 1996
Estland–Weißrußland 1:0

5. 10. 1996
Lettland–Schottland 0:2

9. 10. 1996
Weißrußland–Lettland 1:1

9. 10. 1996 in Stockholm
Schweden–Österreich 0:1
Österreich: Konsel – Feiersinger – Schöttel, Pfeffer – Schopp (ab 78. Hatz), Hütter, Stöger (ab 72. Ramusch), Heraf, Wetl – Herzog, Polster. Tore: 0:1 Herzog (12.). Schiedsrichter: Krondl (Tschechien). Zuschauer: 37000.

9. 11. 1996 in Wien
Österreich–Lettland 2:1
Österreich: Konsel – Kartalija – Schöttel, Pfeffer – Schopp, Hütter (ab 60. Ramusch), Stöger (ab 60. Kühbauer), Heraf, Wetl – Herzog, Polster. Tore: 1:0 Polster (43.), 2:1 Herzog (73.). Schiedsrichter: Mitrovic (Slowenien). Zuschauer: 15700.

10. 11. 1996
Schottland–Schweden 1:0

11. 2. 1997 in Monaco
Estland–Schottland 0:0

29. 3. 1997
Schottland–Estland 2:0

2. 4. 1997 in Glasgow
Schottland–Österreich 2:0
Österreich: Konsel – Feiersinger – Schöttel (ab 46. W. Kogler), Pfeffer – Schopp, Stöger (ab 69. Vastic), Heraf, F. Aigner (ab 82. Ogris), Wetl – Herzog, Polster. Schiedsrichter: Lewnikow (Rußland). Zuschauer: 35000.

30. 4. 1997
Lettland–Weißrußland 2:0

30. 4. 1997
Schweden–Schottland 2:1

30. 4. 1997 in Wien
Österreich–Estland 2:0
Österreich: Konsel – Feiersinger – Schöttel (ab 69. W. Kogler), Pfeffer – Cerny, Heraf, Kühbauer, Herzog, Wetl, Vastic (ab 51. Stöger), Polster. Tore: 1:0 Vastic (48.), 2:0 Stöger (87.). Schiedsrichter: Ancion (Belgien). Zuschauer: 27500.

18. 5. 1997
Estland–Lettland 1:3

8. 6. 1997
Estland–Schweden 2:3

8. 6. 1997 in Riga
Lettland–Österreich 1:3
Österreich: Konsel – Feiersinger – Schöttel, Pfeffer – Cerny (ab 84. Ramusch), Heraf, Kühbauer, Herzog (ab 78. Stöger), Wetl (ab 46. Pfeifenberger), – Vastic, Polster. Tore: 0:1 Heraf (55.), 0:2 Polster (81.), 0:3 Stöger (82.). Schiedsrichter: Jol (Holland). Zuschauer: 7000.

8. 6. 1997
Weißrußland–Schottland 0:1

20. 8. 1997 in Tallinn
Estland–Österreich 0:3
Österreich: Konsel – W. Kogler, Pfeffer – Cerny (ab 84. Schopp), Pfeifenberger, Mählich, Kühbauer – Herzog (ab 69. Stöger), Prilasnig – Polster, Vastic. Tore: 0:1 Polster (47.), 0:2 Polster (70.), 0:3 Polster (90.). Schiedsrichter: Fassolis (Griechenland). Zuschauer: 1500.

20. 8. 1997
Weißrußland–Schweden 1:2

6. 9. 1997 in Wien
Österreich–Schweden 1:0
Österreich: Konsel – Feiersinger – Schöttel, Pfeffer – Cerny, Mählich, Pfeifenberger, Herzog (ab 83. Wohlfahrt), Prilasnig – Polster, Vastic (ab 66. Stöger). Tore: 1:0 Herzog (76.). Schiedsrichter: Lopez-Nieto (Spanien). Zuschauer: 48000.

6. 9. 1997
Schottland–Weißrußland 4:1

6. 9. 1997
Lettland–Estland 1:0

10. 9. 1997
Schweden–Lettland 1:0

10. 9. 1997 in Minsk
Weißrußland–Österreich 0:1
Österreich: Wohlfahrt – Feiersinger – Schöttel, W. Kogler – Cerny, Mählich, Pfeifenberger, Herzog (ab 72. Hütter), Prilasnig – Polster, Vastic (ab 46. Stöger). Tore: 0:1 Pfeifenberger (50.). Schiedsrichter: Muhmenthaler (Schweiz). Zuschauer: 5000.

11. 10. 1997 in Wien
Österreich–Weißrußland 4:0
Österreich: Konsel – Feiersinger – W. Kogler, Pfeffer – Cerny (ab 75. Ramusch), Mählich, Pfeifenberger, Stöger, Herzog (ab 63. Reinmayr), Prilasnig (ab 66. Schopp) – Polster. Tore: 1:0 Polster (3.), 2:0 Stöger (6.), 3:0 Polster (16., Elfmeter), 4:0 Reinmayr (42.). Schiedsrichter: Huzu (Rumänien). Zuschauer: 4800.

11. 10. 1997
Schottland–Lettland 2:0

11. 10. 1997
Schweden–Estland 1:0

1. ÖSTERREICH	**10**	**17:4**	**25**
2. Schottland	**10**	**15:3**	**23**
3. Schweden	**10**	**16:9**	**21**
4. Lettland	**10**	**10:14**	**10**
5. Estland	**10**	**4:16**	**4**
6. Weißrußland	**10**	**5:21**	**4**

Gruppe 5

1. 9. 96	Israel–Bulgarien	2:1
1. 9. 96	Rußland–Zypern	4:0
8. 10. 96	Luxemburg–Bulgarien	1:2
9. 10. 96	Israel–Rußland	1:1
10. 11. 96	Zypern–Israel	2:0
10. 11. 96	Luxemburg–Rußland	0:4
14. 12. 96	Zypern–Bulgarien	1:3
15. 12. 96	Israel–Luxemburg	1:0
29. 3. 97	Zypern–Rußland	1:1
30. 3. 97	Luxemburg–Israel	0:3
2. 4. 97	Bulgarien–Zypern	4:1
30. 4. 97	Israel–Zypern	2:0
30. 4. 97	Rußland–Luxemburg	3:0
8. 6. 97	Bulgarien–Luxemburg	4:0
8. 6. 97	Rußland–Israel	2:0
20. 8. 97	Bulgarien–Israel	1:0
7. 9. 97	Luxemburg–Zypern	1:3
10. 9. 97	Bulgarien–Rußland	1:0
11. 10. 97	Zypern–Luxemburg	2:0
11. 10. 97	Rußland–Bulgarien	4:2

1. BULGARIEN	**8**	**18:9**	**18**
2. Rußland	**8**	**19:5**	**17**
3. Israel	**8**	**9:7**	**13**
4. Zypern	**8**	**10:15**	**10**
5. Luxemburg	**8**	**2:22**	**0**

Gruppe 6

24. 4. 96	Jugoslawien–Färöer	3:1
2. 6. 96	Jugoslawien–Malta	6:0
31. 8. 96	Färöer–Slowakei	1:2
4. 9. 96	Färöer–Spanien	2:6
18. 9. 96	Tschechien–Malta	6:0
22. 9. 96	Slowakei–Malta	6:0
6. 10. 96	Färöer–Jugoslawien	1:8
9. 10. 96	Tschechien–Spanien	0:0
23. 10. 96	Slowakei–Färöer	3:0
10. 11. 96	Jugoslawien–Tschechien	1:0
13. 11. 96	Spanien–Slowakei	4:1
14. 12. 96	Spanien–Jugoslawien	2:0
18. 12. 96	Malta–Spanien	0:3
12. 2. 97	Spanien–Malta	4:0
31. 3. 97	Malta–Slowakei	0:2
2. 4. 97	Tschechien–Jugoslawien	1:2
30. 4. 97	Malta–Färöer	1:2
30. 4. 97	Jugoslawien–Spanien	1:1
8. 6. 97	Jugoslawien–Slowakei	2:0
8. 6. 97	Färöer–Malta	2:1
8. 6. 97	Spanien–Tschechien	1:0
20. 8. 97	Tschechien–Färöer	2:0
24. 8. 97	Slowakei–Tschechien	2:1
6. 9. 97	Färöer–Tschechien	0:2
10. 9. 97	Slowakei–Jugoslawien	1:1
24. 9. 97	Malta–Tschechien	0:1
24. 9. 97	Slowakei–Spanien	1:2
11. 10. 97	Malta–Jugoslawien	0:5
11. 10. 97	Tschechien–Slowakei	3:0
11. 10. 97	Spanien–Färöer	3:1

1. SPANIEN	**10**	**26:6**	**26**
2. Jugoslawien	**10**	**29:7**	**23**
3. Tschechien	**10**	**16:6**	**16**
4. Slowakei	**10**	**18:14**	**16**
5. Färöer	**10**	**10:31**	**6**
6. Malta	**10**	**2:37**	**0**

Gruppe 7

2. 6. 96	San Marino–Wales	0:5
31. 8. 96	Belgien–Türkei	2:1
31. 8. 96	Wales–San Marino	6:0
5. 10. 96	Wales–Holland	1:3
9. 10. 96	San Marino–Belgien	0:3
9. 11. 96	Holland–Wales	7:1
10. 11. 96	Türkei–San Marino	7:0
14. 12. 96	Belgien–Holland	0:3
14. 12. 96	Wales–Türkei	0:0
29. 3. 97	Holland–San Marino	4:0
29. 3. 97	Wales–Belgien	1:2
2. 4. 97	Türkei–Holland	1:0
30. 4. 97	Türkei–Belgien	1:3
30. 4. 97	San Marino–Holland	0:6
7. 6. 97	Belgien–San Marino	6:0
20. 8. 97	Türkei–Wales	6:4
6. 9. 97	Holland–Belgien	3:1
10. 9. 97	San Marino–Türkei	0:5
11. 10. 97	Belgien–Wales	3:2
11. 10. 97	Holland–Türkei	0:0

1. HOLLAND	8	26:4	19
2. Belgien	8	20:11	18
3. Türkei	8	21:9	14
4. Wales	8	20:21	7
5. San Marino	8	0:42	0

Gruppe 8

24. 4. 96	Mazedonien–Liechtenstein	3:0
1. 6. 96	Island–Mazedonien	1:1
31. 8. 96	Liechtenstein–Irland	0:5
31. 8. 96	Rumänien–Litauen	3:0
5. 10. 96	Litauen–Island	2:0
9. 10. 96	Litauen–Liechtenstein	2:1
9. 10. 96	Irland–Mazedonien	3:0
9. 10. 96	Island–Rumänien	0:4
9. 11. 96	Liechtenstein–Mazedonien	1:11
10. 11. 96	Irland–Island	0:0
14. 12. 96	Mazedonien–Rumänien	0:3
29. 3. 97	Rumänien–Liechtenstein	8:0
2. 4. 97	Litauen–Rumänien	0:1
2. 4. 97	Mazedonien–Irland	3:2
30. 4. 97	Liechtenstein–Litauen	0:2
30. 4. 97	Rumänien–Irland	1:0
21. 5. 97	Irland–Liechtenstein	5:0
7. 6. 97	Mazedonien–Island	1:0
11. 6. 97	Island–Litauen	0:0
20. 8. 97	Liechtenstein–Island	0:4
20. 8. 97	Irland–Litauen	0:0
20. 8. 97	Rumänien–Mazedonien	4:2
6. 9. 97	Island–Irland	2:4
6. 9. 97	Liechtenstein–Rumänien	1:8
6. 9. 97	Litauen–Mazedonien	2:0
10. 9. 97	Rumänien–Island	4:0
10. 9. 97	Litauen–Irland	1:2
11. 10. 97	Island–Liechtenstein	4:0
11. 10. 97	Irland–Rumänien	1:1
11. 10. 97	Mazedonien–Litauen	1:2

1. RUMÄNIEN	10	37:4	28
2. Irland	10	22:8	18
3. Litauen	10	11:8	17
4. Mazedonien	10	22:18	13
5. Island	10	11:16	9
6. Liechtenstein	10	3:52	0

Gruppe 9

31. 8. 1996
Nordirland–Ukraine 0:1

31. 8. 1996
Armenien–Portugal 0:0

5. 10. 1996
Nordirland–Armenien 1:1

5. 10. 1996
Ukraine–Portugal 2:1

9. 10. 1996
Albanien–Portugal 0:3

9. 10. 1996 in Erewan
Armenien–Deutschland 1:5
Armenien: Beresowski – Der-Zakarian – Chaschatrian, Hovsepujan – Wardanjan (ab 77. Minasjan), Mkitarjan – Suklasjan, Tonojan (ab 46. A. Awetisjan), Oganesjan (ab 46. Ter-Petrosjan) – Assadourian, Mikajeljan.
Deutschland: Köpke – Babbel, Reuter, Kohler – Paßlack, Eilts, Bode (ab 73. Kuntz) – Häßler (ab 77. Tarnat), Scholl – Klinsmann, Bierhoff (ab 64. Bobic). Tore: 0:1 Häßler (20.), 0:2 Klinsmann (26.), 0:3 Häßler (39.), 0:4 Bobic (69.), 0:5 Kuntz (81.), 1:5 Mikajeljan (85.). Schiedsrichter: Collina (Italien). Zuschauer: 50000.

9. 11. 1996
Albanien–Armenien 1:1

9. 11. 1996 in Nürnberg
Deutschland–Nordirland 1:1
Deutschland: Köpke – Reuter – Kohler – Babbel, Strunz, Eilts (ab 62. Paßlack), Tarnat – Häßler, Möller – Bobic (ab 70. Bierhoff), Klinsmann.
Nordirland: Wright – Hunter, Hill, Taggart – Nolan, Morrow, Horlock – Lennon (ab 86. Rogan), Lomas, Hughes – Dowie (ab 76. Gray). Tore: 0:1 Taggart (39.), 1:1 Möller (41.). Schiedsrichter: Dr. Cakar (Türkei). Zuschauer: 40718.

9. 11. 1996
Portugal–Ukraine 1:0

14. 12. 1996
Nordirland–Albanien 2:0

14. 12. 1996 in Lissabon
Portugal–Deutschland 0:0
Portugal: Vitor Baia – Secretario, Fernando Couto, Helder, Dimas – Oceano, P. Santos – Rui Barros (ab 76. Cadete) Figo, Rui Costa – Joao Pinto.
Deutschland: Köpke – Sammer – Reuter, Kohler, Ziege – Eilts, Basler (ab 70. Kirsten), Babbel (ab 84. Tarnat) – Möller – Klinsmann, Bobic. Schiedsrichter: Puhl (Ungarn). Zuschauer: 50000.

29. 3. 1997 in Granada
Albanien–Ukraine 0:1

29. 3. 1997
Nordirland–Portugal 0:0

2. 4. 1997
Ukraine–Nordirland 2:1

2. 4. 1997 in Granada
Albanien–Deutschland 2:3
Albanien: Strakosha – Shulku – Kacaj, Abazi – R. Vata – Shpuza (ab 69. Bellai), Bushi (ab 90. Lamce), Haxhi – Tare (ab 74. F. Vata), Kola, Rraklli.
Deutschland: Köpke – Sammer – Kohler, Helmer – Reuter (ab 61. Heinrich), Eilts (ab 62. Kirsten), Ziege – Möller, Wosz – Klinsmann, Bierhoff. Tore: 1:0 Kola (62., Elfmeter), 1:1 Kirsten (63.), 1:2 Kirsten (80.), 1:3 Kirsten (84.), 2:3 Kola (90., Elfmeter). Schiedsrichter: Piraux (Belgien). Zuschauer: 5000.

30. 4. 1997
Armenien–Nordirland 0:0

30. 4. 1997 in Bremen
Deutschland–Ukraine 2:0
Deutschland: Köpke – Kohler, Helmer – Heinrich, Eilts, Ziege – Basler, Bobic (ab 15. Nowotny), Wosz (ab 84. Tarnat) – Bierhoff, Klinsmann.
Ukraine: Schowkowski – Luschni, Golowko, Bejenar, Skripnik (ab 70. Waschtschuk) – Maximow – Nagornjak (ab 70. Orbu), Kalitwinzew (ab 77. Michailenko), Kossowski – Rebrow – Schewtschenko. Tore: 1:0 Bierhoff (62.), 2:0 Basler (72.). Schiedsrichter: Frisk (Schweden). Zuschauer: 33000.

7. 5. 1997
Ukraine–Armenien 1:1

7. 6. 1997
Portugal–Albanien 2:0

7. 6. 1997 in Kiew
Ukraine–Deutschland 0:0
Ukraine: Schowkowski – Waschtschuk – Golowko, Kowal – Luschni, Maximow (ab 72. Schkapenko), Gussin, Dmitrulin – Rebrow (ab 82. Michailenko), Nagornjak (ab 89. Bejenar), Schewtschenko.
Deutschland: Köpke – Sammer – Kohler – Heinrich, Eilts, Helmer, Ziege – Basler, Wosz (ab 70. Scholl) – Klinsmann, Kirsten (ab 88. Bierhoff). Schiedsrichter: Vagner (Ungarn). Zuschauer: 65000.

20. 8. 1997 in Belfast
Nordirland–Deutschland 1:3
Nordirland: Davison – Nolan, Hill, Morrow, Taggart – Gillespie (ab 80. McMahon), Lennon, Magilton, Horlock (ab 83. Griffin) – Hughes – Quinn.
Deutschland: Köpke – Helmer – Kohler – Wörns (ab 64. Häßler), Nowotny, Heinrich – Basler (ab 83. Babbel), Möller, Ziege – Klinsmann, Kirsten (ab 70. Bierhoff). Tore: 1:0 Hughes (60.), 1:1 Bierhoff (73.), 1:2 Bierhoff (78.), 1:3 Bierhoff (79.). Schiedsrichter: Garcia-Aranda (Spanien). Zuschauer: 13400.

20. 8. 1997
Portugal–Armenien 3:1

20. 8. 1997
Ukraine–Albanien 1:0

6. 9. 1997 in Berlin
Deutschland–Portugal 1:1
Deutschland: Köpke – Helmer – Kohler – Heinrich (ab 79. Wosz), Reuter (ab 46. Babbel), Nowotny, Ziege – Basler, Häßler – Klinsmann, Bierhoff (ab 70. Kirsten).
Portugal: Silvino – P. Santos, Beto, Helder, Dimas – Paulo Sousa, Oceano (ab 84. Pauleta) – Rui Costa, Pedro Barbosa – Figo – Joao Pinto (ab 77. Conceicao). Tore: 0:1 Barbosa (71.), 1:1 Kirsten (81.). Schiedsrichter: Batta (Frankreich). Zuschauer: 75841.

6. 9. 1997
Armenien–Albanien 3:0

10. 9. 1997
Albanien–Nordirland 1:0

10. 9. 1997 in Dortmund
Deutschland–Armenien 4:0
Deutschland: Köpke – Wörns, Thon, Helmer – Heinrich, Kmetsch (ab 21. Ricken), Tarnat (ab 66. Bierhoff) – Häßler, Wosz (ab 81. Nowotny) – Klinsmann, Kirsten.
Armenien: Beresowski – Hovsepujan – Chrbasjan (ab 62. Ter-Petrosjan), Wardanjan – Mkitarjan, Nazarjan, Petrosjan (ab 79. A. Awetisjan) – Assadourian, Avaljan (ab 46. Sarkissjan), Michaeljan, Schageldjan. Tore 1:0 Klinsmann (70.), 2:0 Klinsmann (84.), 3:0 Häßler (86.), 4:0 Kirsten (90.). Schiedsrichter: Mikkelsen (Dänemark). Zuschauer: 43000.

11. 10. 1997 in Hannover
Deutschland–Albanien 4:3
Deutschland: Kahn – Kohler, Helmer – Thon – Häßler, Reuter, Heinrich – Möller, Kuntz (ab 72. Marschall) – Bobic (ab 60. Tarnat), Bierhoff.
Albanien: Strakosha – Shulku – Fakai, Xhumba – Tole (ab 79. Gallo), F. Vata – Bushi (ab 90. Prenga), Kola, Haxhi – Halili (ab 55. Peco), Tare. Tore: 0:1 Kohler (55., Eigentor), 1:1 Helmer (64.), 2:1 Bierhoff (73.), 2:2 Tare (80.), 3:2 Marschall (86.), 3:3 Vata (88.), 4:3 Bierhoff (90.). Schiedsrichter: Pedersen (Norwegen). Zuschauer: 44522.

11. 10. 1997
Portugal–Nordirland 1:0

11. 10. 1997
Armenien–Ukraine 0:2

1. DEUTSCHLAND	10	23:9	22
2. Ukraine	10	10:6	20
3. Portugal	10	12:4	19
4. Armenien	10	8:17	8
5. Nordirland	10	6:10	7
6. Albanien	10	7:20	4

Qualifikationsrunde der Gruppenzweiten

29. 10. 97	Kroatien–Ukraine	2:0
15. 11. 97	Ukraine–KROATIEN	1:1
29. 10. 97	Rußland–Italien	1:1
15. 11. 97	ITALIEN–Rußland	1:0
29. 10. 97	Irland–Belgien	1:1
15. 11. 97	BELGIEN–Irland	2:1
29. 10. 97	Ungarn–Jugoslawien	1:7
15. 11. 97	JUGOSLAWIEN–Ungarn	5:0

Südamerika

(5 Teilnehmer)
Titelverteidiger Brasilien ist automatisch qualifiziert. Die übrigen neun Mannschaften ermitteln in einer Gruppe in Hin- und Rückspielen vier weitere WM-Teilnehmer.

24. 4. 96	Argentinien–Bolivien	3:1
24. 4. 96	Venezuela–Uruguay	0:2
24. 4. 96	Kolumbien–Paraguay	1:0
24. 4. 96	Ecuador–Peru	4:1
2. 6. 96	Ecuador–Argentinien	2:0
2. 6. 96	Uruguay–Paraguay	0:2
2. 6. 96	Venezuela–Chile	1:1
2. 6. 96	Peru–Kolumbien	1:1
7. 7. 96	Chile–Ecuador	4:1
7. 7. 96	Peru–Argentinien	0:0
7. 7. 96	Kolumbien–Uruguay	3:1
7. 7. 96	Bolivien–Venezuela	6:1
1. 9. 96	Argentinien–Paraguay	1:1
1. 9. 96	Bolivien–Peru	0:0
1. 9. 96	Kolumbien–Chile	4:1
1. 9. 96	Ecuador–Venezuela	1:0
8. 10. 96	Uruguay–Bolivien	1:0
9. 10. 96	Venezuela–Argentinien	2:5
9. 10. 96	Ecuador–Kolumbien	0:1
9. 10. 96	Paraguay–Chile	2:1
10. 11. 96	Bolivien–Kolumbien	2:2
10. 11. 96	Paraguay–Ecuador	1:0
10. 11. 96	Peru–Venezuela	4:1
12. 11. 96	Chile–Uruguay	1:0
15. 12. 96	Argentinien–Chile	1:1
15. 12. 96	Uruguay–Peru	2:0
15. 12. 96	Venezuela–Kolumbien	0:2
15. 12. 96	Bolivien–Paraguay	0:0
12. 1. 97	Venezuela–Paraguay	0:2
12. 1. 97	Bolivien–Ecuador	2:0
12. 1. 97	Peru–Chile	2:1
12. 1. 97	Uruguay–Argentinien	0:0
12. 2. 97	Kolumbien–Argentinien	0:1
12. 2. 97	Ecuador–Uruguay	4:0
12. 2. 97	Paraguay–Peru	2:1
12. 2. 97	Bolivien–Chile	1:1
2. 4. 97	Bolivien–Argentinien	2:1
2. 4. 97	Uruguay–Venezuela	3:1
2. 4. 97	Paraguay–Kolumbien	2:1
2. 4. 97	Peru–Ecuador	1:1
29. 4. 97	Chile–Venezuela	6:0
30. 4. 97	Argentinien–Ecuador	2:1
30. 4. 97	Paraguay–Uruguay	3:1
30. 4. 97	Kolumbien–Peru	0:1
8. 6. 97	Argentinien–Peru	2:0
8. 6. 97	Ecuador–Chile	1:1
8. 6. 97	Uruguay–Kolumbien	1:1
8. 6. 97	Venezuela–Bolivien	1:1
5. 7. 97	Chile–Kolumbien	4:1
6. 7. 97	Paraguay–Argentinien	1:2
6. 7. 97	Peru–Bolivien	2:1
6. 7. 97	Venezuela–Ecuador	1:1
20. 7. 97	Argentinien–Venezuela	2:0
20. 7. 97	Bolivien–Uruguay	1:0
20. 7. 97	Kolumbien–Ecuador	1:0
20. 7. 97	Chile–Paraguay	2:1
20. 8. 97	Uruguay–Chile	1:0
20. 8. 97	Kolumbien–Bolivien	3:0
20. 8. 97	Ecuador–Paraguay	2:1
20. 8. 97	Venezuela–Peru	0:3
10. 9. 97	Chile–Argentinien	1:2
10. 9. 97	Peru–Uruguay	2:1
10. 9. 97	Kolumbien–Venezuela	1:0
10. 9. 97	Paraguay–Bolivien	2:1
12. 10. 97	Argentinien–Uruguay	0:0
12. 10. 97	Chile–Peru	4:0
12. 10. 97	Paraguay–Venezuela	1:0
12. 10. 97	Ecuador–Bolivien	1:0
16. 11. 97	Argentinien–Kolumbien	1:1
16. 11. 97	Chile–Bolivien	3:0
16. 11. 97	Peru–Paraguay	1:0
16. 11. 97	Uruguay–Ecuador	5:3

1. ARGENTINIEN	16	23:13	30
2. PARAGUAY	16	21:14	29
3. KOLUMBIEN	16	23:15	28
4. CHILE	16	32:18	25
5. Peru	16	19:20	25
6. Ecuador	16	22:21	21
7. Uruguay	16	18:21	21
8. Bolivien	16	18:21	17
9. Venezuela	16	8:41	3

Nord- und Mittelamerika

(3 Teilnehmer)

Karibik

1. Runde

10. 3. 96	Dominica–Antigua	3:3
31. 3. 96	Antigua–Dominica	1:3
24. 3. 96	Dominikan. Rep.–Aruba	3:2
31. 3. 96	Aruba–Dominikan. Rep.	1:3
29. 3. 96	Guyana–Grenada	1:2
7. 4. 96	Grenada–Guyana	6:2

Bahamas – St. Kitts-Nevis
(Bahamas zurückgezogen)

2. Runde

31. 3. 96	Surinam–Jamaika	0:1
21. 4. 96	Jamaika–Surinam	1:0
4. 5. 96	Puerto Rico–St. Vincent	1:2
12. 5. 96	St. Vincent–Puerto Rico	7:0
4. 5. 96	Dominik. Rep.–Nl. Antillen	2:1
11. 5. 96	Nl. Antillen–Dominik. Rep.	0:0
5. 5. 96	St. Kitts-Nevis–St. Lucia	5:1
19. 5. 96	St. Lucia–St. Kitts-Nevis	0:1
12. 5. 96	Cayman Islands–Kuba	0:1
14. 5. 96	Kuba–Cayman Islands	5:0

(Beide Spiele auf den Cayman Islands)

12. 5. 96	Haiti–Grenada	6:1
18. 5. 96	Grenada–Haiti	0:1
14. 5. 96	Dominica–Barbados	0:1
19. 5. 96	Barbados–Dominica	1:0

Bermuda – Trinidad & Tobago
(Bermuda zurückgezogen)

3. Runde

10. 6. 96	Kuba–Haiti (in Trinidad)	6:1
30. 6. 96	Haiti–Kuba	1:1
15. 6. 96	Dominik. Rep.–Trinidad/T.	1:4
23. 6. 96	Trinidad/T.–Dominik. Rep.	8:0
23. 6. 96	St. Kitts–St. Vincent	2:2
30. 6. 96	St. Vincent–St. Kitts	0:0
23. 6. 96	Barbados–Jamaika	0:1
30. 6. 96	Jamaika–Barbados	2:0

Zentrale-Zone

1. Runde

5. 5. 96	Nicaragua–Guatemala	0:1
10. 5. 96	Guatemala–Nicaragua	2:1
2. 6. 96	Belize–Panama	1:2
9. 6. 96	Panama–Belize	4:1

Halbfinale

Gruppe 1

1. 9. 96	Trinidad/T.–Costa Rica	0:1
6. 10. 96	Trinidad/T.–Guatemala	1:1
3. 11. 96	USA–Guatemala	2:0
10. 11. 96	USA–Trinidad/Tobago	2:0
17. 11. 96	Costa Rica–Guatemala	3:0
24. 11. 96	Guatemala–Costa Rica	1:0
24. 11. 96	Trinidad/Tobago–USA	0:1
1. 12. 96	Costa Rica–USA	2:1
8. 12. 96	Guatemala–Trinidad/T.	2:1
14. 12. 96	USA–Costa Rica	2:1
21. 12. 96	Costa Rica–Trinidad/T.	2:1
21. 12. 96	Guatemala–USA	2:2

(Guatemala trug die Heimspiele gegen Costa Rica und Trinidad/Tobago in den USA und gegen die USA in El Salvador aus.)

1. USA	**6**	**10:5**	**13**
2. Costa Rica	**6**	**9:5**	**12**
3. Guatemala	**6**	**6:9**	**8**
4. Trinidad/Tobago	**6**	**3:9**	**1**

Gruppe 2

30. 8. 96	Kanada–Panama	3:1
8. 9. 96	Kuba–El Salvador	0:5
22. 9. 96	Kuba–Panama	3:1
6. 10. 96	Panama–El Salvador	1:1
10. 10. 96	Kanada–Kuba	2:0
13. 10. 96	Kuba–Kanada	0:2
27. 10. 96	Panama–Kanada	0:0
3. 11. 96	Kanada–El Salvador	1:0
10. 11. 96	El Salvador–Panama	3:2
1. 12. 96	El Salvador–Kuba	3:0
15. 12. 96	El Salvador–Kanada	0:2
15. 12. 96	Panama–Kuba	3:1

(Kuba trug alle Heimspiele im Lande des Gegners aus.)

1. Kanada	**6**	**10:1**	**16**
2. El Salvador	**6**	**12:6**	**10**
3. Panama	**6**	**8:11**	**5**
4. Kuba	**6**	**4:16**	**3**

Gruppe 3

15. 9. 96	Jamaika–Honduras	3:0
15. 9. 96	St. Vincent–Mexiko	0:3
21. 9. 96	Honduras–Mexiko	2:1
23. 9. 96	St. Vincent–Jamaika	1:2
13. 10. 96	St. Vincent–Honduras	1:4
16. 10. 96	Mexiko–Jamaika	2:1
27. 10. 96	Honduras–Jamaika	0:0
30. 10. 96	Mexiko–St. Vincent	5:1
6. 11. 96	Mexiko–Honduras	3:1
10. 11. 96	Jamaika–St. Vincent	5:0
17. 11. 96	Jamaika–Mexiko	1:0
17. 11. 96	Honduras–St. Vincent	11:3

1. Jamaika	**6**	**12:3**	**13**
2. Mexiko	**6**	**14:6**	**12**
3. Honduras	**6**	**18:11**	**10**
4. St. Vincent	**6**	**6:30**	**0**

Endrunde

Die ersten drei Teams qualifizieren sich für die WM-Endrunde.

2. 3. 97	Mexiko–Kanada	4:0
2. 3. 97	Jamaika–USA	0:0
16. 3. 97	USA–Kanada	3:0
16. 3. 97	Costa Rica–Mexiko	0:0
23. 3. 97	Costa Rica–USA	3:2
6. 4. 97	Kanada–El Salvador	0:0
13. 4. 97	Mexiko–Jamaika	6:0
20. 4. 97	USA–Mexiko	2:2
27. 4. 97	Kanada–Jamaika	0:0
4. 5. 97	El Salvador–Costa Rica	2:1
11. 5. 97	Costa Rica–Jamaika	3:1
18. 5. 97	Jamaika–El Salvador	1:0
1. 6. 97	Kanada–Costa Rica	1:0
8. 6. 97	El Salvador–Mexiko	0:1
29. 6. 97	El Salvador–USA	1:1
10. 8. 97	Costa Rica–El Salvador	0:0
7. 9. 97	USA–Costa Rica	1:0
7. 9. 97	Jamaika–Kanada	1:0
14. 9. 97	Jamaika–Costa Rica	1:0
14. 9. 97	El Salvador–Kanada	4:1
3. 10. 97	USA–Jamaika	1:1
5. 10. 97	Mexiko–El Salvador	5:0
12. 10. 97	Kanada–Mexiko	2:2
2. 11. 97	Mexiko–USA	0:0
9. 11. 97	Kanada–USA	0:3
9. 11. 97	El Salvador–Jamaika	2:2
9. 11. 97	Mexiko–Costa Rica	3:3
16. 11. 97	USA–El Salvador	4:2
16. 11. 97	Jamaika–Mexiko	0:0
16. 11. 97	Costa Rica–Kanada	3:1

1. MEXIKO	**10**	**23:7**	**18**
2. USA	**10**	**17:9**	**17**
3. JAMAIKA	**10**	**7:12**	**14**
4. Costa Rica	**10**	**13:12**	**12**
5. El Salvador	**10**	**11:16**	**10**
6. Kanada	**10**	**5:20**	**6**

Asien

(3 oder 4 Teilnehmer)

1. Runde

Gruppe 1

Turnier in Malaysia:

16. 3. 97	Taiwan–Saudi-Arabien	0:2
16. 3. 97	Malaysia–Bangladesch	2:0
18. 3. 97	Bangladesch–Taiwan	1:3
18. 3. 97	Malaysia–Saudi-Arabien	0:0
20. 3. 97	Bangladesch–Saudi-Arabien	1:4
20. 3. 97	Malaysia–Taiwan	2:0

Turnier in Saudi-Arabien:

27. 3. 97	Taiwan–Malaysia	0:0
27. 3. 97	Saudi-Arab.–Bangladesch	3:0
29. 3. 97	Taiwan–Bangladesch	1:2
29. 3. 97	Saudi-Arabien–Malaysia	3:0
31. 3. 97	Bangladesch–Malaysia	1:1
31. 3. 97	Saudi-Arabien–Taiwan	6:0

1. Saudi-Arabien	**6**	**18:1**	**16**
2. Malaysia	**6**	**5:3**	**11**
3. Taiwan	**6**	**4:13**	**4**
4. Bangladesch	**6**	**4:14**	**3**

Gruppe 2

Turnier in Syrien:

2. 6. 97	Malediven–Iran	0:17
4. 6. 97	Syrien–Malediven	12:0
4. 6. 97	Kirgistan–Iran	0:7
6. 6. 97	Syrien–Iran	0:1
6. 6. 97	Kirgistan–Malediven	3:0

Das Spiel Syrien – Kirgistan wurde nicht ausgetragen

Turnier im Iran:

9. 6. 97	Iran–Kirgistan	3:1
9. 6. 97	Malediven–Syrien	0:12
11. 6. 97	Iran–Malediven	9:0
11. 6. 97	Kirgistan–Syrien	2:1
15. 6. 97	Iran–Syrien	2:2
15. 6. 97	Malediven–Kirgistan	0:6

1. Iran	**6**	**39:3**	**16**
2. Kirgistan	**5**	**12:11**	**9**
3. Syrien	**5**	**27:5**	**7**
4. Malediven	**6**	**0:59**	**0**

Gruppe 3

Turnier in Bahrain:

8. 4. 97	Jordanien–V. Ar. Emirate	0:0
11. 4. 97	Bahrain–V. Ar. Emirate	1:2
14. 4. 97	Bahrain–Jordanien	1:0

Turnier in den Vereinigten Arabischen Emiraten:

19. 4. 97	Jordanien–Bahrain	4:1
22. 4. 97	V. Ar. Emirate–Bahrain	3:0
26. 4. 97	V. Ar. Emirate–Jordanien	2:0

1. Ver. Arab. Emirate	**4**	**7:1**	**10**
2. Jordanien	**4**	**4:4**	**4**
3. Bahrain	**4**	**3:9**	**3**

Gruppe 4

Turnier in Oman:

23. 3. 97	Nepal–Macao	1:1
23. 3. 97	Oman–Japan	0:1
25. 3. 97	Macao–Japan	0:10
25. 3. 97	Oman–Nepal	1:0
27. 3. 97	Nepal–Japan	0:6
27. 3. 97	Oman–Macao	4:0

Turnier in Japan:

22. 6. 97	Japan–Macao	10:0
22. 6. 97	Nepal–Oman	0:6
25. 6. 97	Japan–Nepal	3:0
25. 6. 97	Macao–Oman	0:2
28. 6. 97	Japan–Oman	1:1
28. 6. 97	Macao–Nepal	2:1

1. Japan	**6**	**31:1**	**16**
2. Oman	**6**	**14:2**	**13**
3. Macao	**6**	**3:28**	**4**
4. Nepal	**6**	**2:19**	**1**

Gruppe 5

6. 4. 97	Indonesien–Kambodscha	8:0
13. 4. 97	Indonesien–Jemen	0:0
20. 4. 97	Kambodscha–Jemen	0:1
27. 4. 97	Kambodscha–Indonesien	1:1
9. 5. 97	Jemen–Usbekistan	0:1
16. 5. 97	Jemen–Kambodscha	7:0
25. 5. 97	Usbekistan–Kambodscha	6:0
1. 6. 97	Indonesien–Usbekistan	1:1
13. 6. 97	Jemen–Indonesien	1:1
20. 6. 97	Usbekistan–Indonesien	3:0
29. 6. 97	Kambodscha–Usbekistan	1:4
24. 6. 97	Usbekistan–Jemen	5:1

1. Usbekistan	**6**	**20:3**	**16**
2. Jemen	**6**	**10:7**	**8**
3. Indonesien	**6**	**11:6**	**7**
4. Kambodscha	**6**	**2:27**	**1**

Gruppe 6

22. 2. 97	Hongkong–Südkorea	0:2
2. 3. 97	Thailand–Südkorea	1:3
9. 3. 97	Thailand–Hongkong	2:0
16. 3. 97	Hongkong–Thailand	3:2
28. 5. 97	Südkorea–Hongkong	4:0
1. 6. 97	Südkorea–Thailand	0:0

1. Südkorea	**4**	**9:1**	**10**
2. Thailand	**4**	**5:6**	**4**
3. Hongkong	**4**	**3:10**	**3**

Gruppe 7

13. 4. 97	Libanon–Singapur	1:1
26. 4. 97	Singapur–Kuwait	0:1
8. 5. 97	Kuwait–Libanon	2:0
24. 5. 97	Singapur–Libanon	1:2
5. 6. 97	Kuwait–Singapur	4:0
22. 6. 97	Libanon–Kuwait	1:3

1. Kuwait	**4**	**10:1**	**12**
2. Libanon	**4**	**4:7**	**4**
3. Singapur	**4**	**2:8**	**1**

Gruppe 8

4. 5. 97	Tadschikistan–Vietnam	4:0
4. 5. 97	Turkmenistan–China	1:4
11. 5. 97	Tadschikistan–China	0:1
11. 5. 97	Turkmenistan–Vietnam	2:1
25. 5. 97	Vietnam–China	1:3
25. 5. 97	Turkmenistan–Tadschikistan	1:2
1. 6. 97	China–Turkmenistan	1:0
1. 6. 97	Vietnam–Tadschikistan	0:4
8. 6. 97	China–Tadschikistan	0:0
8. 6. 97	Vietnam–Turkmenistan	0:4
22. 6. 97	China–Vietnam	4:0
22. 6. 97	Tadschikistan–Turkmenistan	5:0

1. China	**6**	**13:2**	**16**
2. Tadschikistan	**6**	**15:2**	**13**
3. Turkmenistan	**6**	**8:13**	**6**
4. Vietnam	**6**	**2:21**	**0**

Gruppe 9

11. 5. 97	Kasachstan–Pakistan	3:0
23. 5. 97	Pakistan–Irak	2:6
6. 6. 97	Irak–Kasachstan	1:2
11. 6. 97	Pakistan–Kasachstan	0:7
20. 6. 97	Irak–Pakistan	6:1
29. 6. 97	Kasachstan–Irak	3:1

1. Kasachstan	**4**	**15:2**	**12**
2. Irak	**4**	**14:8**	**6**
3. Pakistan	**4**	**3:22**	**0**

Gruppe 10

Turnier in Katar:

20. 9. 96	Katar–Sri Lanka	3:0
21. 9. 96	Indien–Philippinen	2:0
23. 9. 96	Katar–Philippinen	5:0
24. 9. 96	Sri Lanka–Indien	1:1
26. 9. 96	Philippinen–Sri Lanka	0:3
27. 9. 96	Katar–Indien	6:0

1. Katar	**3**	**14:0**	**9**
2. Sri Lanka	**3**	**4:4**	**4**

3. Indien	3	3:7	4
4. Philippinen	3	0:10	0

2. Runde

Die beiden Gruppensieger qualifizieren sich direkt für die WM. Die beiden Zweitplazierten bestreiten am 16.11.1997 ein Entscheidungsspiel in einem neutralen Land. Der Sieger ist ebenfalls für die WM qualifiziert, der Verlierer muß zwei weitere Qualifikationsspiele gegen den Ozeanien-Sieger (Australien) bestreiten (Termine: 22. und 29.11.1997).

Gruppe A

13. 9. 97	China–Iran	2:4
14. 9. 97	Saudi-Arabien–Kuwait	2:1
19. 9. 97	Iran–Saudi-Arabien	1:1
19. 9. 97	Katar–Kuwait	0:2
26. 9. 97	Kuwait–Iran	1:1
26. 9. 97	Katar–China	1:1
3. 10. 97	China–Saudi-Arabien	1:0
3. 10. 97	Iran–Katar	3:0
10. 10. 97	Kuwait–China	1:2
11. 10. 97	Saudi-Arabien–Iran	1:0
17. 10. 97	Kuwait–Saudi-Arabien	2:1
17. 10. 97	Iran–China	4:1
24. 10. 97	Saudi-Arabien–Iran	1:0
24. 10. 97	Kuwait–Katar	0:1
31. 10. 97	China–Katar	2:3
31. 10. 97	Iran–Kuwait	0:0
6. 11. 97	Saudi-Arabien–China	1:1
7. 11. 97	Katar–Iran	2:0
12. 11. 97	China–Kuwait	1:0
12. 11. 97	Katar–Saudi-Arabien	0:1

1. SAUDI-ARABIEN	8	8:6	14
2. Iran	8	13:8	12
3. China	8	11:14	11
4. Katar	8	7:10	10
5. Kuwait	8	7:8	8

Gruppe B

6. 9. 97	Südkorea–Kasachstan	3:0
7. 9. 97	Japan–Usbekistan	6:3
12. 9. 97	V. Ar. Emirate–Kasachstan	4:0
13. 9. 97	Südkorea–Usbekistan	2:1
19. 9. 97	Ver. Arab. Emirate–Japan	0:0
20. 9. 97	Kasachstan–Usbekistan	1:1
27. 9. 97	Usbekistan–V. Ar. Emirate	2:3
28. 9. 97	Japan–Südkorea	1:2
4. 10. 97	Kasachstan–Japan	1:1
4. 10. 97	Südkorea–V. Ar. Emirate	3:0
11. 10. 97	Kasachstan–Südkorea	1:1
11. 10. 97	Usbekistan–Japan	1:1
18. 10. 97	Kasachstan–V. Ar. Emirate	3:0
18. 10. 97	Usbekistan–Südkorea	1:5
25. 10. 97	Usbekistan–Kasachstan	4:0
26. 10. 97	Japan–Ver. Arab. Emirate	1:1
1. 11. 97	Südkorea–Japan	0:2
2. 11. 97	V. Ar. Emirate–Usbekistan	0:0
8. 11. 97	Japan–Kasachstan	5:1
9. 11. 97	V. Ar. Emirate–Südkorea	1:3

1. SÜDKOREA	8	19:7	19
2. Japan	8	17:9	13
3. Ver. Arab. Emirate	8	9:12	9
4. Usbekistan	8	13:18	6
5. Kasachstan	8	7:19	6

Entscheidungsspiel

16. 11. 97 Iran–JAPAN n. V. 2:3 (in Malaysia)

Ozeanien

(0 oder 1 Teilnehmer)

1. Runde

Gruppe Melanesien

Turnier in Papua-Neuguinea:

16. 9. 96	Papua-Neug.–Solomonen	1:1
18. 9. 96	Solomonen–Vanuatu	1:1
20. 9. 96	Papua-Neug.–Vanuatu	2:1

1. Papua-Neuguinea	2	3:2	4
2. Solomonen	2	2:2	2
3. Vanuatu	2	2:3	1

Gruppe Polynesien

Turnier in Tonga:

11. 11. 96	Tonga–Cook Islands	2:0
13. 11. 96	Westsamoa–Cook Islands	2:1
15. 11. 96	Tonga–Westsamoa	1:0

1. Tonga	2	3:0	6
2. Westsamoa	2	2:2	3
3. Cook Islands	2	1:4	0

Der Sieger der Melanesien-Gruppe qualifiziert sich direkt für die 2. Runde, der Melanesien-Zweite bestreitet Entscheidungsspiele gegen den Sieger der Polynesien-Gruppe.

Entscheidungsspiele

15. 2. 97	Tonga–Solomonen	0:4
1. 3. 97	Solomonen–Tonga	9:0

2. Runde

Gruppe 1

Turnier in Australien:

11. 6. 97	Australien–Solomonen	13:0
13. 6. 97	Australien–Tahiti	5:0
15. 6. 97	Solomonen–Tahiti	4:1
17. 6. 97	Solomonen–Australien	2:6
19. 6. 97	Tahiti–Australien	0:2
21. 6. 97	Tahiti–Solomonen	1:1

1. Australien	4	26:2	12
2. Solomonen	4	7:21	4
3. Tahiti	4	2:12	1

Gruppe 2

31. 5. 97	Papua-N.–Neuseeland	1:0
7. 6. 97	Fidschi–Neuseeland	0:1
11. 6. 97	Neuseeland–Papua-N.	7:0
15. 6. 97	Fidschi–Papua-Neug.	3:1
18. 6. 97	Neuseeland–Fidschi	5:0
21. 6. 97	Papua-Neug.–Fidschi	0:1

1. Neuseeland	4	13:1	9
2. Fidschi	4	4:7	6
3. Papua-Neuguinea	4	2:11	3

Endrunde

28. 6. 97	Neuseeland–Australien	0:3
5. 7. 97	Australien–Neuseeland	2:0

Entscheidungsspiele gegen den Asien-Vierten

22. 11. 97	Iran–Australien	1:1
29. 11. 97	Australien–IRAN	2:2

Afrika

(5 Teilnehmer)

1. Runde

31. 5. 96	Mauretanien–Burkina Faso	0:0
16. 6. 96	Burkina Faso–Mauretanien	2:0
1. 6. 96	Gambia–Liberia	2:1
23. 6. 96	Liberia–Gambia (in Ghana)	4:0
1. 6. 96	Malawi–Südafrika	0:1
15. 6. 96	Südafrika–Malawi	3:0
1. 6. 96	Uganda–Angola	0:2
16. 6. 96	Angola–Uganda	3:1
1. 6. 96	Guinea-Bissau–Guinea	3:2
16. 6. 96	Guinea–Guinea-Bissau	3:1
1. 6. 96	Namibia–Mosambik	2:0

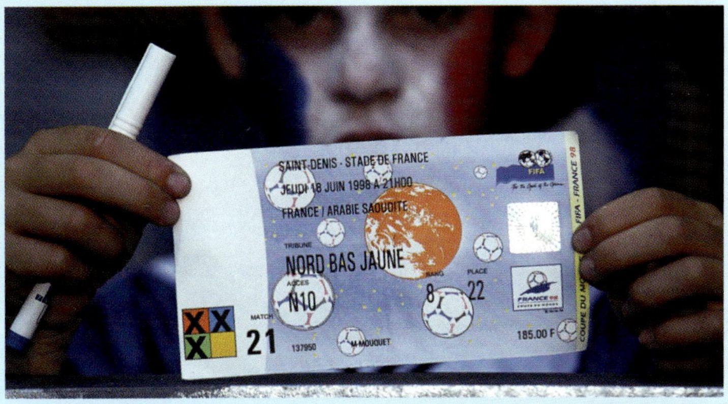

16. 6. 96	Mosambik–Namibia	1:1
2. 6. 96	Burundi–Sierra Leone	1:0
15. 6. 96	Sierra Leone–Burundi	0:1

(Burundi zog anschließend wegen des Bürgerkrieges im Land zurück.)

2. 6. 96	Kongo–Elfenbeinküste	2:0
16. 6. 96	Elfenbeinküste–Kongo	1:1
2. 6. 96	Kenia–Algerien	3:1
14. 6. 96	Algerien–Kenia	1:0
2. 6. 96	Madagaskar–Zimbabwe	1:2
16. 6. 96	Zimbabwe–Madagaskar	2:2
2. 6. 96	Mauritius–Zaire	1:5
16. 6. 96	Zaire–Mauritius	2:0
2. 6. 96	Ruanda–Tunesien	1:3
16. 6. 96	Tunesien–Ruanda	2:0
2. 6. 96	Sudan–Sambia	2:0
16. 6. 96	Sambia–Sudan	3:0
2. 6. 96	Swasiland–Gabun	0:1
16. 6. 96	Gabun–Swasiland	2:0
2. 6. 96	Togo–Senegal	2:1
15. 6. 96	Senegal–Togo	1:1
8. 6. 96	Tansania–Ghana	0:0
17. 6. 96	Ghana–Tansania	2:1

Freilose: Kamerun, Nigeria, Ägypten, Marokko.

2. Runde

Die fünf Gruppensieger qualifizieren sich für die WM-Endrunde.

Gruppe 1

9. 11. 96	Nigeria–Burkina Faso	2:0
10. 11. 96	Guinea–Kenia	3:1
12. 1. 97	Kenia–Nigeria	1:1
12. 1. 97	Burkina Faso–Guinea	0:2
5. 4. 97	Nigeria–Guinea	2:1
6. 4. 97	Kenia–Burkina Faso	4:3
27. 4. 97	Burkina Faso–Nigeria	1:2
27. 4. 97	Kenia–Guinea	1:0
7. 6. 97	Nigeria–Kenia	3:0
8. 6. 97	Guinea–Burkina Faso	3:1
16. 8. 97	Burkina Faso–Kenia	2:4
17. 8. 97	Guinea–Nigeria	1:0

1. NIGERIA	6	10:4	13
2. Guinea	6	10:5	12
3. Kenia	6	11:12	10
4. Burkina Faso	6	7:17	0

Gruppe 2

8. 11. 96	Ägypten–Namibia	7:1
10. 11. 96	Liberia–Tunesien (in Ghana)	0:1
11. 1. 97	Namibia–Liberia	0:0
12. 1. 97	Tunesien–Ägypten	1:0
6. 4. 97	Liberia–Ägypten (in Ghana)	1:0
6. 4. 97	Namibia–Tunesien	1:2
26. 4. 97	Namibia–Ägypten	2:3
27. 4. 97	Tunesien–Liberia	2:0
8. 6. 97	Liberia–Namibia (in Ghana)	1:2
8. 6. 97	Ägypten–Tunesien	0:0
16. 8. 97	Tunesien–Namibia	4:0
17. 8. 97	Ägypten–Liberia	5:0

1. TUNESIEN	6	10:1	16
2. Ägypten	6	15:5	10
3. Liberia	6	2:10	4
4. Namibia	6	6:17	4

Gruppe 3

9. 11. 96	Südafrika–Zaire	1:0
10. 11. 96	Kongo–Sambia	1:0
11. 1. 97	Sambia–Südafrika	0:0
12. 1. 97	Zaire–Kongo	1:1
6. 4. 97	Kongo–Südafrika	2:0
9. 4. 97	Zaire–Sambia (in Zimbabwe)	2:2
27. 4. 97	Sambia–Kongo	3:0
27. 4. 97	Zaire–Südafrika (in Togo)	1:2
8. 6. 97	Kongo–DR Kongo	1:0
8. 6. 97	Südafrika–Sambia	3:0
16. 8. 97	Südafrika–Kongo	1:0
16. 8. 97	Sambia–DR Kongo	2:0

1. SÜDAFRIKA	6	7:3	13
2. Kongo	6	5:5	10
3. Sambia	6	7:6	8
4. DR Kongo	6	4:9	2

(DR Kongo hieß bis Mai 1997 Zaire.)

Gruppe 4

10. 11. 96	Angola–Zimbabwe	2:1
10. 11. 96	Togo–Kamerun	2:4
12. 1. 97	Kamerun–Angola	0:0
12. 1. 97	Zimbabwe–Togo	3:0
6. 4. 97	Angola–Togo	3:1
6. 4. 97	Kamerun–Zimbabwe	1:0
27. 4. 97	Zimbabwe–Angola	0:0
27. 4. 97	Kamerun–Togo	2:0
8. 6. 97	Angola–Kamerun	1:1
8. 6. 97	Togo–Zimbabwe	2:1
17. 8. 97	Togo–Angola	1:1
17. 8. 97	Zimbabwe–Kamerun	1:2

1. KAMERUN	6	10:4	14
2. Angola	6	7:4	10
3. Zimbabwe	6	6:7	4
4. Togo	6	6:14	4

Gruppe 5

9. 11. 96	Marokko–Sierra Leone	4:0
10. 11. 96	Gabun–Ghana	1:1
11. 1. 97	Sierra Leone–Gabun	1:0
12. 1. 97	Ghana–Marokko	2:2
5. 4. 97	Sierra Leone–Ghana	1:1
6. 4. 97	Gabun–Marokko	0:4
26. 4. 97	Sierra Leone–Marokko	0:1
27. 4. 97	Ghana–Gabun	3:0
8. 6. 97	Marokko–Ghana	1:0
17. 8. 97	Marokko–Gabun	2:0
17. 8. 97	Ghana–Sierra Leone	0:2

1. MAROKKO	6	14:2	16
2. Sierra Leone	5	4:6	7
3. Ghana	6	7:7	6
4. Gabun	5	1:11	1

Das Spiel Gabun – Sierra Leone wurde nicht ausgetragen.

Das deutsche Team

Alle 22 Spieler der WM 1998

(Stand der Angaben: Verein bei WM-Beginn, Länderspiele inklusive WM)

Andreas Köpke (1)
Olympique Marseille
Geb. am 12. 3. 1962
in Kiel
Größe: 1,82 m, Gewicht 80 kg
Erlernter Beruf: Kfz-Mechaniker
Länderspiele: 58

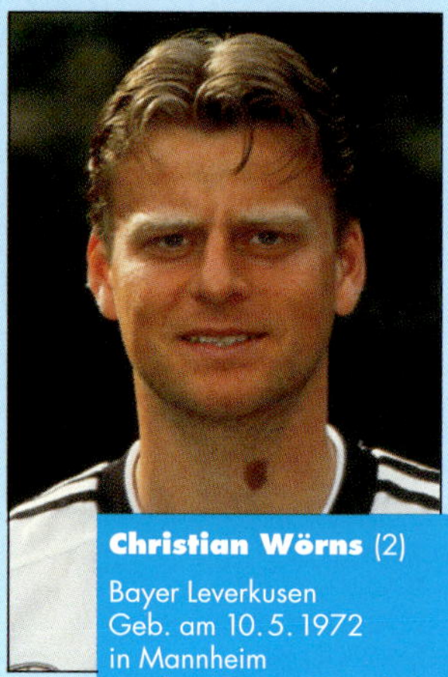

Christian Wörns (2)
Bayer Leverkusen
Geb. am 10. 5. 1972
in Mannheim
Größe: 1,84 m, Gewicht 80 kg
Erlernter Beruf: Mittlere Reife
Länderspiele: 22

Jörg Heinrich (3)
Borussia Dortmund
Geb. am 6. 12. 1969
in Rathenow
Größe: 1,85 m, Gewicht 75 kg
Erlernter Beruf: Kfz-Mechaniker
Länderspiele: 59

Jürgen Kohler (4)
Borussia Dortmund
Geb. am 6. 10. 1963
in Lambsheim
Größe: 1,86 m, Gewicht 85 kg
Erlernter Beruf: Mittlere Reife
Länderspiele: 105

Ulf Kirsten (9)
Bayer Leverkusen
Geb. am 4. 12. 1965
in Riesa
Größe: 1,75 m, Gewicht 79 kg
Erl. Beruf: Masch.- u. Anl.-Mont.
Länderspiele: 36

Thomas Häßler (10)
Karlsruher SC
Geb. am 30. 5. 1966
in Berlin
Größe: 1,66 m, Gewicht 67 kg
Erlernter Beruf: Bauzeichner
Länderspiele: 97

Olaf Marschall (11)
1. FC Kaiserslautern
Geb. am 19. 3. 1966
in Torgau
Größe: 1,82 m, Gewicht 80 kg
Erl. Beruf: abgebr. Sportstudium
Länderspiele: 8

Oliver Kahn (12)
FC Bayern München
Geb. am 15. 6. 1969
in Karlsruhe
Größe: 1,88 m, Gewicht 88 kg
Erl. Beruf: Wirtschaftswissensch.
Länderspiele: 10

Christian Ziege (17)
AC Mailand
Geb. am 1. 2. 1972
in Berlin
Größe: 1,86 m, Gewicht 80 kg
Erlernter Beruf: Mittlere Reife
Länderspiele: 41

Jürgen Klinsmann (18)
Tottenham Hotspur
Geb. am 30. 7. 1964
in Göppingen
Größe: 1,81 m, Gewicht 75 kg
Erlernter Beruf: Bäcker
Länderspiele: 108

Stefan Reuter (19)
Borussia Dortmund
Geb. am 16. 10. 1966
in Dinkelsbühl
Größe: 1,81 m, Gewicht 75 kg
Erlernter Beruf: Abitur
Länderspiele: 69

Oliver Bierhoff (20)
Udinese Calcio
Geb. am 1. 5. 1968
in Karlsruhe
Größe: 1,91 m, Gewicht 86 kg
Erl. Beruf: Abitur, BWL-Student
Länderspiele: 31

Thomas Helmer (5)
FC Bayern München
Geb. am 21.4.1965
in Herford
Größe: 1,85 m, Gewicht 77 kg
Erlernter Beruf: Abitur
Länderspiele: 68

Olaf Thon (6)
FC Schalke 04
Geb. am 1.5.1966
in Gelsenkirchen
Größe: 1,70 m, Gewicht 68 kg
Erl. Beruf: Hdr.-Rohrschlosser
Länderspiele: 52

Andreas Möller (7)
Borussia Dortmund
Geb. am 2.9.1967
in Frankfurt (Main)
Größe: 1,79 m, Gewicht 75 kg
Erlernter Beruf: Bürokaufmann
Länderspiele: 82

Lothar Matthäus (8)
FC Bayern München
Geb. am 21.3.1961
in Erlangen
Größe: 1,74 m, Gewicht 72 kg
Erlernter Beruf: Raumausstatter
Länderspiele: 129

Jens Jeremies (13)
1860 München
Geb. am 15.3.1974
in Görlitz
Größe: 1,76 m, Gewicht 77 kg
Erl. Beruf: Industriemechaniker
Länderspiele: 8

Markus Babbel (14)
FC Bayern München
Geb. am 8.9.1972
in München
Größe: 1,90 m, Gewicht 81 kg
Erl. Beruf: Industriemechaniker
Länderspiele: 32

Steffen Freund (15)
Borussia Dortmund
Geb. am 19.1.1970
in Brandenburg
Größe: 1,80 m, Gewicht 69 kg
Erlernter Beruf: Schlosser
Länderspiele: 21

Dietmar Hamann (16)
FC Bayern München
Geb. am 27.8.1973
in Waldsassen
Größe: 1,89 m, Gewicht 77 kg
Erlernter Beruf: Abitur
Länderspiele: 12

Michael Tarnat (21)
FC Bayern München
Geb. am 27.10.1969
in Hilden
Größe: 1,86 m, Gewicht 80 kg
Erl. Beruf: Elektrikerlehre (abr.)
Länderspiele: 16

Jens Lehmann (22)
FC Schalke 04
Geb. am 10.11.1969
in Essen
Größe: 1,90 m, Gewicht 87 kg
Erlernter Beruf: Volkswirtschaft
Länderspiele: 2

Am Ende war er der Sündenbock: Bundestrainer **Berti Vogts** hatte wie schon 1994 in den USA das vorzeitige Ausscheiden bei einer WM im Viertelfinale zu verantworten – damals gegen Bulgarien, nun gegen Kroatien. Fast vergessen war, daß Berti mit eigentlichem Vornamen Hans-Hubert) vor zwei Jahren noch als Europameister gefeiert wurde. Seit 1990 bekleidet er sein heutiges Amt, das er von Franz Beckenbauer, mit dem Vogts gemeinsam als Spieler (selbst 96 Länderspiele) Weltmeister geworden war, übernommen hatte.
Daß der Ex-Gladbacher den K.o. ausgerechnet in seinem 100. Spiel als Coach erleben mußte, war für ihn selbst eine herbe Enttäuschung. Als Spieler wie als Trainer ehrgeizig, fast verbissen, fehlte ihm in der Niederlage die Größe, die einen guten Verlierer auszeichnet. Als solcher hätte er anerkennen müssen, daß das Resultat der deutschen Mannschaft ihren derzeitigen Möglichkeiten entsprach. Nun gilt: Nach dem Spiel ist vor dem Spiel – jetzt kommt es darauf an, die Weichen für die Zukunft richtig zu stellen.

Alle Spiele der Endrunde 1998

Vorrunde

Gruppe A

Brasilien – Schottland	2:1
Marokko – Norwegen	2:2
Schottland – Norwegen	1:1
Brasilien – Marokko	3:0
Schottland – Marokko	0:3
Brasilien – Norwegen	1:2

1. Brasilien	**6:3**	**6**
2. Norwegen	**5:4**	**5**
3. Marokko	**5:5**	**4**
4. Schottland	**2:6**	**1**

Gruppe B

Italien – Chile	2:2
Kamerun – Österreich	1:1
Chile – Österreich	1:1
Italien – Kamerun	3:0
Italien – Österreich	2:1
Chile – Kamerun	1:1

1. Italien	**7:3**	**7**
2. Chile	**4:4**	**3**
3. Österreich	**3:4**	**2**
4. Kamerun	**2:5**	**2**

Gruppe C

Saudi-Arabien – Dänemark	0:1
Frankreich – Südafrika	3:0
Südafrika – Dänemark	1:1
Frankreich – Saudi-Arabien	4:0
Frankreich – Dänemark	2:1
Südafrika – Saudi-Arabien	2:2

1. Frankreich	**9:1**	**9**
2. Dänemark	**3:3**	**4**
3. Südafrika	**3:6**	**2**
4. Saudi-Arabien	**2:7**	**1**

Gruppe D

Paraguay – Bulgarien	0:0
Spanien – Nigeria	2:3
Nigeria – Bulgarien	1:0
Spanien – Paraguay	0:0
Spanien – Bulgarien	6:1
Nigeria – Paraguay	1:3

1. Nigeria	**5:5**	**6**
2. Paraguay	**3:1**	**5**
3. Spanien	**8:4**	**4**
4. Bulgarien	**1:7**	**1**

Gruppe E

Südkorea – Mexiko	1:3
Holland – Belgien	0:0
Belgien – Mexiko	2:2
Holland – Südkorea	5:0
Belgien – Südkorea	1:1
Holland – Mexiko	2:2

1. Holland	**7:2**	**5**
2. Mexiko	**7:5**	**5**
3. Belgien	**3:3**	**3**
4. Südkorea	**2:9**	**1**

Gruppe F

Jugoslawien – Iran	1:0
Deutschland – USA	2:0
Deutschland – Jugoslawien	2:2
USA – Iran	1:2
Deutschland – Iran	2:0
USA – Jugoslawien	0:1

1. Deutschland	**6:2**	**7**
2. Jugoslawien	**4:2**	**7**
3. Iran	**2:4**	**3**
4. USA	**1:5**	**0**

Gruppe G

England – Tunesien	2:0
Rumänien – Kolumbien	1:0
Kolumbien –Tunesien	1:0
Rumänien – England	2:1
Rumänien – Tunesien	1:1
Kolumbien – England	0:2

1. Rumänien	**4:2**	**7**
2. England	**5:2**	**6**
3. Kolumbien	**1:3**	**3**
4. Tunesien	**1:4**	**1**

Gruppe H

Argentinien – Japan	1:0
Jamaika – Kroatien	1:3
Japan – Kroatien	0:1
Argentinien – Jamaika	5:0
Japan – Jamaika	1:2
Argentinien – Kroatien	1:0

1. Argentinien	**7:0**	**9**
2. Kroatien	**4:2**	**6**
3. Jamaika	**3:9**	**3**
4. Japan	**1:3**	**0**

Achtelfinale

Italien – Norwegen	1:0
Brasilien – Chile	4:1
Frankreich – Paraguay	n.V. 1:0
Nigeria – Dänemark	1:4
Deutschland – Mexiko	2:1
Holland – Jugoslawien	2:1
Rumänien – Kroatien	0:1
Argentinien – England (6:5 n. Elfmeterschießen)	n.V. 2:2

Viertelfinale

Italien – Frankreich (3:4 n. Elfmeterschießen)	n.V. 0:0
Brasilien – Dänemark	3:2
Holland – Argentinien	2:1
Deutschland – Kroatien	0:3

Halbfinale

Brasilien – Holland (5:3 n. Elfmeterschießen)	n.V. 1:1
Frankreich – Kroatien	2:1

Spiel 3. Platz

Kroatien – Holland	2:1

Endspiel WM '98

Brasilien – Frankreich	0:3

Bisherige Weltmeisterschaften

1930 Uruguay, 13.–30. 7.

Gruppe 1:	1. Argentinien	10:4	6–0
	2. Chile	5:3	4–2
	3. Frankreich	4:3	2–4
	4. Mexiko	4:13	0–6
Gruppe 2:	1. Jugoslawien	6:1	4–0
	2. Brasilien	5:2	2–2
	3. Bolivien	0:8	0–4
Gruppe 3:	1. Uruguay	5:0	4–0
	2. Rumänien	3:5	2–2
	3. Peru	1:4	0–4
Gruppe 4:	1. USA	6:0	4–0
	2. Paraguay	1:3	2–2
	3. Belgien	0:4	0–4
Endrunde:	Argentinien–USA	6:1	
	Uruguay–Jugoslawien	6:1	
Endspiel:	**Uruguay–Argentinien**	**4:2**	

1934 Italien, 24. 5.–10. 6.

Qualifikation:	USA–Mexiko	4:2
Achtelfinale:	Österreich–Frankreich	3:2 n.V.
	Ungarn–Ägypten	4:2
	Brasilien–Spanien	1:3
	Italien–USA	7:1
	Deutschland–Belgien	5:2
	Argentinien–Schweden	2:3
	Holland–Schweiz	2:3
	CSR–Rumänien	2:1
Viertelfinale:	Österreich–Ungarn	2:1
	Spanien–Italien	1:1 n.V.
	Spanien–Italien	0:1
	Deutsch.–Schweden	2:1
	Schweiz–CSR	2:3
Halbfinale:	Österreich–Italien	0:1
	Deutschland–CSR	1:3
Um Platz 3:	Deutschl.–Österreich	3:2
Endspiel:	**Italien–CSR**	**2:1 n.V.**

1938 Frankreich, 4.–19. 6.

Achtelfinale:	Italien–Norwegen	2:1 n.V.
	Frankreich–Belgien	3:1
	Brasilien–Polen	6:5 n.V.
	CSR–Holland	3:0 n.V.
	Deutschland–Schweiz	1:1 n.V.
	Deutschland–Schweiz	2:4
	Ungarn–Niederl. Ind.	6:0
	Kuba–Rumänien	3:3 n.V.
	Kuba–Rumänien	2:1
	Österr.–Schweden fand nicht statt	
Viertelfinale:	Frankreich–Italien	1:3
	Brasilien–CSR	1:1 n.V.
	Brasilien–CSR	2:1
	Schweiz–Ungarn	0:2
	Schweden–Kuba	8:0
Halbfinale:	Italien–Brasilien	2:1
	Ungarn–Schweden	5:1
Um Platz 3:	Brasilien–Schweden	4:2
Endspiel:	**Italien–Ungarn**	**4:2**

1950 Brasilien, 25. 6.–16. 7.

Gruppe 1:	1. Brasilien	8:2	5–1
	2. Jugoslawien	7:3	4–2
	3. Schweiz	4:6	3–3
	4. Mexiko	2:10	0–6
Gruppe 2:	1. Spanien	6:1	6–0
	2. England	2:2	2–4
	3. Chile	5:6	2–4
	4. USA	4:8	2–4
Gruppe 3:	1. Schweden	5:4	3–1
	2. Italien	4:3	2–2
	3. Paraguay	2:4	1–3
Gruppe 4:	1. Uruguay	8:0	2–0
	2. Bolivien	0:8	0–2
Endrunde:	1. Uruguay	7:5	5–1
	2. Brasilien	14:4	4–2
	3. Schweden	6:11	2–4
	4. Spanien	4:11	1–5

1954 Schweiz, 16. 6.–4. 7.

Gruppe 1:	1. Brasilien	6:1	3–1
	2. Jugoslawien	2:1	3–1
	3. Frankreich	3:3	2–2
	4. Mexiko	2:8	0–4
Gruppe 2:	1. Ungarn	17:3	4–0
	2. Deutschland	7:9	2–2
	3. Türkei	8:4	2–2
	4. Südkorea	0:16	0–4
	Entscheidung um Platz 2:		
	Deutschland–Türkei	7:2	
Gruppe 3:	1. Uruguay	9:0	4–0
	2. Österreich	6:0	4–0
	3. CSSR	0:7	0–4
	4. Schottland	0:8	0–4
Gruppe 4:	1. England	6:4	3–1
	2. Schweiz	2:3	2–2
	3. Italien	5:3	2–2
	4. Belgien	5:8	1–3
	Entscheidung um Platz 2:		
	Schweiz–Italien	4:1	
	Der 1. und 2. kamen weiter		
Viertelfinale:	Uruguay–England	4:2	
	Schweiz–Österreich	5:7	
	Deutschl.–Jugoslaw.	2:0	
	Ungarn–Brasilien	4:2	
Halbfinale:	Deutschl.–Österreich	6:1	
	Ungarn–Uruguay	4:2 n.V.	
Um Platz 3:	Österreich–Uruguay	3:1	
Endspiel:	**Deutschland–Ungarn**	**3:2**	

1958 Schweden, 8.–29. 6.

Gruppe 1:	1. Deutschland	7:5	4–2
	2. Nordirland	4:5	3–3
	3. CSSR	8:4	3–3
	4. Argentinien	5:10	2–4
	Entscheidung um Platz 2:		
	Nordirl.–CSSR	2:1 n.V.	
Gruppe 2:	1. Frankreich	11:7	4–2
	2. Jugoslawien	7:6	4–2
	3. Paraguay	9:12	3–3
	4. Schottland	4:6	1–5
Gruppe 3:	1. Schweden	5:1	5–1
	2. Wales	2:2	3–3
	3. Ungarn	6:3	3–3
	4. Mexiko	1:8	1–5
	Entscheidung um Platz 2:		
	Wales–Ungarn	2:1	
Gruppe 4:	1. Brasilien	5:0	5–1
	2. UdSSR	4:4	3–3
	3. England	4:4	3–3
	4. Österreich	2:7	1–5
	Entscheidung um Platz 2:		
	UdSSR–England	1:0	
	Der 1. und 2. kamen weiter		
Viertelfinale:	Deutschl.–Jugoslaw.	1:0	
	Schweden–UdSSR	2:0	
	Frankreich–Nordirl.	4:0	
	Brasilien–Wales	1:0	
Halbfinale:	Schweden–Deutschl.	3:1	
	Brasilien–Frankreich	5:2	
Um Platz 3:	Frankreich–Deutschl.	6:3	
Endspiel:	**Schweden–Brasilien**	**2:5**	

1962 Chile, 30. 5.–17. 6.

Gruppe A:	1. UdSSR	8:5	5–1
	2. Jugoslawien	8:3	4–2
	3. Uruguay	4:6	2–4
	4. Kolumbien	5:11	1–5
Gruppe B:	1. Deutschland	4:1	5–1
	2. Chile	5:3	4–2
	3. Italien	3:2	3–3
	4. Schweiz	2:8	2–6
Gruppe C:	1. Brasilien	4:1	5–1
	2. CSSR	2:3	3–3
	3. Mexiko	3:4	2–4
	4. Spanien	2:3	2–4
Gruppe D:	1. Ungarn	8:2	5–1
	2. England	4:3	3–3
	3. Argentinien	2:3	3–3
	4. Bulgarien	1:7	1–5
	Der 1. und 2. kamen weiter		
Viertelfinale:	Chile–UdSSR	2:1	
	Deutschl.–Jugoslaw.	0:1	
	Brasilien–England	3:1	
	Ungarn–CSSR	0:1	

Halbfinale:	Chile–Brasilien	2:4	
	CSSR–Jugoslawien	3:1	
Um Platz 3:	Chile–Jugoslawien	1:0	
Endspiel:	**Brasilien–CSSR**	**3:1**	

1966 England, 11.–30. 7.

Gruppe A:	1. England	4:0	5–1
	2. Uruguay	2:1	4–2
	3. Mexiko	1:3	2–4
	4. Frankreich	2:5	1–5
Gruppe B:	1. Deutschland	7:1	5–1
	2. Argentinien	4:1	5–1
	3. Spanien	4:5	2–4
	4. Schweiz	1:9	0–6
Gruppe C:	1. Portugal	9:2	6–0
	2. Ungarn	7:5	4–2
	3. Brasilien	4:6	2–4
	4. Bulgarien	1:8	0–6
Gruppe D:	1. UdSSR	6:1	6–0
	2. Nordkorea	2:4	3–3
	3. Italien	2:2	2–4
	4. Chile	2:5	1–5
	Der 1. und 2. kamen weiter		
Viertelfinale:	England–Argentinien	1:0	
	Deutschland–Uruguay	4:0	
	Portugal–Nordkorea	5:3	
	UdSSR–Ungarn	2:1	
Halbfinale:	Deutschland–UdSSR	2:1	
	England–Portugal	2:1	
Um Platz 3:	Portugal–UdSSR	2:1	
Endspiel:	**England–Deutschland**	**4:2 n.V.**	

1970 Mexiko, 31. 5.–21. 6.

Gruppe 1:	1. UdSSR	6:1	5–1
	2. Mexiko	5:0	5–1
	3. Belgien	4:5	2–4
	4. El Salvador	0:9	0–6
Gruppe 2:	1. Italien	1:0	4–2
	2. Uruguay	2:1	3–3
	3. Schweden	2:2	3–3
	4. Israel	1:3	2–4
Gruppe 3:	1. Brasilien	8:3	6–0
	2. England	2:1	4–2
	3. Rumänien	4:5	2–4
	4. CSSR	2:7	0–6
Gruppe 4:	1. Deutschland	10:4	6–0
	2. Peru	7:5	4–2
	3. Bulgarien	5:9	1–5
	4. Marokko	2:6	1–5
	Der 1. und 2. kamen weiter		
Viertelfinale:	UdSSR–Uruguay	0:1 n.V.	
	Italien–Mexiko	4:1	
	Brasilien–Peru	4:2	
	Deutschland–England	3:2 n.V.	
Halbfinale:	Deutschland–Italien	3:4 n.V.	
	Brasilien–Uruguay	3:1	
Um Platz 3:	Deutschland–Uruguay	1:0	
Endspiel:	**Brasilien–Italien**	**4:1**	

1974 Deutschland, 13. 6.–7. 7.

1. Finalrunde:

Gruppe 1:	1. DDR	4:1	5–1
	2. Deutschland	4:1	4–2
	3. Chile	1:2	2–4
	4. Australien	0:5	1–5
Gruppe 2:	1. Jugoslawien	10:1	4–2
	2. Brasilien	3:0	4–2
	3. Schottland	3:1	4–2
	4. Zaire	0:14	0–6
Gruppe 3:	1. Holland	6:1	5–1
	2. Schweden	3:0	4–2
	3. Bulgarien	2:5	2–4
	4. Uruguay	1:6	1–5
Gruppe 4:	1. Polen	12:3	6–0
	2. Argentinien	7:5	3–3
	3. Italien	5:4	3–3
	4. Haiti	2:14	0–6
	Der 1. und 2. kamen weiter		

2. Finalrunde:

Gruppe A:	1. Holland	8:0	6–0
	2. Brasilien	3:3	4–2
	3. DDR	1:4	1–5
	4. Argentinien	2:7	1–5
Gruppe B:	1. Deutschland	7:2	6–0
	2. Polen	3:2	4–2
	3. Schweden	4:6	2–4
	4. Jugoslawien	2:6	0–6
Um Platz 3:	Polen–Brasilien	1:0	
Endspiel:	**Deutschland–Holland**	**2:1**	

1978 Argentinien, 1. 6.–25. 6.

1. Finalrunde:

Gruppe 1:	1. Italien	6:2	6–0
	2. Argentinien	4:3	4–2
	3. Frankreich	5:5	2–4
	4. Ungarn	3:8	0–6
Gruppe 2:	1. Polen	4:1	5–1
	2. Deutschland	6:0	4–2
	3. Tunesien	3:2	3–3
	4. Mexiko	2:12	0:6
Gruppe 3:	1. Österreich	3:2	4–2
	2. Brasilien	2:1	4–2
	3. Spanien	2:2	3–3
	4. Schweden	1:3	1–5
Gruppe 4:	1. Peru	7:2	5–1
	2. Holland	5:3	3–3
	3. Schottland	5:6	3–3
	4. Iran	2:8	1–5
	Der 1. und 2. kamen weiter		

2. Finalrunde:

Gruppe A.	1. Holland	9:4	5–1
	2. Italien	2:2	3–3
	3. Deutschland	4:5	2–4
	4. Österreich	4:8	2–4
Gruppe B:	1. Argentinien	8:0	5–1
	2. Brasilien	6:1	5–1
	3. Polen	2:5	2–4
	4. Peru	0:10	0–6
Um Platz 3:	Brasilien–Italien	2:1	
Endspiel:	**Argentinien–Holland**	**3:1 n.V.**	

1982 Spanien, 13. 6.–11. 7.

Gruppe 1:	1. Polen	5:1	4–2
	2. Italien	2:2	3–3
	3. Kamerun	1:1	3–3
	4. Peru	2:6	2–4
Gruppe 2:	1. Deutschland	6:3	4–2
	2. Österreich	3:1	4–2
	3. Algerien	5:5	4–2
	4. Chile	3:8	0–6
Gruppe 3:	1. Belgien	3:1	5–1
	2. Argentinien	6:2	4–2
	3. Ungarn	12:6	3–3
	4. El Salvador	1:13	0–6
Gruppe 4:	1. England	6:1	6–0
	2. Frankreich	6:5	3–3
	3. CSSR	2:4	2–4
	4. Kuwait	2:6	1–5
Gruppe 5:	1. Nordirland	2:1	4–2
	2. Spanien	3:3	3 3
	3. Jugoslawien	2:2	3–3
	4. Honduras	2:3	2–4
Gruppe 6:	1. Brasilien	10:2	6–0
	2. UdSSR	6:4	3–3
	3. Schottland	8:8	3–3
	4. Neuseeland	2:12	0–6

Finalrunde:

Gruppe A:	1. Polen	3:0	3–1
	2. UdSSR	1:0	3–1
	3. Belgien	0:4	0–4
Gruppe B:	1. Deutschland	2:1	3–1
	2. England	0:0	2–2
	3. Spanien	1:2	1–3
Gruppe C:	1. Italien	5:3	4–0
	2. Brasilien	5:4	2–2
	3. Argentinien	2:5	0–4
Gruppe D:	1. Frankreich	5:1	4–0
	2. Österreich	2:3	1–3
	3. Nordirland	3:6	1–3
Halbfinale:	Polen–Italien	0:2	
	Deutschl.–Frankreich	3:3 n.V.	
	8:7 n. Elfmeterschießen		
Endspiel:	**Italien–Deutschland**	**3:1**	

1986 Mexiko, 31. 5.–29. 6.

Gruppe A:	1. Argentinien	6:2	5–1
	2. Italien	5:4	4–2
	3. Bulgarien	2:4	2–4
	4. Südkorea	4:7	1–5

Gruppe B:	1. Mexiko	4:2	5–1
	2. Paraguay	4:3	4–2
	3. Belgien	5:5	3–3
	4. Irak	1:4	0–6
Gruppe C:	1. UdSSR	9:1	5–1
	2. Frankreich	5:1	5–1
	3. Ungarn	2:9	2–4
	4. Kanada	0:5	0–6
Gruppe D:	1. Brasilien	5:0	6–0
	2. Spanien	5:2	4–2
	3. Nordirland	2:6	1–5
	4. Algerien	1:5	1–5
Gruppe E:	1. Dänemark	9:1	6–0
	2. Deutschland	3:4	3–3
	3. Uruguay	2:7	2–4
	4. Schottland	1:3	1–5
Gruppe F:	1. Marokko	3:1	4–2
	2. England	3:1	3–3
	3. Polen	1:3	3–3
	4. Portugal	2:4	2–4

Der 1. und 2. sowie die vier besten Gruppendritten kamen weiter.

Achtelfinale:	Mexiko–Bulgarien	2:0
	UdSSR–Belgien	3:4 n.V.
	Brasilien–Polen	4:0
	Argentinien–Uruguay	1:0
	Italien–Frankreich	0:2
	Marokko–Deutschl.	0:1
	England–Paraguay	3:0
	Dänemark–Spanien	1:5
Viertelfinale:	Brasilien–Frankreich	1:1 n.V. 4:5 n. Elfmeterschießen
	Deutschland–Mexiko	0:0 n.V. 4:1 n. Elfmeterschießen
	Argentinien–England	2:1
	Spanien–Belgien	1:1 n.V. 5:6 n. Elfmeterschießen
Halbfinale:	Frankreich–Deutschl.	0:2
	Argentinien–Belgien	2:0
Um Platz 3:	Frankreich–Belgien	4:2 n.V.
Endspiel:	**Argentinien–Deutschl.**	**3:2**

1990 Italien, 9. 6.–8. 7.

Gruppe A:	1. Italien	4:0	6–0
	2. CSFR	6:3	4–2
	3. Österreich	2:3	2–4
	4. USA	2:8	0–6
Gruppe B:	1. Kamerun	3:5	4–2
	2. Rumänien	4:3	3–3
	3. Argentinien	3:2	3–3
	4. UdSSR	4:4	2–4
Gruppe C:	1. Brasilien	4:1	6–0
	2. Costa Rica	3:2	4–2
	3. Schottland	2:3	2–4
	4. Schweden	3:6	0–6
Gruppe D:	1. Deutschland	10:3	5–1
	2. Jugoslawien	6:5	4–2
	3. Kolumbien	3:2	3–3
	4. Ver. Ar. Emirate	2:11	0–6
Gruppe E:	1. Spanien	5:2	5–1
	2. Belgien	6:3	4–2
	3. Uruguay	2:3	3–3
	4. Südkorea	1:6	0–6
Gruppe F:	1. England	2:1	4–2
	2. Irland	2:2	3–3
	3. Holland	2:2	3–3
	4. Ägypten	1:2	2–4

Der 1. und 2. sowie die vier besten Gruppendritten kamen weiter.

Achtelfinale:	Kamerun–Kolumbien	2:1 n.V.
	CSFR–Costa Rica	4:1
	Brasilien–Argentinien	0:1
	Deutschland–Holland	2:1
	Irland–Rumänien	0:0 n.V. 5:4 n. Elfmeterschießen
	Italien–Uruguay	2:0
	Spanien–Jugoslawien	1:2 n.V.
	England–Belgien	1:0 n.V.
Viertelfinale:	Argentinien–Jugosl.	0:0 n.V. 3:2 n. Elfmeterschießen
	Irland–Italien	0:1
	CSFR–Deutschland	0:1
	Kamerun–England	2:3 n.V.
Halbfinale:	Argentinien–Italien	1:1 n.V. 5:4 n. Elfmeterschießen
	Deutschland–England	1:1 n.V. 5:4 n. Elfmeterschießen
Um Platz 3:	Italien–England	2:1
Endspiel:	**Argentinien–Deutschl.**	**0:1**

1994 USA, 17. 6.–17. 7.

Gruppe A:	USA–Schweiz	1:1	
	Kolumbien–Rumänien	1:3	
	Rumänien–Schweiz	1:4	
	USA–Kolumbien	2:1	
	USA–Rumänien	0:1	
	Schweiz–Kolumbien	0:2	
	1. Rumänien	**5:5**	**6**
	2. Schweiz	**5:4**	**4**
	3. USA	**3:3**	**4**
	4. Kolumbien	**4:5**	**3**
Gruppe B:	Kamerun–Schweden	2:2	
	Brasilien–Rußland	2:0	
	Brasilien–Kamerun	3:0	
	Schweden–Rußland	3:1	
	Rußland–Kamerun	6:1	
	Brasilien–Schweden	1:1	
	1. Brasilien	**6:1**	**7**
	2. Schweden	**6:4**	**5**
	3. Rußland	**7:6**	**3**
	4. Kamerun	**3:11**	**1**
Gruppe C:	Deutschland–Bolivien	1:0	
	Spanien–Südkorea	2:2	
	Deutschland–Spanien	1:1	
	Südkorea–Bolivien	0:0	
	Bolivien–Spanien	1:3	
	Deutschland–Südkorea	3:2	
	1. Deutschland	**5:3**	**7**
	2. Spanien	**6:4**	**5**
	3. Südkorea	**4:5**	**2**
	4. Bolivien	**1:4**	**1**
Gruppe D:	Argentinien–Griechenl.	4:0	
	Nigeria–Bulgarien	3:0	
	Argentinien–Nigeria	2:1	
	Bulgarien–Griechenl.	4:0	
	Griechenland–Nigeria	0:2	
	Argentinien–Bulgarien	0:2	
	1. Nigeria	**6:2**	**6**
	2. Bulgarien	**6:3**	**6**
	3. Argentinien	**6:3**	**6**
	4. Griechenland	**0:10**	**0**
Gruppe E:	Italien–Irland	0:1	
	Norwegen–Mexiko	1:0	
	Italien–Norwegen	1:0	
	Mexiko–Irland	2:1	
	Irland–Norwegen	0:0	
	Italien–Mexiko	1:1	
	1. Mexiko	**3:3**	**4**
	2. Irland	**2:2**	**4**
	3. Italien	**2:2**	**4**
	4. Norwegen	**1:1**	**4**
Gruppe F:	Belgien–Marokko	1:0	
	Holland–Saudi-Arab.	2:1	
	Saudi-Arab.–Marokko	2:1	
	Belgien–Holland	1:0	
	Marokko–Holland	1:2	
	Belgien–Saudi-Arabien	0:1	
	1. Holland	**4:3**	**6**
	2. Saudi-Arabien	**4:3**	**6**
	3. Belgien	**2:1**	**6**
	4. Marokko	**2:5**	**0**

Der 1. und 2. sowie die vier besten Gruppendritten kamen weiter.

Achtelfinale:	Deutschland–Belgien	3:2
	Spanien–Schweiz	3:0
	Rumänien–Argentinien	3:2
	Saudi-Ara.–Schweden	1:3
	Brasilien–USA	1:0
	Holland–Irland	2:0
	Nigeria–Italien	1:2 n.V.
	Mexiko–Bulgarien	1:1 n.V. 2:4 n. Elfmeterschießen
Viertelfinale:	Italien–Spanien	2:1
	Holland–Brasilien	2:3
	Rumänien–Schweden	2:2 n.V. 6:7 n. Elfmeterschießen
	Bulgarien–Deutschland	2:1
Halbfinale:	Bulgarien–Italien	1:2
	Schweden–Brasilien	0:1
Um Platz 3:	Bulgarien–Schweden	0:4
Endspiel:	**Brasilien–Italien**	**0:0 n.V. 3:2 n. Elfmeterschießen**

Alle WM-Torjäger seit 1930

1930	
Guillermo Stabile (Argentinien)	8
Cea (Uruguay)	5
Subiabre (Chile)	4
1934	
Oldrich Nejedly (Tschechoslowakei)	5
Angelo Schiavio (Italien)	4
Edmund Conen (Deutschland)	4
1938	
Leonidas da Silva (Brasilien)	8
Gyula Zsengeller (Ungarn)	7
Silvio Piola (Italien)	5
1950	
Ademir (Brasilien)	9
Juan A. Schiaffino (Uruguay)	5
E. Basora (Spanien)	5
1954	
Sandor Kocsis (Ungarn)	11
Max Morlock (Deutschland)	6
Josef Hügi (Schweiz)	6
1958	
Just Fontaine (Frankreich)	13
Pelé (Brasilien)	6
Helmut Rahn (Deutschland)	6
1962	
Valentin Iwanow (UdSSR)	4
Leonel Sanchez (Chile)	4
Garrincha (Brasilien)	4
Vava (Brasilien)	4
Florian Albert (Ungarn)	4
Dranzan Jerkovic (Jugoslawien)	4
1966	
Eusebio (Portugal)	9
Helmut Haller (Deutschland)	6
Geoff Hurst (England)	4
Franz Beckenbauer (Deutschland)	4
Valerij Porkujan (UdSSR)	4
Ferenc Bene (Ungarn)	4
1970	
Gerd Müller (Deutschland)	10
Jairzinho (Brasilien)	7
Teofilo Cubillas (Peru)	5
1974	
Grzegorz Lato (Polen)	7
Amdrzej Starmach (Polen)	5
Johannes Neeskens (Holland)	5
1978	
Mario Kempes (Argentinien)	6
Teofilo Cubillas (Peru)	5
Rob Rensenbrink (Holland)	5
1982	
Paolo Rossi (Italien)	6
K.-H. Rummenigge (Deutschland)	5
Zbigniew Boniek (Polen)	4
1986	
Gary Lineker (England)	6
Emilio Butragueno (Spanien)	5
Careca (Brasilien)	5
Diego Maradona (Argentinien)	5
1990	
Salvatore Schillaci (Italien)	6
Thomas Skuhravy (CSSR)	5
Michel (Spanien)	4
Roger Milla (Kamerun)	4
Gary Lineker (England)	4
Lothar Matthäus (Deutschland)	4
1994	
Christo Stoitschkow (Bulgarien)	6
Oleg Salenko (Rußland)	6
Romario (Brasilien)	5
Jürgen Klinsmann (Deutschland)	5
Roberto Baggio (Italien)	5
Kennet Andersson (Schweden)	5
1998	
Davor Suker (Kroatien)	6
Christian Vieri (Italien)	5
Gabriel Batistuta (Argentinien)	5
Ronaldo (Brasilien)	4
Marcelo Salas (Chile)	4
Luis Hernandez (Mexiko)	4

Tore und Zuschauer bei WM-Turnieren

Jahr	Veranstalter	Sp.	Tore	Schnitt	Zuschauer	Schnitt	Torschützenkönig	
1930	Uruguay	18	70	3,89	434500	24139	Stabile (Argentinien)	8
1934	Italien	17	70	4,12	395000	23235	Nejedly (Tschechoslowakei)	5
1938	Frankreich	18	84	4,67	483000	26833	Leonidas (Brasilien)	8
1950	Brasilien	22	88	4,00	1337000	60773	Ademir (Brasilien)	9
1954	Schweiz	26	140	5,38	943000	36269	Kocsis (Ungarn)	11
1958	Schweden	35	126	3,60	868000	24800	Fontaine (Frankreich)	13
1962	Chile	32	89	2,78	776000	24250	Sechs Spieler*	je 4
1966	England	32	89	2,78	1614677	50459	Eusebio (Portugal)	9
1970	Mexiko	32	95	2,97	1673975	52312	G. Müller (Deutschland)	10
1974	Deutschland	38	97	2,55	1744022	46685	Lato (Polen)	7
1978	Argentinien	38	102	2,68	1610215	42374	Kempes (Argentinien)	6
1982	Spanien	52	146	2,80	1856277	35698	Rossi (Italien)	6
1986	Mexiko	52	132	2,54	2407431	46297	Lineker (England)	6
1990	Italien	52	115	2,21	2517348	48411	Schillaci (Italien)	6
1994	USA	52	141	2,71	3568567	68626	Stoitschkow (Bulgarien)**	6
1998	Frankreich	64	171	2,67	2868446	44814	Suker (Kroatien)	6

*Je vier Tore erzielten: Garrincha, Vava (beide Brasilien), Sanchez (Chile), Jerkovic (Jugoslawien), Iwanow (UdSSR) und Albert (Ungarn). ** Ebenfalls sechs Tore erzielte Oleg Salenko (Rußland)

re go
contro 10, m
austr
El Comer
chiato, ma